utb 6196

Eine Arbeitsgemeinschaft der Verlage

Brill | Schöningh – Fink · Paderborn
Brill | Vandenhoeck & Ruprecht · Göttingen – Böhlau · Wien · Köln
Verlag Barbara Budrich · Opladen · Toronto
facultas · Wien
Haupt Verlag · Bern
Verlag Julius Klinkhardt · Bad Heilbrunn
Mohr Siebeck · Tübingen
Narr Francke Attempto Verlag – expert verlag · Tübingen
Psychiatrie Verlag · Köln
Ernst Reinhardt Verlag · München
transcript Verlag · Bielefeld
Verlag Eugen Ulmer · Stuttgart
UVK Verlag · München
Waxmann · Münster · New York
wbv Publikation · Bielefeld
Wochenschau Verlag · Frankfurt am Main

Studienkommentare zu lateinischen und griechischen Texten

Herausgegeben von
Dominik Berrens
Martin Korenjak
Katharina Wesselmann
Bernhard Zimmermann

Band 6

Thorsten Burkard / Katharina Wesselmann

Erasmus von Rotterdam
Moriae encomium

Studienkommentar

Vandenhoeck & Ruprecht

Dr. Thorsten Burkard ist Professor für Klassische Philologie mit dem Schwerpunkt Latinistik an der Christian-Albrechts-Universität zu Kiel.

Dr. Katharina Wesselmann ist Professorin für Klassische Philologie an der Universität Potsdam.

Online-Angebote oder elektronische Ausgaben sind erhältlich unter **www.utb.de**

Bibliografische Information der Deutschen Nationalbibliothek:
Die Deutsche Nationalbibliothek verzeichnet diese Publikation in der Deutschen Nationalbibliografie; detaillierte bibliografische Daten sind im Internet über https://dnb.de abrufbar.

Umschlagabbildung: Ein Gelehrter mit den Zügen des Erasmus tritt in einen Eierkorb, als er sich zu einer Frau umdreht. Dieses Missgeschick wird im Text der *Moria* nicht erwähnt, erinnert aber an Thales' Sturz in den Brunnen (s. zu 52,2).
Umschlaggestaltung: siegel konzeption | gestaltung, Stuttgart
Satz: SchwabScantechnik, Göttingen
Druck und Bindung: Elanders Waiblingen GmbH
Printed in the EU.

Vandenhoeck & Ruprecht Verlage | www.vandenhoeck-ruprecht-verlage.com

UTB-Band-Nr. 6196
ISBN 978-3-8252-6196-2

Vorwort zur Reihe

Die Lektüre griechischer und lateinischer Texte im Original ist eine wesentliche Voraussetzung für das Verständnis der antiken Literatur und Kultur. Aus vielfältigen Gründen bedürfen Studierende altertumswissenschaftlicher Fächer gerade am Anfang ihres Studiums häufig weitreichender Hilfestellungen bei der Lektüre. Obgleich es besonders in der englischsprachigen Welt bereits mehrere etablierte Reihen gibt, die zentrale Texte der griechischen und lateinischen Literatur für Studierende aufbereiten, fehlt es an solchen Studienkommentaren, die spezifisch an den heutigen Bedürfnissen der deutschsprachigen Universitäten ausgerichtet sind. Diese Lücke soll mit den Bänden dieser Reihe geschlossen werden.

Die Reihe richtet sich primär an Studierende der Klassischen Philologie, doch sind die Bände auch für andere Altertums- und Literaturwissenschaften interessant. Zu denken ist hier insbesondere an die Alte Geschichte, Klassische Archäologie, Philosophie, Theologie und die modernen Philologien. Latein- und Griechischkenntnisse auf dem Niveau des Latinums bzw. des Graecums werden vorausgesetzt. Auch für Lehrende sind die Kommentare zur Vorbereitung des eigenen Unterrichts nützlich und erschließen Texte neu zur schulischen Lektüre.

Die Einsatzmöglichkeiten der Bände sind vielfältig. Sie können etwa im Rahmen von universitären Lehrveranstaltungen eingesetzt werden, um zu einer Entlastung des Unterrichts beizutragen. Erfahrungsgemäß muss gerade bei der Behandlung komplexer Texte ein großer Teil der ohnehin knappen Unterrichtszeit auf das sprachliche Verständnis und die Erläuterung schwieriger Textpassagen verwendet werden. Für die im Rahmen eines (Pro-)Seminars angedachte inhaltliche Auseinandersetzung mit dem Werk und der dazugehörigen Sekundärliteratur bleibt daher oftmals wenig Zeit. Ein auf sprachliche Erläuterungen und Realien fokussierender Studienkommentar kann hier große Erleichterung verschaffen. Ein weiterer, möglicherweise noch wichtigerer Einsatzort ist die selbstständige Lektüre der Studierenden. Wie in allen literaturwissenschaftlichen Fächern sind die Studierenden der alten Sprachen dazu angehalten, ein größeres Pensum zentraler griechischer und lateinischer Texte selbstständig zu lesen. Gerade hier bieten die Bände dieser Reihe eine Hilfe.

Der Fokus der Kommentare liegt auf der Erklärung sprachlicher Schwierigkeiten. Inhaltliche Fragen werden ausgeführt, soweit sie für das Verständnis des Textes notwendig sind. Jeder Band wird durch eine knappe Einleitung zu Autor und Werk bzw. zur Textsammlung eingeführt und enthält eine Übersicht zu sprachlichen Besonderheiten des gewählten Textes. Bei dichterischen Texten wird auch eine Einführung in die relevante Metrik geboten. Ein Lernvokabular enthält wichtige Wörter, die über den Grundwortschatz hinausgehen.

Um die Bände eigenständig verwenden zu können, wird ein Lesetext beigegeben. Der Kommentar wird unterhalb des Textes auf derselben Seite gedruckt, was

ständiges Blättern erspart und so die Arbeit am Text erleichtert. Umfangreichere Werke werden in sinnvolle Abschnitte unterteilt, damit Interessierte bei Bedarf auch nur einzelne Passagen lesen können. Zudem wird jedem Abschnitt eine kurze deutsche Zusammenfassung vorangestellt, damit diejenigen, die nur einen Teil des Werkes lesen, einen Überblick gewinnen können.

Ein wesentlicher Teil der geplanten Bände dieser Reihe wird sich Texten der klassischen Antike widmen. Da jedoch die mittel- und neulateinische Literatur nicht nur in der Forschung, sondern auch in der Lehre immer wichtiger wird, soll sich diese wachsende Bedeutung auch in Bänden zu Texten aus diesen Epochen niederschlagen.

Wenn die Bände dieser Reihe Menschen dazu anregen, sich selbstständig und ohne Scheu interessanten griechischen und lateinischen Texten im Original zu widmen, so haben sie ihr Ziel erreicht.

Dominik Berrens
Martin Korenjak
Katharina Wesselmann
Bernhard Zimmermann

Danksagung

Quamquam demiror mortalium ingratitudinem dicam an segnitiem, quorum perpauci vel aliarum vel aliorum beneficentiam grata oratione celebrent. Ungefähr mit diesen Worten beklagt sich die Göttin der Torheit im dritten Kapitel über die Undankbarkeit der Menschen (wir haben den Wortlaut hier leicht adaptiert). Um uns diesen Vorwurf nicht zuzuziehen, möchten wir an dieser Stelle all jenen danken, die uns in den vergangenen zwei Jahren dabei unterstützt haben, das *Encomium Moriae* des Erasmus in einer Studienausgabe zugänglich zu machen und diesen bedeutenden Text zum ersten Mal zusammen mit einem ausführlichen deutschsprachigen Kommentar herauszugeben.

Unser erster Dank gilt den Herausgebern der *Studienkommentare* für hilfreiche Anmerkungen und insbesondere für die Aufnahme des Buches in ihre Reihe. Für gründliche Korrekturen, Bienenfleiß und scharfsinnige Hinweise sind wir unseren Hilfskräften Yannick Carstensen und Sebastian Mayer zu allergrößtem Dank verpflichtet. Für ihre engagierte Mitarbeit und so manche weiterführende Anregung danken wir den Teilnehmer:innen der beiden *Stultitia*-Seminare im Sommer 2021 und im Winter 2022/2023, ebenso den Korrekturleser:innen, die eine erste Fassung des Kommentars zum Widmungsbrief einer kritischen Lektüre unterzogen haben: Lasse Baar, Diana Basil, Dr. Eltje Böttcher, Clara Brilke, Torben Freytag, Annika Groth, Marcel Kasten, Delf Lützen, Lea Märtens, Dominic Meckel, Elisa Mesenbrink, Samantha Philips und Ilayda Toprak. Wertvolle Hinweise für die Einleitung verdanken wir Prof. Dr. Margit Dahm. Bei den Erläuterungen zum Mönchshabit im 54. Kapitel hat uns Dr. Anne Diekjobst freundlicherweise mit ihrer profunden Expertise wesentlich weitergeholfen; für Hilfestellungen im Hinblick auf Erasmus' Auseinandersetzung mit den paulinischen Korintherbriefen danken wir Benedikt Skorzenski.

Kai Pätzke, Miriam Lux und Renate Rehkopf vom Verlag Vandenhoeck & Ruprecht sind wir für die Unterstützung bei der Drucklegung und den zügigen Herstellungsprozess äußerst dankbar. Dem Kunstmuseum Basel schulden wir großen Dank für die unkomplizierte Bereitstellung der Holbein'schen Federzeichnungen in digitalisierter Form.

Quare valete, plaudite, vivite, legite, gaudete, Moriae celeberrimi Mystae!

Thorsten Burkard
Katharina Wesselmann

Kiel, den 26.9.2023

Inhalt

Einleitung

I. Das *Moriae encomium* und seine Rezeption (Thorsten Burkard)

1. Einführung

Als der Augustinerchorherr und Doktor der Theologie[1] Desiderius Erasmus von Rotterdam im Jahr 1509 mit Mitte/Anfang vierzig[2] seine so fulminante wie provokante Satire *Lob der Torheit* verfasste und zwei Jahre später veröffentlichte, markierte dieses Werk einen Einschnitt in seinem schriftstellerischen Schaffen. Bisher war Erasmus durch eher angepasste, ‚zahme' Werke bekannt geworden. Mit seinem ersten großen Werk, den *Adagia,* einer Sammlung von Redewendungen und Sprichwörtern, wurde er im Jahr 1500 mit einem Schlag berühmt;[3] auf diesen im Laufe der Jahre durch Überarbeitungen des Autors ins Gigantische anwachsenden Best- und Longseller folgten geistliche Gedichte und theologische Schriften, von denen das *Enchiridion militis Christiani (Handbüchlein des christlichen Streiters)* von 1503 am bedeutendsten war,[4] zudem eine Lobrede auf Philipp den Schönen, den Herzog von Burgund, Editionen von Ciceros *De officiis* und von Lorenzo Vallas *Anmerkungen zum Neuen Testament,* die Übersetzung zweier Euripides-Tragödien sowie Kleindichtungen. Allein Erasmus' Übertragungen der Werke eines der großen Spötter der abendländischen Literatur,

1 Als *Canonicus ordinis divi Augustini* bezeichnet Erasmus sich selbst in seinen Frühwerken; von seinem 1506 in Turin erworbenen Doktortitel machte er selten Gebrauch, in seinen Lukianübersetzungen (s. u.) nennt er sich einmal *Sacrae Theologiae Professor* (!). 1492 war er zum Priester geweiht worden, scheint das Amt aber kaum wirklich ausgeübt zu haben. Seit 1495 studierte er in Paris Theologie, unterbrach seinen Parisaufenthalt aber 1499, um nach England zu reisen.

2 Erasmus' Geburtsjahr ist unbekannt, er wurde wahrscheinlich 1466 oder 1469 geboren. Er starb 1536 in Basel. Die meisten Werke, durch die er (neben der *Moria*) Berühmtheit erlangt hat, entstanden nach 1509, bspw. die Ausgabe des Neuen Testaments (zuerst 1516), die satirischen *Colloquia familiaria,* die Friedensschriften, die Satire auf den kurz zuvor verstorbenen Papst Julius II., die beiden rhetorischen Schriften *Ciceronianus* und *De duplici copia verborum ac rerum,* ein umfangreicher Fürstenspiegel sowie ein gegen Martin Luther gerichteter Traktat über den freien Willen.

3 Vor den *Adagia* hatte Erasmus seit 1488/1489 mehrere Werke verfasst, u. a. *De contemptu mundi* (s. Fußn. 74), die *Antibarbarorum libri* und ein Prosalob der Ehe, aber (von wenigen und eher unbedeutenden Ausnahmen abgesehen) erst viel später (wenn überhaupt), auf jeden Fall nach der *Moria,* veröffentlicht (vgl. zu diesen Frühwerken VL 679–687; 695–696; 712–717).

4 Ribhegge hat das *Enchiridion* als „Programmschrift" des Erasmus bezeichnet (2010, 48). Zur Bedeutung des *Enchiridions* für das *Lob der Torheit* s. u.

des griechischen Satirikers Lukian von Samosata (2. Jh. n. Chr.), aus dem Jahr 1506[5] hätten ahnen lassen können, dass er sich in absehbarer Zeit der Gesellschaftssatire zuwenden könnte.

Zu allem Überfluss wählte Erasmus für die *Moria* eine spezielle Form der Satire, die dazu angetan war, den unbefangenen und/oder böswilligen Leser rasch zu überfordern: die Form des Paradoxenkomiums, des Lobliedes auf einen alles andere als lobenswerten Gegenstand. Und so ist es nicht verwunderlich, dass diese Schrift den Beginn einer neuen Phase in der Rezeption des Erasmus durch seine Zeitgenossen markierte. Diese funkensprühende, sprachlich und literarisch brillant gestaltete Rede der Göttin Stultitia begeisterte die Humanisten und verärgerte die Scholastiker, inspirierte Übersetzungen wie Nachahmungen und rief die theologischen Zensoren auf den Plan: Mit dem Lob der Torheit beginnen die erbitterten Kontroversen um Erasmus' Schriften und seine Person, die bis zu seinem Tode nicht abbrechen sollten. Der Autor der *Moria* konnte es sich leisten, kein Blatt vor den Mund zu nehmen, da er sich in den 15 Jahren zuvor ein Netzwerk aufgebaut hatte, das nahezu das gesamte lateinischsprachige Europa umfasste und bis zu den allerhöchsten Stellen reichte, bis zu den Fürsten- und Königshöfen und sogar bis in die römische Kurie. Dieser sozusagen klug abgesicherten Kühnheit des frischgebackenen Satirikers verdanken wir ein scharfsinniges, bodenlos tief blickendes, zuweilen gnadenlos bissiges Werk, das ein Panoptikum der menschlichen Schwächen entfaltet und diese zwar erbarmungslos aufspießt, aber seine Humanität, das menschliche Mitgefühl, das Verständnis für die Schwächen des Menschengeschlechts nie aufgibt – die Göttin der Torheit versteht es zwar, scharf und pointiert zu formulieren und uns allen den Spiegel vorzuhalten, aber sie wird nie wirklich bösartig. Zudem ist alles in einem so glänzenden und glasklaren Latein geschrieben, dass jede Übersetzung notwendigerweise dahinter zurückstehen muss. Erasmus' Stil ist ein Genuss und eine Einladung, das Werk im Original zu lesen. Wer sich dieser angenehmen Mühe unterzieht, wird bald feststellen, dass er durch die Lektüre reich belohnt wird.

2. Der Widmungsträger

Erasmus hat die *Moria* in der ersten und in allen folgenden Auflagen durch einen vorangestellten Dedikationsbrief dem englischen Humanisten Thomas Morus (latinisiert für More, geb. 1477/1478) gewidmet.[6] Der junge Parlamentarier stand damals am Anfang seiner Karriere, die ihn bis zum Rang des Lordkanzlers unter König Heinrich VIII. (reg. 1509–1547) führen sollte. Als er als überzeugter Gegner der Reformation in den Streitigkeiten zwischen dem König und dem Papst die Position der katholischen Kirche vertrat und es ablehnte, Heinrich VIII. als Oberhaupt

5 Zu diesem Band hat auch Erasmus' Freund Thomas Morus vier Übersetzungen und eine eigene Deklamation beigesteuert.

6 Der Widmungsbrief findet sich auch als Brief Nr. 222 in Allens Briefausgabe.

der Kirche von England anzuerkennen, fiel er in Ungnade. Morus wurde unter der Anklage des Hochverrats vor Gericht gestellt, verurteilt und im Jahr 1535 enthauptet.

Erasmus hatte Morus 1499 bei seinem ersten Englandaufenthalt kennengelernt, und aus dieser Bekanntschaft sollte eine lebenslange Freundschaft hervorgehen. Drei Jahre vor der Entstehung der *Moria,* im Jahr 1506, zeichneten sie gemeinsam verantwortlich für Übersetzungen der Dialoge des griechischen Satirikers Lukian. Morus' berühmtestes Werk, die *Utopia,* die Darstellung eines idealen Staates (zuerst Löwen 1516), ist zum Teil von erasmianischen Gedanken beeinflusst,[7] und über diesen ersten utopischen Roman der lateinischen Literatur entspann sich ein reger Briefwechsel zwischen den beiden Freunden. Wie Erasmus setzte sich auch Morus in Streitschriften kritisch mit Martin Luther auseinander.

Wenn Erasmus seinem Freund Morus die *Moria* im Wortsinne zueignet[8] und ihn am Ende der Vorrede darum bittet, sie mit Nachdruck zu verteidigen, so handelt es sich hierbei nicht nur um freundschaftliche, typisch humanistische Vorredentopoi: Morus war damals schon ein mächtiger Mann und es war abzusehen, dass er seinen Einfluss benutzen könnte, um Angriffe gegen die *Moria* abzuwehren. In der Tat sollte er mit eigenen Stellungnahmen in die Auseinandersetzungen um diese Satire eingreifen.

3. Der Titel des Werkes

Der Haupttitel des Werkes erscheint auf der Titelei der Drucke und in der Überschrift der Rede der Stultitia in der griechischen Version: Μωρίας ἐγκώμιον oder in latinisierter Form *Moriae encomium* bzw. *Encomium Moriae.* In einigen zeitgenössischen Ausgaben findet sich die lateinische Übersetzung *Stulticiae laus* (oder *laudatio*) als Untertitel.[9] Dass Erasmus den griechischen Titel bevorzugt, obwohl die Göttin der Torheit in ihrer Rede fast immer nur von *stultitia/Stultitia* spricht, hängt mit einem Wortspiel zusammen: Erasmus behauptet in der Vorrede, er habe bei seiner Reise von Italien nach England an Morus denken müssen, und dann sei ihm die Idee zur *Moria* gekommen.[10] Beide Titel sind (wie auch die deutsche Übersetzung) in doppelter Weise zu verstehen: als Lob, das aus dem Munde der Torheit kommt (Genitivus subiectivus), und als Lob *auf* die Torheit (Genitivus obiectivus).

7 Vgl. dazu Rüegg 1936; Reynolds 1965, 112–126. Für eine erste Beschäftigung mit der *Utopia* ist die Neuauflage der zweisprachigen Ausgabe des Historikers Gerhard Ritter (1888–1967) zu empfehlen (dort findet sich auch eine aktualisierte Bibliographie).

8 *Hanc igitur declamatiunculam … tuendam suscipies, utpote tibi dicatam iamque tuam, non meam* (Vorrede 2).

9 Das lateinische Substantiv erscheint dabei meistens in der Form *stulticia,* da damals in Deutschland und den Niederlanden sowohl *ci* als auch *ti* als *tsi* gesprochen wurden. Im Folgenden und im edierten Text wird die antike und heute übliche Schreibung verwendet.

10 Kaiser 1963, 33 weist darauf hin, dass auch Petrarca in *De sui ipsius et multorum ignorantia* (!) behauptet, das Werk auf einer Reise geschrieben zu haben. Erasmus könnte sich also implizit als zweiter Petrarca stilisieren.

Als weiterer Untertitel kommt in den Drucken die Gattungsbestimmung *declamatio* hinzu. Mit *declamatio* bezeichnete man in der Antike eine Rede, die zu Übungs- oder Schauzwecken gehalten wurde. Genauso hält die Stultitia ihre Lobrede auf sich selbst als eine Schaurede und stellt sich damit in eine Reihe mit den Sophisten der Antike.[11] Ihre Rede gehört somit zum *Genus demonstrativum* im doppelten Sinne des Begriffs: als Lobrede und als Schaurede.[12] Des Weiteren impliziert der Begriff der *declamatio* Fiktionalität, da die antiken Deklamationen fiktive Fälle behandelten oder zumindest fiktionale Reden zu historischen Fallsetzungen darstellten. In der Verteidigung seiner *declamatio* zum Lob der Ehe hat Erasmus später als (allerdings sophistisches) Argument vorgebracht, dass eine *declamatio* per se fiktiv sei,[13] man ihn also nicht für ihren Inhalt verantwortlich machen könne. In ähnlicher Weise wollte er vielleicht der zu erwartenden Kritik an der Lobrede auf die Torheit vorbeugen. Darüber hinaus hatte der Begriff *declamatio* im Humanismus bereits die Bedeutung ‚Essay' angenommen, da einerseits der antike Deklamationstyp der Thesis generelle Fragen behandelte und andererseits die Redegattungen der Antike in Mittelalter und Neuzeit häufig aus der mündlichen in die schriftliche Sphäre überführt wurden.[14] Daher wohl lautet der Untertitel in einigen Drucken auch *Erasmi Roterodami* (und nicht *Stultitiae*) *declamatio.*[15]

4. Entstehung und Veröffentlichung des *Moriae encomium*

Seit 1506 weilte Erasmus in Italien, wo er unter anderem in Turin zum Doktor der Theologie promoviert wurde, in Venedig als Mitarbeiter des berühmten Druckers Aldus Manutius[16] tätig war, in Rom den Kardinal Giovanni de' Medici, den späteren Papst Leo X., kennenlernte sowie die Amtsführung von Papst Julius II. (1503–1513) miterleben durfte, auf den er später eine bitterböse Satire im Stile Lukians und der römischen Komödie schreiben sollte.[17] Als Heinrich VIII. Ende April 1509 den englischen Thron bestieg, baten Erasmus' humanistische Freunde ihn, auf die

11 S. ihre explizite Aussage in cap. 2 und die Aufzählung der Paradoxenkomia in Vorrede 3.

12 S. zur doppelten Bedeutung von *Genus demonstrativum* (griech. γένος ἐπιδεικτικόν) bspw. Quintilian, *Institutio oratoria* 3,4,12–14.

13 *Quis enim nescit declamationes exercitandi ingenii gratia in fictis thematis versari?* (*Apologia* p. 18,69–70 Weiler).

14 Reden und Deklamationen wurden in der Antike vor Publikum gehalten; dagegen wurden im Humanismus bspw. *declamationes* nur selten wirklich vorgetragen.

15 Wenn ein Humanist den Begriff der *declamatio* verwendete, verzichtete er zudem geradezu programmatisch auf den scholastischen Terminus *disputatio,* der die schulmäßige und (aus humanistischer Sicht) pedantisch-spitzfindige, in schlechtem Latein verfasste Erörterung einer wissenschaftlichen Frage bezeichnete. Vgl. zu Erasmus und *declamatio* und *disputatio* Traninger 2012, 160–164; 2023, 63–65, zur *Moria* als einer Thesis Traninger 2012, 146.

16 Vgl. zu Aldus Manutius 49,5.

17 Der nach dem Tod des Papstes entstandene Dialog mit dem Titel *Iulius* wurde anonym verbreitet. Die moderne Forschung weist die Satire aber in der Regel Erasmus zu, der seine Autorschaft allerdings wiederholt abgestritten hat. Der heute übliche Titel *Iulius exclusus e caelis* ist erst später belegt.

Insel zurückzukehren, und Anfang Juli 1509 verließ er Rom in Richtung England – und damit beginnt (wie in der Vorrede behauptet wird)[18] die Geschichte der *Moria.*

Über die Entstehung des Werkes informiert uns Erasmus an mehreren Stellen, die kein ganz eindeutiges Bild ergeben und bei denen zumindest teilweise von einer Selbststilisierung auszugehen ist. Nach der Darstellung im Verteidigungsbrief an einen niederländischen Freund, den Theologen Martin Dorp, vom Mai 1515 (dazu s. u.), hat Erasmus nach seiner Rückkehr nach England im Haus des Thomas Morus (Old Barge in Bucklersbury in London) die *Moria* begonnen, weil er wegen eines Nierenleidens zu keinen ernsthaften intellektuellen Arbeiten fähig gewesen sei. Angeblich hat er sich diesem Werk lediglich gewidmet, um sich abzulenken – eine Veröffentlichungsabsicht habe er nicht gehegt. Eher zur Unterhaltung habe er dann seinen Freunden Proben vorgelegt, die so angetan gewesen seien, dass sie ihn darum gebeten hätten, das Werk fertigzustellen. Daraufhin habe er in ungefähr sieben Tagen die Arbeit an der *Moria* beendet, wobei er nach seiner eigenen Angabe auf keinerlei Bücher zurückgreifen konnte, da seine Bibliothek noch nicht aus Italien eingetroffen sei.[19] Da man für die Reise von Italien nach England für die damalige Zeit etwa zwei bis drei Monate ansetzen kann, datiert die Forschung die Entstehung und den Abschluss der *Moria* auf Herbst 1509. Nach Erasmus' Darstellung hätten dann dieselben Freunde, die ihn zur Fertigstellung gedrängt hatten, das Werk nach Frankreich gebracht und dort herausgegeben, allerdings aus einem fehlerhaften und unvollständigen Manuskript. Da aber dieser Druck (sein?) Missfallen erregt habe, sei das Werk noch „mehr als siebenmal" innerhalb weniger Monate gedruckt worden.[20] In seinem Brief an Johannes Botzheim aus dem Jahr 1523, der eine Art Katalog der Werke des Erasmus bietet, wird diese ungenaue Angabe präzisiert: Ihr Autor habe die *Moria* so wenig geschätzt, dass er sie nicht in den Druck bringen wollte; er sei aber in Paris gewesen, als Richard Croke[21] sie herausgegeben habe.[22] Da Erasmus von April bis Juni 1511 in Paris weilte, ist es wahrscheinlich, dass er diesen Zeitraum meint; bei dem Druck kann es sich nur um den Erstdruck han-

18 Laut Vorrede 1 kam Erasmus die Idee auf dieser Rückreise, s. dazu weiter unten.

19 Einige Lapsus im Text scheinen auf diesen Büchermangel zurückzuführen zu sein. Erasmus hat sich auch später nicht der Mühe unterzogen, alle kleineren Versehen und Erinnerungslücken auszubessern. Auffällig ist insbesondere, dass einige Bibelzitate ungenau bleiben, zuweilen erscheinen sogar die Sätze in der falschen Reihenfolge (s. etwa 59,2; 63,3.4).

20 Was Erasmus mit dieser Zahlenangabe meint, ist unklar; sieben Editionen lassen sich erst für das Jahr 1515 nachweisen, in dem der Brief an Dorp verfasst wurde (Miller 14–15 mit Fußn. 9).

21 Erasmus' etwa 20 Jahre jüngerer Freund Richard Croke (gest. 1558) machte sich in der zweiten Dekade des Jahrhunderts als Griechischdozent in Löwen, Köln, Leipzig und Cambridge und als Herausgeber von Griechischgrammatiken einen Namen.

22 Brief an Botzheim 1,19,6–15 Allen. Ein gewisser Widerspruch zum Brief an Dorp besteht darin, dass hier die mangelhafte Qualität dem Druck angelastet wird, nicht der handschriftlichen Druckvorlage. In der zweiten Auflage des Briefes an Botzheim von 1524 sind die Worte *Ricardum Crocum* durch *nescio quos* ersetzt.

deln, der somit in das Jahr 1511 zu setzen wäre.[23] Dieser Erstdruck erschien gleichzeitig und identisch in zwei verschiedenen Druckhäusern, bei Gilles de Gourmont und Jean Petit. Auch wenn Erasmus es nicht explizit sagt, so insinuiert er zumindest, dass der Druck mehr oder minder gegen seinen Willen erfolgte. Wir werden sehen, dass es sich hier vermutlich um eine spätere Retuschierung der Tatsachen handelt, mit dem Ziel, sich von einer satirischen Schrift zu distanzieren, die ihrem Verfasser sehr viel Ärger einbrachte.

In dem Brief an Dorp werden die nahezu zwei Jahre zwischen der Abfassung der *Moria* und der Editio princeps recht schnell übersprungen, und zwar mit dem Hinweis, dass es dieselben Freunde gewesen seien, die die Vollendung einforderten und das Manuskript nach Frankreich brachten und publizierten, – vielleicht um den Eindruck zu verstärken, dass eine Herausgabe der Satire von Seiten ihres Autors nie ernsthaft intendiert war. Da Erasmus zwar die Qualität des ersten Druckes beklagt, aber seinen Freunden oder auch nur Croke keineswegs einen Raubdruck unterstellt, er also an keiner Stelle *apertis verbis* behauptet, dass man gegen seinen Willen den Text oder den Brief an Morus veröffentlicht habe, liegt jedoch die Annahme nahe, dass er mit der Drucklegung einverstanden war. Zudem lässt sich Erasmus' Insinuation, dass er die Veröffentlichung der Schrift (in welcher Form auch immer) mehr oder minder ablehnte, mit Erasmus selbst widerlegen, nämlich mit dem Begleitschreiben zur *Moria,* dem Widmungsbrief an Thomas Morus.[24] Diese als Vorrede fungierende Dedikationsepistel war schon den Pariser Erstdrucken beigegeben. Miller hat vermutet, dass Erasmus das Dedikationsschreiben mit einem handschriftlichen Exemplar an Morus geschickt hat (Miller 1979, 15). Diese Möglichkeit lässt sich nicht ausschließen, ist aber unwahrscheinlich, denn der Brief zeigt eindeutig, dass Erasmus mit einem breiteren Publikum gerechnet hat, das über den Kreis seiner von der *Moria* begeisterten Freunde hinausging. Er ahnt nämlich bereits, dass die *Moria* Kritiker auf den Plan rufen werde,[25] denen die Schrift als zu leichtfüßig und als zu aggressiv (‚bissig') erscheinen dürfte und dass

23 Miller schwankt in seiner Einleitung zwischen 1510 und 1511; er nennt zwar den Brief an Botzheim als Quelle, wertet ihn für die Datierung aber nicht aus. Dass Erasmus um die Zeit des Erstdrucks in Paris war, ist in der Forschung aber hinlänglich bekannt. Zu dieser Datierung auf 1511 passt auch, dass Schürers Druck der *Moria,* für die der Erstdruck die Vorlage darstellt, ebenfalls im Jahr 1511 erschienen ist.

24 In einigen zeitgenössischen Ausgaben wird der Brief auch als *Praefatio* bezeichnet, Erasmus spricht in seinem Brief an Dorp von *praefatiuncula.* Was die Arbeit an der *Moria* angeht, so gibt es einen leichten Widerspruch zum Brief an Dorp, da Erasmus zu Beginn der Vorrede behauptet, ihm sei die Idee zur *Moria* auf der Reise von Italien nach England gekommen, und zumindest suggeriert, dass er auch schon daran gearbeitet hat. Die Ausarbeitung in Morus' Haus wird dagegen in der Vorrede mit keinem Wort erwähnt. Diese Inkonsistenz lässt sich vermutlich dadurch auflösen, dass Erasmus vor seiner Ankunft in England das Werk konzipiert und dann im Haus seines Freundes ausgearbeitet hat. Letzteres musste er gegenüber Morus nicht unbedingt erwähnen, da diesem der Umstand wohl bekannt war. Einige Forscher:innen sehen in dem Verweis auf die Rückreise nach England und vor allem in der Behauptung, Morus' Name habe Erasmus zum *Moriae encomium* veranlasst, eine spielerische Fiktion (was sich nicht ausschließen, aber auch nicht beweisen lässt).

25 S. Vorrede 3: *non deerunt fortasse vitilitigatores, qui eqs.*

einige zu empfindliche Menschen sich wohl verletzt fühlen würden. Schließlich fordert die Vorrede Morus auf, ‚seine‘[26] *Moria* zu verteidigen (Vorrede 2 und 6) – zu verstehen ist doch wohl: gegen die zu erwartenden Angriffe von Kritikern. Man sieht nicht so recht, inwieweit solche Aussagen in einem einzelnen Exemplar, von dem allenfalls noch Kopien im Freundeskreis zirkulierten, sinnvoll sein könnten. Also war die Vorrede dazu bestimmt, den Erstdruck Thomas Morus zu widmen, zumal sich am Ende des Erstdrucks die Worte *Finis Moriae, in gratiam Mori* finden.[27] Millers (oft nachgesprochenes) Fazit, dass die ersten Drucke der *Moria* nicht autorisiert waren, lässt sich für die Editio princeps also nicht in vollem Umfang aufrechterhalten. Erasmus war vermutlich mit der Drucklegung einverstanden und steuerte die entsprechende Vorrede bei[28] – er war aber in den Druckprozess nicht allzu stark involviert und mit dem Ergebnis unzufrieden. Aus diesem Grund (und um sich von der *Moria* vorsichtig zu distanzieren) insinuierte er später gegenüber Dorp und Botzheim, dass er selbst ursprünglich nicht beabsichtigt habe, das Werk zu veröffentlichen.

Es bleibt die Frage zu beantworten, wann die Vorrede entstanden ist. Sie beginnt nach dem an Morus gerichteten formellen Gruß mit den Worten *Superioribus diebus, cum me ex Italia in Angliam reciperem* und endet in den Drucken vor 1522 mit einem Hinweis auf den Ort der Abfassung und einer Datumsangabe: *Ex rure. Quinto Idus Iunias* (9. Juni). In der Basler Ausgabe von 1522 wurde nach *Iunias* noch hinzugefügt: *Anno M.D.VIII.* Diese Jahresangabe kann unmöglich korrekt sein, da Erasmus erst im Jahr 1509 Italien verlassen hat. Miller geht wohl zu Recht von einem einfachen Gedächtnisfehler des Autors aus. Problematischer ist das Verhältnis zwischen der Nennung des Monats (Juni) und den ersten Worten des Briefs. Fasst man *superioribus diebus* in der antiken Bedeutung des Ausdrucks auf, nämlich i. S. v. ‚in den vergangenen Tagen/den Tagen zuvor‘, so führt das zu einem Widerspruch, da die Reise in die Monate Juli und August und vielleicht noch in den September fiel und Erasmus schlecht im Juni des (über)nächsten Jahres mit der Formulierung ‚in den Tagen zuvor‘ auf einen Zeitpunkt zurückverweisen konnte, der ein oder zwei

26 Wie Erasmus zuvor gesagt hatte, ‚gehört‘ die *Moria* durch die explizite Widmung an Morus nunmehr nicht mehr ihm, sondern Morus (Vorrede 2).

27 ‚Das Ende der *Moria*, Morus zugeeignet.‘

28 So auch Stenger 1971, 98. Vanautgaerden 2012, 40 meint ebenfalls, dass man sich kaum vorstellen könne, dass ein so wichtiger Text ohne Zustimmung des Autors in den Druck gegeben wurde, der sich zu diesem Zeitpunkt in derselben Stadt aufhielt; Erasmus sei also durchaus verantwortlich für die Drucklegung. Darin, dass Erasmus Croke (und/oder andere) mit der Überwachung der Drucklegung betraut hat, sieht Vanautgaerden eine Strategie, sich bei einem brisanten Text aus der Verantwortung zu nehmen (vgl. sein Verhalten bezüglich des *Iulius*, falls dieser Dialog von ihm stammen sollte, s. Fußn. 17). Stephen Gardiner erinnert Erasmus 1526 in einem Brief (epist. 1669) an die Zeit in Paris, „als Du (d. i. Erasmus) Deine *Moria* herausgegeben hast“. Miller 16 Fußn. 15 bemerkt zwar, dass ein Junge, der Gardiner 1511 noch war, kaum beurteilen konnte, ob Croke oder Erasmus die Drucklegung überwachte, andererseits könnte Gardiner hier auch einfach die damals gefallenen Worte des Erasmus wiedergeben. Miller sagt a.O. selbst, dass Erasmus wusste, was Croke tat und er es hätte verhindern können – wenn er es denn gewollt hätte.

Jahre zurücklag.[29] Die einfache und bisher übersehene Lösung des Problems liegt darin, dass *superioribus diebus* zu Erasmus' Zeit auch auf weiter zurückliegende Zeiträume verweisen kann.[30] Der Ausdruck ist an unserer Stelle nicht eine adverbiale, zum *cum*-Satz gehörende Bestimmung (‚als ich in jenen Tagen'), sondern eine zum Hauptsatz gehörende Zeitangabe, die durch den *cum*-Satz überhaupt erst definiert wird und damit einem *tum, cum* entspricht (‚in jenen Tagen, als; damals, als').[31] Somit besteht keinerlei Widerspruch zwischen dem ersten Satz der Vorrede und der Angabe des Monats am Ende des Briefs. Da mit *ex rure* auf jeden Fall ein Ort in England gemeint ist, auf das das Ortsadverb *hic* im ersten Satz referiert, kommt der Juni 1511 nicht in Frage, da Erasmus die Vorrede dann nach seinem Parisaufenthalt geschrieben haben müsste (was nicht zu den oben referierten Aussagen passt). Also muss ‚1510' die korrekte Jahresangabe sein.

Wie auch immer der Autor wirklich zu seinem Werk stand: Die *Moria* trat rasch ihren Siegeszug durch die lateinischsprachige Welt an. Noch im August 1511 erschien auf Betreiben des elsässischen Humanisten Jacob Wimpfeling (1450–1528) die zweite Auflage bei Matthias Schürer in Straßburg. Hier ist nach dem Text der *declamatio* ein Brief Wimpfelings an Erasmus, ein sechszeiliges Epigramm von Sebastian Brant (1457–1521) und ein Brief Wimpfelings an die Dichter und die Verehrer der Dichtkunst beigegeben. Brant hebt dort hervor, dass er in seinem *Narrenschiff* die Masse der Toren *(stulti)* behandelt habe, die *Moria* hingegen die Mächtigen, die Intellektuellen und die Pseudo-Intellektuellen kritisiere.[32]

Weitere Ausgaben folgten, bis 1532 arbeitete Erasmus immer wieder an der *Moria*. Wenn er später gerne beteuerte, dass ihm die *Moria* nicht am Herzen liege und er

---

29 Die Forschung hat *superioribus* bisher immer in der genannten Bedeutung verstanden und musste zur wenig plausiblen Annahme einer Datumsfiktion Zuflucht nehmen: Erasmus habe das Datum fingiert, „um so den Eindruck einer unmittelbar nach Fertigstellung des Werkes entstandenen Begleitschrift zu erwecken" – zu welchem Zweck hätte das geschehen sollen? Das Datum unter Vorreden der damaligen Zeit lag dem Veröffentlichungszeitpunkt oft sehr nahe (wie heute ja auch). S. zur Fiktionstheorie etwa Kassel 1979, 236 („verlarvende Fiktion"); Schmidt-Dengler 1975, x (dort auch das Zitat).

30 Zu *superioribus diebus* i. S. v. ‚einstmals, früher, in früheren Tagen, damals' vgl. epist. 267 (Erasmus an Giambattista Boerio, auch hier am Anfang des Briefes, auch hier muss ein längerer Zeitraum dazwischenliegen), 504 (Listrius an Erasmus), 674 (Bersellius an Erasmus). Diese Gebrauchsweise lässt sich bereits im 15. Jh. nachweisen: *Fuit superioribus diebus etiam nostro tempore in regno vestro armata heresis, que templa sanctorum disjecit, sacerdotes occidit, strages innumeras dedit, domos atque urbes fidelium incendit, divina et humana jura pervertit. Quis enim referre possit vel ceci Zische* (d. i. Jan Žižka gen. der Einäugige, gest. 1424) *vel Procopii* (d. i. Andreas Prokop gen. der Kahle, gest. 1434) *rasi crudelia gesta.* (Aeneas Piccolomini an Dekan und Kapitel der Prager Kirche i. J. 1454 in epist. 168, die Ereignisse liegen 30 Jahre zurück).

31 Vgl. zu diesem Gebrauch epist. 2417 (Frans Titelmans an Erasmus); der Brief beginnt mit *superioribus diebus, cum* i. S. v. *tum, cum.*

32 Zum Verhältnis von Brants 1494 entstandenem *Narrenschiff*, das 1497 unter dem Titel *Stultifera navis* von Jacob Locher ins Lateinische übersetzt worden war, vgl. Baschnagel 1979; Schweppenhäuser 1987; Studer 1991, zum Narrenschiff jetzt Hamm 2022 mit Literatur. Thomas Baier bereitet derzeit in Würzburg eine Ausgabe der lateinischen Übersetzung des *Narrenschiffs* von Jodocus Badius Ascensius (Josse Bade) vor.

ihre Veröffentlichung bereue, so widerspricht dieser Behauptung der Umstand, dass er bereits fünf Jahre nach der Entstehung längere Passagen hinzufügte – ohne Zweifel eine Reaktion auf die enthusiastische Aufnahme der *Moria* in den humanistischen Zirkeln. Diese Hinzufügungen in der Straßburger Ausgabe von 1514 (bei Matthias Schürer) sind besonders interessant, weil sie die Kritik an Theologen und Mönchen noch verschärfen und exegetische Fehden um einzelne Bibelstellen hineintragen, die mit dem Thema der *Moria* nichts zu tun haben, aber die Torheiten theologischer Auslegungen vorführen sollen. So wurde das Kapitel gegen die Theologen um 53,4–11 erweitert, das darauffolgende Kapitel gegen die Mönche um 54,4 (ab *Horum magna pars*) bis 54,7 (bis *beneficio*) sowie um 54,9–10 (ab *aut crucis* bis *vocant,* über die geschwätzigen Vorreden der Mönche). Neu hinzu kamen die vom Thema wegführenden Ausführungen zur Exegese einzelner Stellen aus der Heiligen Schrift (63,7–65,1, von *Sed interim obstrepunt* bis *ad Paulum redeo*). Die Polemik gegen Nicolaus von Lyra und das ganze cap. 64 finden sich also erst drei Jahre nach dem Erstdruck.[33] In der Basler Froben-Ausgabe von 1516 wurde noch der Passus über einen „gewissen Universalgelehrten" (*Novi quendam* πολυτεχνότατον, möglicherweise Thomas Linacre) hinzugefügt (49,5).[34]

Das *Lob der Torheit* wurde – wie die meisten großen Werke des Erasmus – rasch ein Bestseller, zehn Jahre nach dem Erstdruck lagen bereits 24 nachweisbare Auflagen vor, und ein Jahr später schreibt Erasmus, dass 20.000 Exemplare gedruckt worden seien – und selbst diese Zahl hat der Herausgeber der heute maßgeblichen Edition, der kürzlich verstorbene Erasmusspezialist Clarence H. Miller, als untertrieben bezeichnet! Die *Moria* erschien allein bis 1536, dem Todesjahr ihres Autors, in 36 Ausgaben bei 21 Druckern.[35]

5. Überblick über den Inhalt

Nach dem Widmungsbrief an Thomas Morus ist das Werk eine einzige ununterbrochene Rede der Göttin der Torheit (Stultitia, Moria). Nach einer kurzen Einführung, in der sie sich selbst, ihre Herkunft und ihr Gefolge vorstellt, das aus Personifikationen wie Selbstliebe und Unvernunft besteht (1–9), kommt das eigentliche Loblied (10–67). Dieser Hauptteil ist nach der *communis opinio* der Forschung gewissermaßen als Triptychon gestaltet:

(1) Zuerst wird die Torheit aller Menschen vorgeführt, laut Stultitia die Quelle von Realitätsblindheit, aber auch

33 Zur Frage, ob diese Passagen bereits 1509 fertiggestellt waren und nur durch ein Versehen nicht in den Erstdruck aufgenommen wurden, vgl. Miller 43.

34 Zur Identifikation des *grammaticus* mit Linacre s. die Anmerkung z. St.

35 Die Drucke werden detailliert beschrieben bei Miller 40–64. Die meisten Drucke (je 8) erschienen in Basel (bei Froben) und Straßburg (bei Schürer und Knobloch), sechs in Paris, fünf oder sechs in Köln sowie fünf in Italien (in Venedig und Florenz).

der Ursprung der daraus resultierenden Freude und der menschlichen Leistungen (Wissenschaften, Erfindungen, Heldentaten im Krieg), während die Wahrnehmung der eigentlichen Wirklichkeit zu einem unglücklichen Seelenzustand führe (10–48).

(2) Sodann paradieren die Torheiten der Geistes- und Machteliten, die sich in ihrem Hochmut für unfehlbar und unangreifbar halten und in ihrem Selbstbetrug die Bedeutung der Verantwortung verkennen, die ihre Ämter mit sich bringen (49–60).

(3) Am Ende wird die Existenz des heiligen Narren dargestellt, dem die Weisheit der Welt eine Torheit ist und der insofern ein Tor ist, als er die scheinbare Weisheit der irdischen Sphäre ablehnt (63, 65–67).[36]

Widmungsbrief an Morus
Moriae encomium
1–9 Stultitia und ihr Gefolge
    1–3 Stultitia will im Stile der antiken Sophisten eine Lobrede halten
    4–5 Verzicht auf eine schulmäßige Definition der *stultitia,* Selbstvorstellung als Spenderin der wahren Güter
    6 Narren bewundern Fremdes und Unverständliches (wie Gräzismen und extreme Archaismen), um schlau zu wirken
    7–8 Herkunft, Geburt, Erziehung der Stultitia
    9 das Gefolge der Stultitia
10–48 Stultitia als Wohltäterin der Menschheit: die glücklich machende Torheit (d.h. Realitätsblindheit) der Menschen
    11–23 das menschliche Leben von der Geburt bis ins hohe Alter, das soziale Leben
        11–14 Geburt, Kindheit, Jugend, Erwachsenenalter, Greisenalter
        15 Exkurs: das Leben der Götter
        16 Affekte und Verstand
        17 Mann und Frau
        18 Gelagekultur
        19 Freundschaft
        20 Ehe
        21 es gibt keine sozialen Bande ohne Torheit
        22 Selbstliebe (φιλαυτία)
        23 Krieg
    24–30 die Intellektuellen *(sapientes)*
        24–26 die Intellektuellen sind für das öffentliche und das alltägliche Leben nicht zu gebrauchen
        27–28 Ruhmsucht
        29–30 das Leben ist ein Theaterstück
    31–48 Selbsttäuschung als Teil der menschlichen Natur
        31 Schädlichkeit des Wissenwollens

36 Vgl. etwa Miller 18; Miller 1988, 279–280.

- 32–33 Wissenschaften sind eher schädlich als nützlich
- 34–38 die schlichtesten Menschen sind am glücklichsten
- 39–41 Gruppen von Toren: Jagdfanatiker, Bauwütige, Alchimisten, Würfelspieler, Wunder- und Zaubereigläubige, abergläubische Heiligenverehrer
- 42–43 die φιλαυτία (Selbstliebe) von Einzelmenschen und Nationen
- 44 die Vorzüge der Freundlichkeit
- 45 Sich nicht täuschen zu lassen macht am unglücklichsten
- 46 Stultitia verschafft einen dauerhaften, sorgenlösenden Rausch
- 47 *Imitatio Stultitiae*
- 48 das Panoptikum der Toren im einfachen Volk, das Stultitia genussvoll vom Himmel aus betrachtet

49–60 die intellektuellen, weltlichen und kirchlichen Eliten und ihre Realitätsblindheit

- 49–54 die Intellektuellen
    - 49 Grammatik(lehr)er
    - 50 Dichter, Redelehrer, Schriftsteller
    - 51 Juristen und Logiker
    - 52 Philosophen
    - 53 Theologen
    - 54 Mönche (54,6: fiktive Rede Christi)
- 55–60 die Mächtigen
    - 55 Herrscher
    - 56 Höflinge
    - 57–59 der Klerus
        - 57 Bischöfe
        - 58 Kardinäle
        - 59 Päpste
        - 60 die Bischöfe des Heiligen Römischen Reichs und der niedere Klerus

61 das Glück begünstigt die Toren, die im Gegensatz zu den Weisen keine Angst und keine Scham kennen und den Wert des Geldes zu schätzen wissen

62–65 Stultitia führt Autoritäten an

- 62 Stellen aus paganen Autoren
- 63 Stultitia wird zur Theologin und der Geist des Duns Scotus fährt in sie; mit Bibelstellen beweist sie, dass die Welt voller Toren ist und die Weisheit der Welt vor Gott eine Torheit ist
- 64 Exkurs: Diskussion theologischer Auslegungen, die mit dem Thema der Rede nichts zu tun haben
- 65 weitere Bibelstellen

66–67 Nähe von Christentum und *stultitia,* der heilige Narr in Christo

68 Stultitia bricht ab und verzichtet auf ein Schlusswort

6. Wer spricht? Die Stultitia und ihr Autor

„Ich erkannte, wie stark die große Masse der Menschen irregeleitet ist von durch und durch törichten Anschauungen *(stultissimis opinionibus)*, und zwar in allen Bereichen des Lebens. Dabei hegte ich eher den Wunsch nach Besserung als eine berechtigte Hoffnung, dass diese eintreten werde", schreibt Erasmus 1515 in dem oben erwähnten Brief an den befreundeten Löwener Theologen Martin Dorp. Aus diesem Grund habe er sich vorgenommen, so fährt er fort, in unterhaltsamer und witziger Weise die Menschen von ihren Affekten und Lastern zu heilen. Er gebe zwar zu, dass die Person der Torheit, also eine unernste Person *(ridicula persona)*, nicht die angemessene Wahl für eine Sprecherrolle sein könne, in der ernsthafte Angelegenheiten erörtert werden sollten. Andererseits würden doch auf diese Weise auch die Hofnarren vor Königen und Fürsten agieren.[37]

Die Hofnärrin des Seelenarztes Erasmus ist die Göttin der Torheit, die Moría, die zwar im Titel des Werkes so genannt wird, aber im Text der Lobrede fast immer in der lateinischen Form von sich redet *(Stultitia)*. Die Torheit selbst (eine Frau) tritt ans Katheder (das in der damaligen Wirklichkeit Männern vorbehalten war), aber nicht etwa im ehrwürdigen Gelehrtentalar, sondern im Narrenkleid,[38] um vor ihrer Anhängerschaft, den Toren, eine Lobrede auf sich selbst (und damit auch auf ihr Publikum) zu halten.[39] Sie schickt sich im Laufe ihrer Narrenpredigt immer wieder an zu beweisen, dass die Toren – und nicht etwa die Gelehrten, die Weisen und die Erleuchteten – die glücklichsten Menschen auf Erden seien. Erasmus hat daher in der Vorrede seine *Moria* auf eine Stufe mit Paradoxenkomia gestellt, also mit Lobreden auf Kahlheit, Fliegen, Krankheiten oder grausame Tyrannen – und damit die Rezipienten unabsichtlich auf eine falsche Fährte gelockt. Denn während die Pointe der spielerischen Lobreden der anderen Autoren darin besteht, etwas schön zu reden, das allgemein negativ bewertet wird, dehnt Stultitia in ihrem Selbstlob den Begriff der Torheit so weit wie möglich aus und wendet ihn auch auf Verhaltensweisen an, die man im Allgemeinen überhaupt nicht als töricht, sondern eher als sehr klug bezeichnen würde. Der spätantike Bischof Synesios enthüllt in seinem Lob der Glatze nicht, was alles als kahl zu bezeichnen ist (das ist unumstritten), während die Stultitia gerade dies als ihre Aufgabe ansieht: nicht nur die offenkundigen Toren auf die Bühne zu bitten, sondern auch den Schlauen und von sich selbst

---

37 Die Institution des Hofnarren hatte Erasmus in cap. 36 der *Moria* behandelt und dort auch die Figur des heiligen Narren eingeführt (zu diesem s. u.).

38 S. *hoc insolito cultu* (cap. 2) und die dortige Abbildung.

39 Auch Erasmus' *Querela Pacis* ist durchgehend die Rede einer göttlichen Personifikation, nämlich der Friedensgöttin (also einer durchweg honorigen Gottheit). Eine weitere Gemeinsamkeit der beiden Werke besteht darin, dass die Friedensgöttin die Menschen aufsucht und feststellen muss, dass in allen sozialen Beziehungen Unfriede herrscht, und die Stultitia in metaphorischem Sinne bei den Menschen herumgeht und überall nur Torheit(en) erkennen kann. Beide Erkundungstouren erinnern an Sokrates, der in der platonischen *Apologie* davon berichtet, wie er verschiedene Menschen befragte und bemerken musste, dass niemand wirkliches Wissen besitze und dieses Unwissen keinem bewusst sei (außer ihm selbst).

Saturierten, den Selbstverliebten und vom vermeintlichen eigenen Glanz Geblendeten, den Bauernschlauen und allzu Cleveren dieser Welt die Maske vom Gesicht zu reißen, damit dahinter der nackte Tor sichtbar wird.

In der Forschung wurde zuweilen viel Aufhebens darum gemacht, dass nicht Erasmus selbst, sondern die Torheit spreche und so eine Ambiguität entstehe, die nicht immer leicht aufzulösen sei. Allerdings ist es in den allerwenigsten Fällen unklar, wie Erasmus die dargestellten Toren und Torheiten bewertet, denn die Diagnose ‚Tor' deckt sich bei Stultitia und Erasmus fast immer;[40] worin sich der Autor und die von ihm geschaffene Personifikation unterscheiden, ist lediglich die Bewertung des Befunds. Während Moria, zumal in den ersten Kapiteln, eine Anhängerin des süßen Nichtstuns ist und sich somit mit ihren Anhängern (ihren *mystae*), den Toren, identifiziert und sich über jeden neuen Narren freut,[41] will Erasmus den Menschen ihre Torheiten vor Augen führen, um sie davon zu heilen[42] und ihnen die Nichtigkeit des irdischen Lebens zu verdeutlichen. Stultitia hat in erster Linie die Funktion, für Erasmus die Diagnosen zu erstellen; was sie selbst von den Krankheiten hält, ist für die Interpretation des Textes in der Regel allenfalls auf einer humoristischen Ebene bedeutsam. Dass sich viele ihrer Aussagen in anderen Schriften des Erasmus wiederfinden und dass Erasmus die Aussagen der Stultitia in seinen zahllosen apologetischen Schriften uneingeschränkt verteidigt hat, lässt darauf schließen, dass die Göttin der Torheit als Diagnostikerin der Narrheiten auch das Sprachrohr des Erasmus ist.

Was ist nun die Diagnose des Seelenarztes Erasmus, die er seine Hofnärrin verkünden lässt? Die Gemeinsamkeit aller Torheiten besteht darin, dass die Menschen die tiefere Wahrheit hinter den Scheinfassaden nicht erkennen, dass sie sich von falschen Werten leiten lassen (den *stultissimae opiniones*) und sich selbst betrügen. Stultitia malt in einem heiter-beschwingten Stil das aus ihrer Sicht erfreuliche, aber aus der Sicht des Erasmus düstere Bild einer menschlichen Gesellschaft, die aus verblendeten, geldgierigen und hochmütigen Narren besteht, die ausschließlich an ihr (vermeintliches) eigenes Wohl denken und sich wenig um die Verantwortung gegenüber anderen oder gegenüber ihrem Beruf scheren. So halten die Philologen an den Schulen in völliger Verkennung der Realität ihr eigenes Metier für die Krone der menschlichen Existenz, die Theologen dünken sich erhaben über die breite Masse, die sie mit Verachtung strafen, die Habgierigen glauben, dass alles am

40 Daher ist es falsch (worauf auch Wilke 2020 hingewiesen hat), wenn zuweilen behauptet wird, dass in der Rede der Stultitia allein dadurch, dass die Göttin der Torheit spricht, „jede Behauptung [...] zugleich bestätigt und aufgehoben" werde (Könneker 1991, 90).

41 Übrigens sind manche Torheiten sogar der Stultitia zu töricht, sie zählt also nicht alle Wahnsinnigen zu ihrer Anhängerschar. So schließt sie jene aus, die sich schwerer Verbrechen schuldig gemacht haben oder einer abgrundtiefen Form des Wahnsinns ergeben sind (Kriegsbegeisterung, unstillbarer Goldgier, entehrender, schändlicher Liebe, Verwandtenmord, Inzucht, Entweihung religiöser Gegenstände) (38,2), und schwankt, ob die Würfelspieler zu ihrem Bereich zu zählen seien (39,5).

42 Erasmus hat diese Intention in späteren Apologien deutlich formuliert. Als er 1523 eine systematische Gliederung seiner Schriften vorschlug, hat er die *Moria* zu den moralischen Schriften gezählt (Brief an Johannes Botzheim = Allen Bd. 1, S. 38–42).

Golde hängt, die Ruhmsüchtigen sind zu allem bereit, nur um berühmt zu werden, diejenigen, die auf ihre Umgebung peinlich wirken, bemerken nicht, wie sie zum Gespött werden, und sind vielmehr glücklich in ihrer Peinlichkeit usw. Die weltlichen und geistlichen Fürsten erkennen nicht die Verantwortung, die ihre Position mit sich bringt und spielen sich als kleine Götter auf, wälzen Aufgaben nach unten ab, führen Kriege, obwohl der Kern der christlichen Lehre im Frieden besteht usw. Während nun Stultitia diese Toren feiert, weil sie in ihrem Selbstbetrug und ihrer Verblendung glücklich sind,[43] möchte Erasmus uns Leserinnen und Lesern den Spiegel vorhalten und zeigen, wie der Mensch durch seine Konzentration auf das Materielle in die Irre geht und sich letztlich selbst betrügt. An einigen Stellen hat man aber auch den Eindruck, dass Erasmus, für den der Frieden im Zusammenleben der Menschen ein hohes Gut war, Stultitias Theorie vom Glück durch Selbstbetrug zumindest in den kleinen Alltagsdingen durchaus unterschreibt.[44] Wenn die schlitzohrige Göttin der Torheit einen Ehemann feiert, der seiner Braut falsches Geschmeide schenkt, sodass alle glücklich sind: der listige Mann, weil seine Frau sich freut und er Geld gespart hat, die Frau, weil sie Talmi nicht von echtem Schmuck unterscheiden kann, und es sich bei diesem Mann vermutlich um Erasmus' Freund Thomas Morus handelt, so scheint Erasmus hier ganz unkantianisch ein Auge zuzudrücken und es dem Lesepublikum zu überlassen, dieses Verhalten zu beurteilen (45,3). Überhaupt scheint Erasmus dem Prinzip der Stultitia, dass Blindheit zu einem funktionierenden Sozialleben gehört, nicht abgeneigt zu sein. Und so oszilliert die *Moria* zwischen christlicher Wahrheitsliebe bzw. Unbedingtheitsanspruch und dem Bewusstsein, dass wir Menschen auf Erden miteinander auskommen müssen und es dem sozialen Frieden nicht immer zuträglich ist, anderen (und sich selbst!) die Wahrheit allzu offen ins Gesicht (bzw. ins Spiegelbild) zu sagen. Mit derartigen Gedanken schließt sich der Kreis zu den Friedensschriften des Erasmus, in denen er immer wieder betont, dass die höchste Priorität die Bewahrung des Friedens um jeden Preis einnehmen müsse.[45]

Am Ende des Werkes ändert sich der Ton: Stultitia legt die Maske der närrischen Lobrednerin ab, die sie zu Beginn aufgesetzt hatte (cap. 2), um in die Rolle der Theologin zu schlüpfen und die Seele des Erzscholastikers Duns Scotus in sich aufzunehmen (63,1). Zunächst beweist Stultitia mit Bibelstellen, dass die Welt von Toren nur so wimmelt und dass die Weisheit der Welt vor Gott eine Torheit ist (63,2–6). In einem Exkurs lässt Erasmus sodann seine Kunstfigur aus seiner Sicht absurde

43 Das Prinzip der Selbsttäuschung wird etwa in 45,1 explizit formuliert: *non falli* (scil. *est*) *miserrimum*.

44 Stultitia verwendet (wie auch Erasmus im *Enchiridion*) für den Zustand des Sichbeglücktfühlens, des Seligseins fast immer den eigentlich das äußere Glück bezeichnenden Begriff *felicitas* (statt *beatitudo*), der in der Antike in dieser Bedeutung erst bei Seneca häufiger belegt ist (bspw. Seneca, *De providentia* 3,14, s. ThLL s.v. 430,64–431,48).

45 Erasmus' Friedensschriften sind jetzt in der deutschen Sammelausgabe von Stammler 2017 gut zugänglich. Die beiden wichtigsten pazifistischen Traktate des Erasmus sind das *Dulce bellum inexpertis* von 1515 und die *Querela Pacis* von 1517 (zweisprachige Ausgaben: Welzig Bd. 5 und Brodersen 2018). Das Problem des Krieges wird in der *Moria* in cap. 23 und in cap. 59 behandelt.

Auslegungen einzelner Bibelstellen, die zum großen Teil keinen Bezug zum Thema der *Moria* haben, dem Spott preisgeben (cap. 64).[46] Stultitias Aussagen treffen sich hier teils wörtlich mit Sätzen, die sich in anderen Schriften des Erasmus finden. Nach diesem Exkurs, der erst in späteren Ausgaben hinzugefügt wurde (s. S. 19), hebt Stultitia zum großen Finale an (cap. 65–67), indem sie eine ganz andere Art des Narren als bisher vorstellt, den Narren in Christo,[47] der die weltlichen Torheiten der anderen Menschen ablehnt, nur Gott und seiner Seele lebt, sich dem Nicht-Sichtbaren zuwendet und das Sichtbare vernachlässigt.[48] Der heilige Narr weiß wie der Heide Sokrates um sein Nichtwissen und auch darum, dass die Einbildung, man besitze Wissen, den Menschen nur aufbläht und hochmütig werden lässt.[49] Ja, der ganzen christlichen Religion wird eine Verwandtschaft mit der *stultitia* und eine gewisse Distanz gegenüber der Weisheit zugesprochen, so dass die überzeugtesten Christen als die größten Narren erscheinen (66,1–3).[50]

Obwohl diese Aussagen Erasmus Ärger einhandeln sollten, bekannte er sich in seinem apologetischen Brief an Martin Dorp (s. u.) vorbehaltlos zu den (mit Schriftzitaten hinlänglich abgesicherten) Schlusskapiteln der *Moria:* Jene *sapiens stultitia, sana insania* oder *cordata amentia* besiege die Weisheit der Welt. Jegliche menschliche Klugheit sei vor der absoluten Weisheit Gottes nur Torheit.[51] Das Außersichsein der Frommen *(piorum ecstasis)* sei nichts anderes als eine Art Vorgeschmack der zukünftigen Seligkeit, durch die die entsprechenden Menschen gänzlich in Gott aufgehen würden. Am Ende der *Moria* sei vieles so ehrfurchtsvoll und umsichtig formuliert, dass es sich mit der Person der Torheit überhaupt nicht mehr vereinbaren lasse (was auch heute noch zum Leseeindruck passt). Erasmus bekennt sich im Brief an Dorp auch insofern zum Nichtwissen, als er sich selbst mit Sokrates vergleicht: wie dieser wisse er zwar auch nichts, sei aber entschlossen, die anderen Menschen in ihren Bemühungen unterstützen.

Was also für Stultitia nur ein weiterer, wenn auch besonders kurioser Narr in ihrer Sammlung von Toren ist, ist für Erasmus das Ideal des überzeugten, weltabgewandten Christen, der die egoistische, *de facto* unchristliche Gesellschaft der

46 Immerhin geht es in diesem Kapitel um die Torheit der Theologen.

47 Stultitia zitiert in 65,2 das Paulus-Wort *Nos stulti propter Christum* (*1. Korintherbrief* 4,10).

48 Vorbereitet wurde dieser Höhepunkt der *Moria* bereits durch die Kapitel zu den Intellektuellen (24–30), die erste Erwähnung des Höhlengleichnisses in 45,4 und durch das Hofnarrenkapitel 36.

49 Dies wird in 65,6 mit einem Pauluszitat untermauert (*1. Korintherbrief* 8,1). In dem Scholastiker Johannes Duns Scotus (1266–1308) sah Erasmus im *Enchiridion* einen Hauptverantwortlichen für die Aufgeblasenheit und das überzogene Selbstbewusstsein der neueren Theologen, die zudem glauben, auf die Bibellektüre weitgehend verzichten zu können (p. 120,328–332 Domański/Marcel). Über Scotus und die Skotisten macht sich Stultitia des Öfteren lustig.

50 Laut Walter Nigg hat Erasmus in der Schlusspartie „die überaus innige Verwandtschaft zwischen Christentum und Narrheit" gesehen und ein „Bekenntnis zur Narrheit als dem Fundament christlicher Weltbegegnung" abgelegt (1956, 141 und 142).

51 Im *Enchiridion* wird die irdische Weisheit, die Weisheit der Welt als eigentliche Torheit bezeichnet und als teuflisch denunziert. Erasmus zitiert dort das Pauluswort *Sapientia enim huius mundi stultitia est apud Deum* (*1. Korintherbrief* 3,19, *Enchiridion* p. 130,459–460 Domański/Marcel).

weltlichen Toren ablehnt und allenfalls versucht, sie wenigstens zu bessern (wie Erasmus es mit der *Moria* versucht haben will). In den Schlusskapiteln wird die *Laus Stultitiae* zu einem ernst gemeinten Lob der (richtig verstandenen) Torheit in Christo und um Christi willen.

Die Bezugnahme auf Sokrates bleibt dabei nicht der einzige Brückenschlag zwischen paganer Philosophie und Christentum: Der Gegensatz zwischen dem Narren in Christo und den weltlichen Toren wird durch den zweimaligen expliziten Bezug auf das platonische Höhlengleichnis dezidiert in die vorchristliche philosophische Tradition eingeordnet (45,4; 66,5).[52] Das Höhlengleichnis gibt in gewisser Weise die Struktur des gesamten *Moriae encomium* vor: In großen Teilen des Werkes werden die verblendeten Höhlenbewohner, die nur die Schattenbilder der wirklichen Dinge sehen, im doppelten Wortsinne vorgeführt, am Ende steht ein Loblied auf den einen Menschen, der der Höhle entflieht und die Dinge der Welt im strahlenden Lichte erschaut. Die Analogie zum Höhlengleichnis zeigt aber auch, dass die Kluft zwischen dem christlichen Narren und den weltverbundenen Toren unüberbrückbar ist – oder in den Worten der Stultitia: *cum summa sit inter hos et illos omnibus de rebus dissensio, fit, ut utrique alteris insanire videantur.*[53] Und man darf wohl vermuten, dass Erasmus selbst sich mit dem ausrückenden Höhlenbewohner identifizierte, der nach seinem Ausflug ins Freie, der ihn das Licht der Wahrheit erblicken lässt, versucht, seinen Kameraden davon zu berichten und auch sie zu dieser Helligkeit zu führen.

Die *Moria* schwingt sich also am Ende zu einer Feier von Erasmus' *philosophia Christi* auf, in der sich platonisches und stoisches Gedankengut wiederfindet.[54] Die Kritik der Stultitia an den Stoikern in cap. 30 wurde in der Forschung zuweilen mit der Meinung des Erasmus gleichgesetzt.[55] Aber sein Verhältnis zur Stoa ist komplexer: Die Warnung vor ‚völlig absurden Meinungen' im Brief an Dorp ist eine zentrale stoische Maxime.[56] Des Weiteren teilt Erasmus mit der Stoa (und gegen die Schule des Peripatos) den hohen Stellenwert der Betonung des Geistig-Seelischen und der Abtötung der Affekte (Apatheia),[57] aber im Gegensatz zu den Stoikern kennt er über

---

52 Platon, *Politeia* 7,514a–518b.

53 *Moria* 66,9: ‚da es keinerlei Gemeinsamkeiten zwischen diesen und jenen gibt, kommt es dazu, dass beide einander für wahnsinnig halten'. Im *Enchiridion* heißt es, dass die Klugen dieser Welt (die in Wahrheit die Toren sind) diejenigen, die sich anschicken, zu Christus überzulaufen *(desciscere)*, für wahnsinnig halten *(delirare, desipere, insanire)* und dass die Welt die Weisheit Christi für eine Narrheit *(stultitia)* hält (p. 130,463–465 Domański/Marcel).

54 Im *Enchiridion* empfiehlt Erasmus von den paganen Philosophen die Platoniker am nachdrücklichsten (p. 116,292–294 Domański/Marcel).

55 Vgl. insbesondere Könneker 1966, 271–272 und ihr folgend Blusch 1985.

56 Vgl. etwa den berühmten Satz des Stoikers Epiktet (1./2. Jh.), dass nicht die Tatsachen selbst, sondern die Vorstellungen, die sie sich über die Tatsachen bilden, die Menschen beunruhigen (*Handbüchlein* 5).

57 Richtig Schmidt-Dengler 1975, xvii: „Nicht als Gegner der stoischen Tugendlehre, sondern als ihr Befürworter tritt Erasmus in dieser Schrift auf." Stultitia stellt die stoische Lehre in cap. 30 auch verzerrt dar, s. die Anm. in 30,2.

die *virtus* hinaus noch den christlichen Gott als wahres Ziel des menschlichen Strebens (66,5) und die Liebe als typisch christliches Gebot, die in der Stoa kaum eine Rolle gespielt hat. Auch erschien ihm die gemäßigte Philosophie des Aristoteles für den normalen Menschenverstand als angemessener.[58] Wenn die weibliche Stultitia aber gerade im ersten Teil der *Moria* ein Loblied auf die Affekte (passim) und sogar auf den Rausch (cap. 46) singt, so steht dieser Hymnus quer zur Stoa und auch quer zu den Anschauungen des Erasmus, der im *Enchiridion militis Christiani* in der biblischen Eva und der Frau im Allgemeinen die Verkörperung des *affectus* sah – und diese Ineinssetzung keineswegs positiv verstanden wissen wollte.[59]

Das Verhältnis der Sprecherin (Stultitia) zu ihrem Autor ist also komplex und man muss sich häufiger die Frage stellen, wer eigentlich in Wirklichkeit spricht. In der Vorrede hatte Erasmus den Lesern angekündigt, die Göttin Torheit nach dem *Decorum* ihrer Person darzustellen (also nach der fiktiven Logik, wie eine Göttin Stultitia reden würde), und dieses *Decorum* der amoralischen hedonistischen Stultitia wird vor allem in der Selbstvorstellung der schelmisch-spitzbübischen Göttin gewahrt (1–10). So feiert Stultitia das süße Leben und betont, dass das Leben ohne Genuss und Vergnügungen kein Leben sein könne. Andererseits fällt sie als Sprachrohr des Erasmus bisweilen völlig aus ihrer Rolle, so etwa, wenn sie die Kaufleute als den verächtlichsten Stand beschimpft (48,4) – mehr als eigenartig für eine Frau, die vor Stolz platzt, weil ihr Vater der Gott des Reichtums ist (7,1), die apodiktisch behauptet, dass Geld die Welt regiere (7,1), und die mit Moral nicht viel anzufangen weiß (bspw. 19,1). Überhaupt ist die überlegene Position, die Stultitia in Kapitel 48 einnimmt, indem sie sich in den Himmel begibt und zusammen mit den anderen Göttern amüsiert und spöttisch auf das Treiben der Menschen herabschaut, kaum vereinbar mit ihrer Rolle als Schutzpatronin der Toren (d.h. aller Menschen), als die sie sich noch in den Kapiteln zuvor (46–47) stilisiert hatte. Hier schaut hinter der Maske der Moria deutlich der lukianische Spötter Erasmus hervor. Nachdem sich Stultitia sodann in den Kapiteln 55–60 den Mächtigen zugewendet und den weltlichen Herrschern und dem Klerus wegen ihrer Laster (also Torheiten) eingehend die Leviten gelesen hat, als wäre sie Erasmus selbst, fällt ihr ein, dass es eigentlich ihr Anliegen ist, die Toren zu loben – und sie korrigiert sich mit einer kurzen Bemerkung (60,2), die die Satire aber auch nicht mehr in ein Loblied zu verwandeln vermag. Wenn Stultitia in 63,7–64 theologische Auslegungen von Bibelstellen als Beispiele törichter Exegese aufs Korn nimmt, so gibt sie hier (wie sich durch Vergleiche mit Erasmus' *Anmerkungen zum Neuen Testament* leicht nachweisen lässt) die Anschauungen ihres geistigen Schöpfers wieder.

Kurzum, Stultitia ist eine inkohärente Kunstfigur, in der viel mehr von Erasmus als von der Torheit steckt, ohne dass diese Inkonsequenz (und damit der Verstoß gegen das *Decorum*) auf der rein fiktionalen Ebene die Qualität der Lektüre von

58 S. zur paganen Philosophie bei Erasmus Monfasani 2012, zu den obigen Fragestellungen v.a. 57–58, und Traninger 2023.

59 *Enchiridion* p. 96,35–36 Domański/Marcel.

Erasmus' Meisterwerk beeinträchtigen würde.[60] Verunsichernd wirken vielleicht gerade jene Passagen, die man mit dem gängigen Erasmusbild auf den ersten Blick kaum in Einklang zu bringen vermag, zu denen sich aber durchaus Parallelen in seinen Werken nachweisen lassen. Wenn Stultitia alle Wissenschaften als unnütz, wenn nicht sogar als schädlich abqualifiziert und diese Aussage anhand von Grammatik, Logik, Jurisprudenz und der für ein aggressives Prozesswesen erfundenen Rhetorik exemplifiziert, so lassen sich damit Äußerungen des Erasmus im *Dulce bellum inexpertis* vergleichen, in denen er diese Wissenschaften als heidnisch denunziert und mit ihnen eine Entwicklung beginnen lässt, die dazu führt, dass Streit und Krieg auch bei den Christen heimisch wurden; an derselben Stelle wird auch die neugierige Erkundung der Natur negativ bewertet, da der Mensch auf diese Weise versuche, Erkenntnisse zu erlangen, die jenseits seines Verstandes liegen. Und wie wir schon bei dem nur scheinbar kostbaren Geschenk gesehen haben, das (vermutlich) Thomas Morus seiner jungen Frau verehrte, so weiß Erasmus durchaus, dass zum Funktionieren menschlicher Gesellschaften die *pia fraus* gehört. Die Meister:innen des unaufrichtigen Kompliments zur richtigen Stunde werden ihm allemal lieber gewesen sein als die finster-rigorosen Moralprediger, die es nicht unterlassen können, ihre Mitmenschen penetrant mit ihren Fehler(che)n zu konfrontieren. Kein Wunder also, dass Erasmus die Stultitia so sympathisch gezeichnet hat, kein Wunder, dass die *Moria* eine unterhaltsame und keineswegs sauertöpfische Lehrstunde in Sachen Moral ist. Und was die Rezeptionshaltung angeht, so hat Wilke sicher Recht, wenn er salomonisch zwischen den Forschungspositionen vermittelnd schreibt:

> Ob der Rezipient letztlich, ermuntert vom Lob der Torheit mehr Nachsicht mit sich und anderen übte oder, angespornt, eigene und fremde Laster noch wachsamer bekämpfte, blieb ihm überlassen. (Wilke 2020, 204)

7. Listrius' Kommentar und Holbeins Zeichnungen

Die Basler Froben-Ausgabe von 1515 stellt einen Meilenstein in der Veröffentlichungsgeschichte der *Moria* dar. Zum ersten Mal wurde ein Stellenkommentar beigegeben, der an den Seitenrändern mit dem Text mitlief (s. Abb. auf S. 42).[61] Dieser Kommentar, der wegen der griechischen Zitate und der gelehrten Anspielungen, aber auch zu apologetischen Zwecken nötig geworden war, wurde durch die Titelei

60 Die Aufgabe der Interpretation kann nicht darin bestehen, die Einheit in der fiktiven Figur der Stultitia zu entdecken, die nur Mittel zum Zweck, nur Vehikel für Erasmus' Anliegen ist; Ziel muss vielmehr sein, zu einer kohärenten Deutung des Werks (oder der Autorintention) zu gelangen.

61 Dieser Kommentar findet sich u.a. auch in den darauffolgenden bei Froben in Basel und bei Badius in Paris erschienenen Drucken sowie im entsprechenden Band der Leidener Gesamtausgabe von Erasmus' Werken (1703–1706, die *Moria* erschien 1703). Eine moderne Ausgabe mit englischer Übersetzung hat Austin Gavin in den siebziger Jahren erarbeitet (Gavin 1974).

dem Doktor der Medizin Gerardus Listrius[62] zugeschrieben, der auch eine Vorrede zu dieser Ausgabe beisteuerte. Allerdings wissen wir aus einem Brief des Erasmus, dass er selbst an diesem Kommentar maßgeblich beteiligt war.[63] Zum einen hat er Listrius mit Notizen versorgt, die dieser ausarbeiten sollte, zum anderen hat er selbst Teile des Kommentars geschrieben, als Listrius mit der Arbeit an der Kommentierung nicht mit der gewünschten Schnelligkeit vorankam und der Verleger Johann Froben offenbar drängelte. Auch wenn sich nicht genau bestimmen lässt, welche Partien des Kommentars von 1515 zur Gänze auf Listrius zurückzuführen sind, so ist doch ziemlich sicher, dass die späteren Hinzufügungen (insbes. Basel 1516 und 1532) von Erasmus selbst stammen.[64]

Ein Exemplar dieses Basler Drucks von 1515 weist an den Seitenrändern insgesamt 82 Federzeichnungen auf, deren größter Teil (wenn nicht alle) von Hans Holbein dem Jüngeren (1497–1543) stammt. Dieses Exemplar, das heute im Kupferstichkabinett des Basler Kunstmuseums liegt, wurde vor gut neunzig Jahren sorgfältig faksimiliert.[65] Das Buch gehörte dem aus Luzern stammenden Basler Schullehrer Oswald Myconius (auch Molitor, geb. Geisshüsler, 1488–1552).[66] Holbein hat die Zeichnungen an der Jahreswende 1515/1516 angefertigt, erst danach trug Myconius um diese herum lateinische Notizen für eine Vorlesung über die *Moria* ein.[67] Diese Federzeichnungen, die sich teilweise an den Holzschnitten für Brants *Narrenschiff* zu orientieren scheinen, gehören zu den frühesten bekannten Werken des Künstlers; sie illustrieren häufig nicht den Text, sondern den Kommentar des Listrius. Am Rande sei erwähnt, dass ein nicht von Myconius stammender Zweizeiler oberhalb der Titelei (sicherlich zu Unrecht) behauptet, dass Erasmus dieses Exemplar besessen habe.[68]

---

62 Für den im letzten Drittel des 15. Jahrhunderts geborenen Gerhard Listrius besitzen wir nur Zeugnisse für die Zeit zwischen 1506 und 1522. Er stammte aus der Gegend von Utrecht und studierte in Löwen; 1514 kam er als frisch promovierter Doktor der Medizin aus Italien nach Basel, wo er Erasmus kennenlernte. 1516 verließ er Basel, um Rektor der angesehenen Lateinschule in Zwolle zu werden. Dort führte er den Griechischunterricht ein. Listrius verfasste Lehrbücher für die Fächer des Triviums (Grammatik, Rhetorik, Logik) und betätigte sich auch als Dichter. Er musste sich des Gerüchts erwehren, im Jahr 1517 den Rektor von Alkmaar und Deventer, den bedeutenden Humanisten Johannes Murmellius, vergiftet zu haben. Listrius' Kontakte zu Luther machten ihn der Häresie verdächtig, was zu Auseinandersetzungen mit den Dominikanern in Zwolle führte. 1522 wurde er Rektor der Lateinschule in Amersfoort (s. CE 2,335–336).

63 *Brief* 2615 (an Martin Bucer, 1532),171–181 Allen.

64 Diese Hinzufügungen sind von Gavin und Miller 1981 ediert und ins Englische übersetzt worden; s. zum Kommentar außerdem Gavin/Walsh 1971; Hess 1975; Miller 34–36.

65 Schmid 1931; vgl. zu diesem Exemplar auch die Monographien von Rüsch (1983) und Michael (1986), außerdem Saxl 1943; Radice 1975.

66 Zu Myconius' Biographie s. CE 2,475.

67 S. Schmid 1931,19, der John Watsons Brief an Erasmus von 1516 zitiert: die *Moria* werde als Offenbarung höherer Weisheit angesehen.

68 *Hanc Moriam pictam decem diebus. / ut oblectaretur in ea Erasmus habuit* (für diese Behauptung gibt es keinerlei Belege). Die Anmerkungen des Myconius hat Rüsch 1983 entziffert und annotiert.

8. Die zeitgenössische Rezeption: Begeisterung, Missbilligung und Zensur

„Keines meiner Werke wurde mit größerem Applaus aufgenommen, zumal bei den Großen dieser Welt", schreibt Erasmus 1523 an Botzheim. In der Tat jubelten nicht nur Humanisten in England (wie Thomas Morus), im oberdeutschen Raum (wie Sebastian Brant, Jacob Wimpfeling, Beatus Rhenanus und Ulrich von Hutten) und in Frankreich (wie Guillaume Budé) über die *Moria,* sondern auch die allerhöchste klerikale Prominenz wie Kardinal Giovanni de' Medici, der spätere Papst Leo X. (der sich offenbar weder in cap. 58 noch in cap. 59 mitgemeint sah). Diese Welle der Begeisterung hielt über drei Jahre an. Da meldete sich im September 1514 Martin Dorp[69] mit einem Brief an Erasmus zu Wort,[70] der gewissermaßen als Sprecher der Theologen der erzkonservativen Universität Löwen fungierte, bei denen das Buch (wenig überraschend) in negativem Sinne Aufsehen erregt hatte. Erasmus hatte selbst von 1502 bis 1504 in Löwen gelebt und der Rektor der Universität, der Professor für Theologie Adrian von Utrecht (der spätere Papst Hadrian VI., 1522–1523), hatte Erasmus 1502 eine Dozentur angeboten (die er aber ablehnte).[71] Laut Dorp stellte Erasmus das Ansehen der Theologischen Fakultät in Frage und schadete sich nur selbst; der Löwener Theologe forderte den Autor der *Moria* dazu auf, ein Lob der Weisheit zu verfassen, und warnte ihn in aller Freundschaft davor, seinen Plan einer neuen Ausgabe des Neuen Testaments zu verwirklichen. Dorps Brief vermittelte Erasmus den Eindruck, er habe durch seine *Moria* einen großen Teil des Theologenstandes gegen sich aufgebracht.

Erasmus beantwortete diesen Brief im Mai des folgenden Jahres.[72] Er behauptet dort, dass er die Herausgabe dieser Schrift bereue, auch wenn sie ihm großen Ruhm eingebracht habe, der aber nichts anderes sei als ein leerer Name. In allen seinen Schriften habe er versucht, seinen Lesern zu nützen, in der *Moria* ausnahmsweise auf eine spielerische Art und Weise. Wie in seinem *Enchiridion militis Christiani* habe er die Lebensweise der wahren Christen darstellen wollen, anders als dort habe er aber die moralische Besserung[73] und die seelische Heilung seiner Zeitgenossen in scherzhafter Manier vornehmen wollen.[74] Sein Ziel sei es nicht

69 Erasmus' Freund Martin(us) Dorp(ius)/Maarten van Dorp (um 1485–1525) war 1515 in Löwen zum Doktor der Theologie promoviert worden und wurde ebendort noch in demselben Jahr zum Professor ernannt. In späteren Jahren bekannte er sich zu Luther und wurde Rektor der Löwener Universität.

70 Epist. 304 Allen.

71 Erasmus unterstützte 1517 auch die Gründung des Löwener *Collegium Trilingue.*

72 Epist. 337 Allen. Dieser Antwortbrief wurde seit 1516 in mehreren Editionen der *Moria* abgedruckt.

73 In der Tat wurde die *Moria* so rezipiert. Der Erfolg des Buches beruhte keineswegs nur auf seinem Unterhaltungswert. Laut einer Bemerkung im Kommentar zu Adag. 1140 (*Ollas ostentare,* zuerst 1515) gab es offenbar Leser, die behaupteten, man könne aus dem *Lob der Torheit* mehr über Moral lernen als aus dem ganzen Aristoteles!

74 Im Brief an Dorp schreibt Erasmus: *Nec aliud agitur in Moria sub specie lusus, quam actum est in Enchiridio.* In der Tat finden sich viele Gedanken aus der *Moria* bereits im *Enchiridion* (s. zum Schlussabschnitt der *Moria* insbes. Screech 1980), was die Behauptung, dass Erasmus seinem Werk

gewesen, als gnadenloser Satiriker mit allen abzurechnen, nach allen Seiten auszuteilen[75] und Menschen namentlich an den Pranger zu stellen. Er verurteile die Gruppen, die er vorführe, nicht in Bausch und Bogen, aber wem der Schuh seiner Kritik passe, der solle ihn sich nur anziehen. So habe er beispielsweise nicht gegen alle Theologen gewettert, sondern nur gegen die törichten und schlechten unter ihnen – und daher habe er weniger diese Profession beschädigen wollen, als vielmehr die wenigen Theologen loben, die ihren Aufgaben verantwortungsvoll und gewissenhaft nachkommen. Erasmus konnte auch nicht nachvollziehen, dass sich die Theologen derart echauffierten, während sich die Vertreter anderer Gruppen (etwa die Regierenden, die Höflinge, die Bischöfe, die Päpste, die Kaufleute, die Eheleute und die Juristen) offenbar nicht angegriffen fühlten, obwohl die *Moria* doch kein *mortalium genus* übergehe. Ansonsten habe sich niemand durch die *Moria* veranlasst gesehen, von Erasmus abzurücken. Erasmus äußert gegenüber Dorp die Vermutung, dass seine Gegner unter den Theologen aus einem Ressentiment gegenüber dem Humanismus handelten, weil sie ihre Unterlegenheit gegenüber der neuen Bildungsbewegung spüren würden – er spricht sogar rundheraus von einer Verschwörung *(coniuratio)* gegen die *bonae litterae* und gegen diejenigen Menschen, die sich mit ihnen beschäftigen (also gegen den Humanismus und die Humanisten). Ihnen gefalle die *Moria* nur deswegen nicht, weil sie weder das Lateinische noch das Griechische beherrschten und die Rolle des Theologen nur spielten *(theologiae histriones),* ohne sie wirklich ausfüllen zu können. Er schätze wahre Theologen außerordentlich, und umgekehrt habe er seit der Erstausgabe der *Moria* nur mit Theologen verkehrt, die ihm diese Schrift in keiner Weise verargten. Wenn man der Wahrheit die Ehre geben wolle, müsse man sogar zugestehen, dass die scherzhaften Ausführungen der Stultitia besser zu den Lehren der Evangelien und Apostel passen würden als viele hochgelehrte Disputationen der Theologen!

Man warf Erasmus offenbar auch vor, dass er die Seligkeit des zukünftigen Lebens als eine Unterart der Torheit bezeichnete (66,3), wie sich an seiner Reaktion erkennen lässt: Wenn man die entsprechende Textstelle lese, so Erasmus, so würde sie den wahrhaften Frommen Freude bereiten. Das Problem, das sich Erasmus an diesem Punkt eingehandelt hatte, war *de facto* wohl weniger ein Zwist um die Sache selbst als vielmehr der Umstand, dass seine Wortwahl Anstoß erregte – seine Gegner wollten ihn vermutlich auch missverstehen.[76] Erasmus' Antwort rief eine Entgegnung Dorps hervor und schließlich fühlte sich auch Thomas Morus bemüßigt, zugunsten seines Freundes publizistisch in die Auseinandersetzung einzugreifen.

Vieldeutigkeit eingeschrieben habe (s. Kaiser, Könneker 1966 und 1991, Schmidt-Dengler, Miller 1988, Kaminski, Stolt), stark relativiert; laut Wilke 2020, 177 ist das *Enchiridion* „in gewisser Weise eine Parallelschrift zum *Lob der Torheit*". Die Weltentsagung hatte Erasmus bereits in *De contemptu mundi* (kurz vor 1490, gedruckt erst 1521) propagiert – dort allerdings noch im Zusammenhang mit dem Ideal eines mönchischen Lebens, während in der *Moria* das institutionalisierte Mönchtum sehr negativ gesehen wird (cap. 54).

75 Erasmus benützt dafür häufig die Metapher des Beißens, *mordere.*

76 Vgl. dazu Wilke 2020, 192–193.

Selbst wenn man die *Moria* mit nüchterner und neutraler Haltung und aus unserer heutigen detachierten Perspektive liest, kann man sich über die Empfindlichkeiten, die Dorps Brief überhaupt erst veranlassten, nicht wundern angesichts einiger sehr deutlicher Aussagen (die man kaum allein der Stultitia in die Schuhe schieben kann), und Erasmus hatte ja selbst mit Gegenwind gerechnet, wie seine Vorrede hinlänglich verrät.[77] Verwunderlich ist nicht, *dass* jemand einen Protestbrief schrieb, sondern dass eine derartige Reaktion erst drei Jahre nach dem Erstdruck erfolgte. Den Anlass für die nächste Angriffswelle bot jedoch weniger die *Moria* selbst als vielmehr Erasmus' Neuausgabe des Neuen Testaments im Jahr 1516, vor der ihn sein Freund Dorp nachdrücklich gewarnt hatte.[78] Die Attacken gegen die erfolgreiche *Moria* ergaben sich sozusagen als Nebenprodukt dieser neuen Fehde. Die bedeutendsten Gegner des Erasmus waren dabei der spanische Theologe Jacobus Lopes Stunica (Diego López Zúñiga, um 1470–1531), der französische Kartäuser Petrus Sutor (Pierre Cousturier, um 1475–1537) und der Fürst von Carpi, Alberto Pio (1475–1531).[79] Alle diese polemischen Angriffe auf Erasmus' Werke riefen mehrere Schriften und Gegenschriften hervor – seit der Herausgabe der *Moria* spalteten und polarisierten überhaupt sehr viele Werke des Niederländers die Gelehrtenwelt. Exemplarisch sind Zúñigas im Jahr 1522 in Rom veröffentlichten *Erasmi Roterodami Blasphemiae et impietates,* die im Wesentlichen aus einer zumeist unkommentierten Auflistung angeblich blasphemischer Aussagen bestehen, die sich in den Werken des Erasmus finden sollen. Zu diesen Aussagen gehören auch elf Passagen aus der *Moria,* die laut Zúñiga der Teufel selbst diktiert hat. Zu den beanstandeten Stellen gehören u. a. die Ausfälle in cap. 40 und 48 gegen übertriebenen Wunderglauben, abergläubischen Heiligenkult, den Ablasshandel und Pilgerreisen sowie das in der Tat sehr sarkastische Kapitel gegen die Mönche (54), das Zúñiga größtenteils wörtlich zitiert. Zúñiga bemerkt bitter, dass Erasmus hier das Leben und die Bräuche der Mönche wie irgendein Heide auf recht seltsame Weise verspotte und deren Predigten in einer gottlosen Art und Weise *(impie)* zum Gegenstand der Satire mache. Auch das Kapitel gegen die gottvergessenen Päpste (59) findet sich in Zúñigas Stellensammlung wieder.

Angesichts dieser Querelen verwundert es nicht, dass die *Moria* zu den am häufigsten zensierten Schriften des Erasmus gehört. 1542 wird sie von der Sorbonne zusammen mit anderen Schriften des Erasmus auf den Index gesetzt; dieses Urteil

77 Ein Beispiel möge genügen: In 55,1 werden die Theologen und Mönche als „undankbare Leugner der Wohltaten der Torheit und abgefeimte Heuchler" bezeichnet.

78 Erasmus edierte 1516 das griechische Neue Testament bei Froben in Basel und fügte seine eigene lateinische Übersetzung hinzu. Seine antihumanistischen Gegner erklärten die griechische Fassung für unnötig, nahmen Anstoß an der aus ihrer Sicht anmaßenden Korrektur der überkommenen Übersetzung des Hieronymus (der sog. Vulgata) und konnten sich mit mehreren Deutungen in den beigefügten Kommentaren nicht anfreunden (s. dazu auch 63,7–64). Dennoch war auch dieses Werk des Erasmus ein Erfolg, es erschien zu seinen Lebzeiten noch in vier weiteren Auflagen und bildete die Grundlage für Luthers Übersetzung.

79 Vgl. zu diesen Fehden insgesamt Gilmore 1978, speziell zur Auseinandersetzung mit Alberto Pio Gilmore 1969 sowie den Rezensionsaufsatz von Minnich 2016.

wurde in dem mehrfach nachgedruckten und durch ein königliches Edikt verbindlich gemachten Katalog der Pariser Theologischen Fakultät wiederholt.[80] Im Mailänder und im Venezianischen Index (beide von 1554) wird u.a. die *Moria* verboten, der Venezianische Index ist eine Grundlage für die erste Fassung des römischen Index unter Papst Paul IV. (1559), in dem Erasmus *in toto* indiziert wurde; fünf Jahre später werden unter Pius IV. von der Tridentiner Index-Kommission nur einzelne seiner Schriften verboten, dabei gehörte die *Moria* zu jenen, für die ein bedingungsloses Verbot ausgesprochen wurde.[81] Dagegen führte ausgerechnet die Löwener Universität, aus deren Mitte mit dem Dorp-Brief die scharfe Kritik an der *Moria* überhaupt erst eingesetzt hatte, auf dem Index von 1558 aus dem gewaltigen Œuvre des Erasmus insgesamt nur ein einziges (!) Werk auf, genauer gesagt nur dessen französische und deutsche Übersetzungen *(De sarcienda ecclesiae concordia)* – Karl V. hielt hier seine schützende Hand über seinen ehemaligen Berater.[82] Wie stark die Ressentiments gegenüber der *Moria* waren, zeigt der Umstand, dass kein Index des 16. Jahrhunderts, der einzelne Werke des Erasmus enthielt, die *Moria* ausließ.[83]

9. Sprache und Stil

Knapp zwanzig Jahre nach der *Moria* verfasste Erasmus den in Philolog:innenkreisen berühmten Dialog mit dem bezeichnenden Titel *Ciceronianus,* in dem er dem Ciceronianismus eine deutliche Abfuhr erteilte und dessen Vertreter den sprechenden Namen Nosoponus verpasst (‚an einer Krankheit leidend'). Wie die meisten Humanisten war Erasmus der Auffassung, dass man seinen Stil an mehreren Autoren schulen dürfe, solange ihre Sprache den Normen des klassischen Lateins der Antike (auch der Spätantike!) entsprach.[84] Und so imitiert Erasmus im *Lob der Torheit* die großen paganen Autoren der Antike von Plautus bis Tacitus,[85] aber er nimmt sich auch die Kirchenväter zum Vorbild, einen Tertullian ebenso wie die bedeutenden Kirchenschriftsteller der Spätantike, etwa Augustin und Hieronymus. Erasmus scheut sich auch nicht, in den Prosatext der *Moria* unmarkiert Verse oder Teilverse aus Vergil oder Horaz einzubauen. Dabei verfährt er so geschickt, dass diese Übernahmen beim schnellen Lesen überhaupt nicht auffallen. Ebenso wenig stößt man sich an den wenigen Ausdrücken, die die Neuzeit (auch die Humanisten) aus dem

80 Reusch 1883, 146, 149, 353. Im Jahr 1543 ordnete der Mailänder Erzbischof sogar die öffentliche Verbrennung von Bänden der Basler Gesamtausgabe von 1540 an (VL 801).

81 Reusch 1883, 218, 347, 353–354.

82 Miller 28; Reusch 1883, 353.

83 Miller 29, dort auch Hinweise auf die Indices in Spanien und Portugal. Zur Zensur in Spanien vgl. Ledo 2018.

84 Vgl. zu Erasmus' Sprache und Stil Thomson 1970; speziell zur *Moria* Blusch 1985, 302–307 (mit nützlichen Listen und wichtigen Korrekturen zu Thomson).

85 In seinem für Schüler gedachten Lektürekanon in *De ratione studii* (gedruckt 1511/1512) empfiehlt Erasmus die folgenden Autoren: Terenz, Plautus, Vergil, Horaz, Cicero, Caesar, Sallust, letzteren mit Einschränkungen.

Mittellateinischen übernommen[86] oder selbst geprägt hat.[87] Die Wortwahl verstärkt häufig den satirischen Ton des Werkes: Obwohl Stultitia vorgibt, ihre Anhänger, die Toren (also uns alle), zu schätzen und zu loben, bedenkt sie sie auffallend häufig schon bei der bloßen Beschreibung ihres Treibens mit negativ besetzten Wörtern.[88]

Stilistisch wirkt die *Moria* wie ein Werk aus einem Guss (eine Ursache für ihre große Anziehungskraft seit über 500 Jahren), das mit einem gefälligen, geradezu mühelos dahinfließenden Latein besticht. Stultitia, nein: Erasmus vermittelt seine Weltsicht im Plauderton des souveränen Causeurs, der einen wissenschaftlich-scholastischen Ton allenfalls anschlägt, um ihn zu parodieren. Zum Eindruck der unangestrengten Leichtigkeit trägt auch bei, dass sich die Rede der Stultitia streckenweise geradezu als ein Flickenteppich aus Erasmus' Redensartenkollektion *Adagia* präsentiert. Auf Schritt und Tritt begegnet man lateinischen oder aus dem Griechischen latinisierten Redewendungen und Sprichwörtern, die Erasmus offenbar aus dem Gedächtnis zitierte (wenn die Behauptung, er habe bei der Abfassung des Werkes keine Bücher zur Hand gehabt, wahr ist).[89] Die Zahl der in den Anmerkungen nachgewiesenen *Adagia*-Stellen zeigt, wie stark der Text ‚adagisiert' ist – es ist eine nicht zu unterschätzende stilistische Leistung des Erasmus, dass die *Moria* dennoch nicht papieren, sondern im Gegenteil höchst lebendig wirkt. Dieses Feuerwerk einprägsamer Formulierungen wird nicht nur um der stilistischen Gefälligkeit willen abgebrannt, die Sprichwörter dienen häufig der Argumentation: Nicht mit scholastischen Syllogismen, sondern mit antiken Weisheitssprüchen will Stultitia ihre Zuhörer und Erasmus seine Leser überzeugen. Erasmus hat auch so viel Selbstironie besessen, Stultitia nach einem derartigen Zitatennest sagen zu lassen, sie höre jetzt auf, Sprichwörter zu gebrauchen, um nicht den Eindruck zu erwecken, sie habe die *Adagia* „ihres Erasmus" geplündert (61,1).[90]

86 Beispielsweise *comptura* (‚Frisur', 17,3), *persuasiuncula* (‚ein wenig Überzeugungskraft, ein Quäntchen Einbildung', 45,4): in beiden Fällen handelt es sich um regelhafte Ableitungen von antiken Wörtern. Natürlich werden scholastische Fachtermini von Stultitia in parodistischer Absicht verwendet und sind nicht Teil von Erasmus' Wortschatz.

87 Vgl. etwa *putiditas* (‚Unzufriedenheit, Missfallen', 22,2), *fabulamentum* (‚Gerede, Geschwätz', 35,2).

88 Dazu gehören auch die zahlreichen Deminutiva, die keineswegs Stultitia als gemütlich oder betulich erscheinen lassen sollen (Blusch 1985, 304); sie sind entweder echte Verkleinerungen oder dienen der Herabsetzung, vgl. etwa *quaestiuncula* (Vorrede 4; 25,1), *preculae* für *preces* (s. Glossar) und *traditiuncula* in 54,4 (s. Anm. z. St.).

89 Auffällig ist immerhin, dass Erasmus einige Redensarten in anderer Bedeutung als in den *Adagia* verwendet, so etwa *foro uti* in 29,4 (s. Anm. z. St.).

90 Alle in der *Moria* verwendeten *Adagia* sind bei Descœudres 2022 in deutscher Übersetzung zusammengestellt (dem Untertitel zum Trotz auch die Redewendungen).

Wenn man sich in das Latein der *Moria* erst einmal eingelesen und in die Gedankenstrukturen der Stultitia (bzw. ihres Autors) eingedacht hat, wird man feststellen, wie leicht der Stil des Erasmus zu lesen ist.[91]

II. Die *Moria* im Schulunterricht? (Katharina Wesselmann)

1. Ziele der Lektüre

Erasmus ist für den heutigen Lateinunterricht durchaus vorgesehen: Mit Hessen, Mecklenburg-Vorpommern, Niedersachsen, Rheinland-Pfalz, Schleswig-Holstein und Thüringen führen ihn immerhin sechs deutsche Bundesländer als lesenswerten Autor in ihren Latein-Lehrplänen auf; in Rheinland-Pfalz und Thüringen wird sogar explizit die *Moria* vorgeschlagen. Auch in Österreich und der Schweiz kann Erasmus problemlos gelesen werden: Während der österreichische Lateinunterricht neulateinischen Texten gegenüber generell viel offener ist als der deutsche (Schaffenrath 2021),[92] gibt es in der Schweiz überhaupt keine verbindlichen Autorenvorschriften oder zentrale Maturprüfungen, so dass die Lektüreauswahl in weiten Teilen den Lehrkräften überlassen ist.

Erasmus eignet sich auch für den heutigen Lateinunterricht, denn die üblichen Fachanforderungen des Lateinunterrichts werden von der *Moria* in vielerlei Hinsicht bedient: Lerninhalte wie die Auseinandersetzung mit Kernproblemen des gesellschaftlichen Lebens ergeben sich durch Erasmus' vielseitige Kritik an Institutionen und Gruppen und auch durch die kontroverse Rezeption des Texts ganz selbstverständlich. Sprachlich ist der Text leichter zu bewältigen als so mancher antike Text, bietet aber ein enorm hohes stilistisches Niveau, wie bereits Jürgen Blusch in einem alten, aber noch immer maßgeblichen Beitrag zur Erasmus-Lektüre im Lateinunterricht herausgearbeitet hat: Während man bei Erasmus wegen des einfacheren Satzbaus „nicht so zu jonglieren [braucht] wie bei einer Cicero-Periode", sind seine Texte doch rhetorisch so ausgefeilt, „dass man auf stilistischem Gebiet bei Erasmus ebenso gut wie bei jedem anderen – antiken – Autor in die Lehre gehen kann" (1985, 302–303).

Natürlich fördert die *Moria* auch die in den Lehrplänen stets verlangte Kompetenz der Deutung literarischer Texte. Sie tut das in besonderem Maße, als man im Unterricht gut die Frage nach der diffusen Grenze zwischen Autor und Sprecherin behan-

91 Auf eine Eigenheit des Neulateinischen sei hingewiesen: Bis ins 18. Jh. gab es keine theoretische Unterscheidung von Haupt- und Nebensätzen. Daher wurden viele Subjunktionen auch als Konjunktionen verwendet (zudem *quamquam* bereits in der Antike). Die entsprechenden Wörter *(quamquam, siquidem, quandoquidem, tametsi)* wurden, um Missverständnisse zu vermeiden, in konjunktionalem Gebrauch mit einem Sternchen versehen.

92 Freilich gibt es auch in Deutschland Bestrebungen, das Neulateinische in die schulischen Kanones zu integrieren, namentlich seitens der Georg-August-Universität Göttingen und der Neulateinischen Gesellschaft: https://www.uni-goettingen.de/de/schulprojekt/566461.html (21.08.2023).

deln kann. Das komplexe Verhältnis der Stultitia zu ihrem Autor ist in Abschnitt 6 bereits angesprochen worden; dieser „Flimmereffekt" (Blusch 1985, 291)[93] kann in der Schule durchaus thematisiert werden und dürfte auch heutige Lesende faszinieren. Im österreichischen Lehrplan schließlich findet sich sogar die Kategorie „Witz, Spott, Ironie" in den Kompetenzmodulen, innerhalb derer die Schüler:innen „in kreativ-kritischer Auseinandersetzung die Grenze zwischen Lachen und Lächerlichkeit ausloten" sollen.[94] Hier eignen sich wenige Texte besser als die *Moria:* Das ironische Spiel der Stultitia mit den Bildungsinhalten zeigt sich so vergnügt und lustvoll, dass man gleichsam einen Werbetext für die Beschäftigung mit der Antike vor sich zu haben glaubt, dessen Charme man sich kaum entziehen kann. Erasmus' überbordende Faszination für die antiken Texte, die uns in der *Laus* überall begegnet, belegt in seltener Dichte die Bedeutung, die neben der Bibel und den Kirchenvätern auch die paganen Schriften für die Frühe Neuzeit besaßen – und damit für eine Epoche, die unsere Vorstellungen von Kanon und Bildung bis heute prägt.

2. Die Herausforderungen der *Moria*

Der mythische und literarische Anspielungsreichtum der *Moria* steht einer Lektüre in der Schule allerdings auch entgegen: So wird die wenig bekannte Legende von der Höhle des Trophonios ebenso vorausgesetzt (1,1) wie die entlegene Gottheit Momus (15,3); die Kenntnis lateinischer und griechischer Sprichwörter ist beim Lesen so unabdingbar wie die Vertrautheit mit antiken Autoren und ihren Schriften, bis hin zu obskuren Adespota wie dem Testament des Schweinchens Grunnius Corocotta (Vorrede 3). Eine breite literarische Bildung ist nicht nur für das Verständnis der Sachebene erforderlich, sondern auch zur Identifikation der Fülle an antiken Zitaten, die Erasmus' Text manchmal fast in die Nähe eines Centos rücken. Schließlich ist besonders im letzten Teil der *Moria* eine gewisse Bibelfestigkeit vonnöten, ohne die sich die von der Stultitia verspotteten theologischen Dispute und insbesondere die Darstellung des heiligen Narren kaum nachvollziehen lassen. Dies alles dürfte heutige Studierende überfordern, und Schüler:innen erst recht. Ein amüsiertes Wiedererkennen der literarischen und theologischen Anspielungen, wie man es für Erasmus' ursprünglich anvisiertes Lesepublikum wohl voraussetzen kann, weicht einer mühseligen Recherche nach Mythen und Bibelstellen.

---

93 „Da Stultitia spricht, Erasmus aber gleichwohl der Autor des Ganzen ist, fragt man sich unentwegt, wer da eigentlich was meint – genau das ist natürlich beabsichtigt. Sodann: Wenn die Torheit ihrem Wesen gemäß Törichtes äußert und gelegentlich auch noch darauf insistiert, dass das eben Gesagte sehr töricht sei, ist dies dann wiederum töricht oder aber, weil die Torheit es als töricht bezeichnet, per Aufhebung in Wirklichkeit etwas ganz Kluges? Woraufhin sich schon wieder die Frage stellt, wer hier eigentlich was meint. Angesichts dieser Sachlage sollte sich niemand wundern, wenn es ihm nach nur wenigen Seiten aufmerksamer Lektüre allmählich vor den Augen zu flimmern beginnt" (1985, 290–291).

94 https://www.ris.bka.gv.at/GeltendeFassung.wxe?Abfrage=Bundesnormen&Gesetzesnummer=10008568 (19.12.2023).

Schon Jürgen Blusch fordert deshalb „gut ausgearbeitete Hilfsmittel", die mögliche Hürden im Bereich der Vokabeln, der Mythologie, bei sprachlichen Schwierigkeiten und den ubiquitären Gräzismen, griechischen Redewendungen und Sprichwörtern ausräumt. Solche auf die Schule bezogenen Hilfsmittel existieren bisher nicht und sind von Lehrkräften nicht ohne enormen Aufwand eigenständig herzustellen. Die einzige erhältliche Schulausgabe von Ursula Blank-Sangmeister (2005) verfolgt ein ganz anderes Ziel: Sie legt eine rigoros gekürzte Version des Textes vor, die einen „Eindruck" von der *Moria* vermitteln soll (S. 2), die aber entscheidende Dimensionen von Erasmus' Werk nicht berücksichtigen kann, da nahezu alle Bezüge auf antike Texte fehlen – und damit die Ebene, die letztlich die Vermittlungsposition der *Moria* zwischen Antike und Moderne ausmacht.

Der vorliegende Kommentar soll die Situation der *Moria* als Schultext verändern. Daher sind die Sacherklärungen umfangreicher ausgefallen als in der Reihe der *Studienkommentare* bisher üblich, da man den Text ohne sie auch auf der elementarsten Ebene nicht versteht. Die erste Hürde für moderne Lesende ist also beseitigt. Auch wenn der Kommentar nicht zur Verwendung in der Schule gedacht ist, können Lehrpersonen ihn zur Herstellung eigener Materialien leicht exzerpieren.

Wie die meisten vormodernen – und zahlreiche modernen – Texte enthält auch die *Moria* Aspekte, die von einem heutigen Lesepublikum als problematisch empfunden werden können, namentlich die Polemik gegen bestimmte Menschengruppen: Die Stultitia äußert sich misogyn sowie juden- und türkenfeindlich, eine Position, die auch von Hans Holbein in seinen Illustrationen aufgenommen wird, vgl. die Karikatur auf Seite 97, die man, unbedingt kritisch diskutieren sollte, sofern man sie überhaupt zeigt, was je nach Lerngruppe entschieden werden muss.[95] Hier wird im Unterricht sicherlich die Frage nach der Identität des Sprecher-Ichs gestellt werden, da das Spiel mit der Stultitia als Sprecherin zum einen ein wichtiges Konstituens des Texts darstellt, und da die Frage nach dem ‚lyrischen Ich' in den letzten Jahren immer wieder die öffentlichen Debatten bestimmt hat, vor allem im Hinblick auf gesellschaftlich problematische Aussagen oder gar Straftaten von Künstler:innen. Im Hinblick auf die Polemik in der *Moria* ist die Frage allerdings nur bedingt von Bedeutung, denn die Maske der Stultitia schützte Erasmus ja auch zu Lebzeiten nicht davor, dass die Aussagen der Stultitia als seine eigenen interpretiert wurden – wie er es selber auch erwartet hatte *(Praefatio)*. Durch das Spiel mit der Identität wird die Schärfe der Aussagen höchstens abgemildert, zum Beispiel, wenn die Sprecherin sich aus der Affäre zieht, nachdem sie die Torheit der Frauen ausgiebig verspottet hat: *Neque vero mulierum genus usque adeo stultum arbitror, ut eam ob rem mihi succenseant, quod illis et ipsa mulier et Stultitia stultitiam attribuam.*[96] Trotz dieses Rollenfilters decken sich die Attacken der Stultitia mit Eras-

95 Misogyn sind etwa die Kapitel 17 und 20; zu türkenfeindlichen und antijüdischen Passagen s. 43,2; 53,9; 54,6.

96 „Ich halte aber das Geschlecht der Frauen nicht für so dumm, dass sie mir deswegen zürnen, weil ich ihnen – selbst Frau und Torheit – Torheit zuschreibe" (17,2).

mus' Aussagen aus anderen Werken: Frauen, Juden, Türken und andere Gruppen werden auch sonst immer wieder diffamiert (Martin 2023).

Interessant für den Unterricht ist in diesem Zusammenhang aber gerade die Veränderung des Sagbaren: Während sich die Zeitgenossen über Erasmus' Theologenspott echauffierten, sind es heute eher die misogynen und xenophoben Passagen, die Anstoß erregen. Diese Thematik dürfte bei Schüler:innen heute sicherlich auf Interesse stoßen; in dem schon genannten österreichischen Kompetenzmodul ist die Zeitgebundenheit sogar explizit genannt: „Humor als gesellschaftliches und literarisches Phänomen erleben, das zeitgebundenen Konventionen unterliegt." Die zentralen Fragen ‚was darf Satire?' und ‚wozu dient Satire?' können hier produktiv verhandelt werden, auch im Hinblick auf gesellschaftliche Hierarchien: Ein heutiges Publikum wird sich an dem Spott über marginalisierte Menschen eher stören als an der satirischen Kritik an den Mächtigen. Gerade in Zeiten, in denen politische Polemik verschärft auch von extremen Gruppen geäußert wird, in denen Diskussionen über angebliche Zensur und ‚Cancel Culture' omnipräsent sind, bietet Erasmus' Text eine reichhaltige Diskussionsgrundlage über die Veränderlichkeit gesellschaftlicher Wertvorstellungen, ohne dass der Autor zu einem heute tauglichen moralischen Ideal stilisiert werden muss.[97]

3. Auswahl der Texte

Die *Moria* im Unterricht in Gänze oder in großen Teilen zu lesen, ist möglich, aber natürlich nicht in allen Lerngruppen: Entscheidende Faktoren sind hier die zur Verfügung stehende Zeit und die Motivation der Lernenden, einen so beziehungsreichen Text entschlüsseln zu wollen.

Anstelle der gesamten Schrift können natürlich Einzelpassagen gelesen werden, die inhaltlich zu den ‚kanonischen' Unterrichtseinheiten passen. Der Text bietet einen Reichtum an Möglichkeiten.

Hier ist nicht der Ort für konkrete Unterrichtsvorschläge, zumal die Auswahl je nach Lektürepensum und individuellen Schwerpunkten variieren wird. Denkbar sind sowohl thematische Einheiten als auch konkrete Rezeptionsbeispiele. Ein Beispiel für ersteres sind die Lektüre von Beschreibungen des Goldenen Zeitalters und die Behandlung ihrer literarischen Topoi (Horaz, *Epode* 16 oder Ovid, *Metamorphosen* 1,89–112), bei der auch die idyllische Kinderstube der Stultitia (cap. 8) einbezogen wird – mit der Frage, warum gerade die Torheit solcher Üppigkeit entstammt. Eine andere gewinnbringende Einbeziehung der *Moria* bietet sich bei der Behandlung der Stoa im Lateinunterricht an, wie sie oft noch im Lehrbuchkontext

97 Dass eine solche Idealisierung vormoderner Inhalte – seien sie nun antik oder frühneuzeitlich – in der Regel willkürlich und tendenziös sein wird, lässt sich übrigens gerade an der Instrumentalisierung des Erasmus durch die AfD-nahe Desiderius-Erasmus-Stiftung verdeutlichen, auf deren Webseite es unter anderem heißt: „[Erasmus] achtete die Tradition, soweit sie traditionswürdig war" (https://erasmus-stiftung.de/erasmus-von-rotterdam/ – 19.12.2023). Auch über diese Perspektive auf Erasmus sollten Schüler:innen heute nicht im Unklaren gelassen werden.

erfolgt oder im Rahmen der Lektüre von Senecas *Epistulae Morales.* Das philosophische Lehrsystem kann mit einer kontroverseren Perspektive versehen werden, zieht man Erasmus' Stoikerspott bei (besonders cap. 30, aber auch 52 zur Figur des Philosophen allgemein): Die Schilderungen der Heucheleien und Affektationen, die sich aus der philosophischen Haltung ergeben können, relativieren die Ansprüche an die eigene Lebensführung und vermitteln einen humorvollen Blick auf die Diskrepanz zwischen Ideal und Realität.

Ein Beispiel für Erasmus' Rezeption konkreter antiker Textstellen ist das Götterkapitel (cap. 15), das in seiner Schilderung der göttlichen Ausgelassenheit die (durch Lukians Θεῶν'Εκκλησία vermittelten) humoristischen Elemente der homerischen Götterversammlungen aufnimmt. Damit kann die *Moria* auch im Griechisch-Unterricht herangezogen werden, sofern die Schüler:innen auch Latein lernen, namentlich bei der Lektüre der turbulenten Konfliktszene zwischen Hera und Zeus mit ihrer heiteren Auflösung durch Hephaistos (*Ilias* 1,536–611).

Eine erschöpfende Behandlung der didaktischen Möglichkeiten, die Erasmus' Text für den Unterricht bietet, würde ein eigenes Buch erfordern. Die vorliegende Ausgabe soll es Lehrkräften ermöglichen, sich von Erasmus' vielseitiger Antikenrezeption für den eigenen Unterricht inspirieren zu lassen, und ihnen ein (hoffentlich) solides Fundament für ihre Beschäftigung mit dem *Lob der Torheit* bieten.

III. Zur Benützung dieser Ausgabe

Unserer Studienausgabe wurde der einschlägige Text von Clarence H. Miller in der Amsterdamer Ausgabe der Werke des Erasmus (1979) zugrunde gelegt, der sich an der Ausgabe letzter Hand, dem Basler Druck von 1532 (bei Miller Sigle H), als Leitdruck orientiert hat. Die Kapitelzählung wurde i.W. von Johannes Benedictus Kan (1898) übernommen (zu den Unterschieden s. den Überblick über die textkritischen Abweichungen, S. 165 f.; zur besseren Übersichtlichkeit haben wir die Kapitel zudem in Paragraphen unterteilt).

Der Text wurde den Intentionen einer Studienausgabe entsprechend an die Lesegewohnheiten heutiger Leser:innen angepasst. Lesbarkeit war hier wichtiger als die philologische Treue gegenüber dem historischen Text, auch wenn diese Modernisierung des Textes *de facto* eine Verfälschung darstellt. Allen Leser:innen, die sich nach der Lektüre dieser Ausgabe für die *Moria* begeistern, sei daher empfohlen, sie auch in einem der zeitgenössischen Drucke (vorzugsweise in einem Druck, der auch den Listrius-Kommentar bietet) zu lesen, die man in digitalisierter Form leicht im Internet findet.[98]

98 S. etwa https://philological.cal.bham.ac.uk/bibliography/erasmus.html (19.12.2023) oder die im VD 16 aufgeführten Drucke.

Die wenigen Abweichungen von den Ausgaben von Miller und Kan sind am Ende in einem Überblick zusammengestellt. Im Text selbst wurden die folgenden konventionellen textkritischen Zeichen verwendet:

⟨…⟩ nach Meinung der Herausgeber:innen notwendige Ergänzung (Supplierung) des in den Drucken überlieferten Textes,

[…] Buchstaben oder Wörter in eckigen Klammern bedeuten, dass die Herausgeber:innen der Meinung sind, dass der überlieferte Text nicht von Erasmus stammt und beim Lesen ignoriert werden kann (Athetese, Tilgung).

Der Kommentar soll primär eine Lese- und Verständnishilfe darstellen, darüber hinaus auch die zahllosen eindeutigen intertextuellen Verweise identifizieren. Bei Redewendungen und Sprichwörtern wurde i. d. R. nur auf die Nummer der Redensart in Erasmus' *Adagia* verwiesen; dort finden interessierte Leser:innen die antiken Quellen (hingewiesen sei auf die sechsbändige deutsche Übersetzung der *Adagia* von Claude-Eric Descœudres).

Personen- und Ortsnamen wurden i.d.R. im Register erläutert, um den Kommentar zu entlasten. Bei den Vokabelangaben haben wir uns am Lexikon von Karl Ernst Georges und an der Wortkunde von Rüdiger Vischer orientiert. Lassen sich Wörter bzw. ihre jeweils relevanten Bedeutungen schnell mit diesen beiden Hilfsmitteln auffinden, so wurde auf eine Angabe in den Anmerkungen verzichtet. In der *Moria* häufiger vorkommende entlegenere Wörter, Wortbedeutungen und Wendungen sowie Begriffe aus dem christlichen Latein wurden mit einem Asterisk (*) versehen und im Glossar erläutert.

IV. Abgekürzt zitierte Literatur

Zu den ausführlichen Titeln s. das Literaturverzeichnis.

ASD	Opera omnia des Erasmus in der Amsterdamer Ausgabe
BS	Burkard/Schauer 2020
CE	Contemporaries of Erasmus
DK	Fragmente der Vorsokratiker, hrsg. von Hermann Diels und Walther Kranz
HSz	Hofmann/Szantyr 1965
Kan	Ausgabe der *Moria* 1898
Kirsch	Kirsch 1774
Listrius	Gemeinschaftskommentar des Listrius und des Erasmus zur *Moria*
Miller	Ausgabe der *Moria* 1979
Ramminger	Johann Ramminger: Neulateinische Wortliste
SVF III	Stoicorum Veterum Fragmenta Bd. 3
ThLL	Thesaurus Linguae Latinae, Leipzig 1900 ff.
VL	Worstbrock u.a. 2008

V. Weitere Abkürzungen

erg.	ergänze
frg.	Fragment(e)
i.S.v.	im Sinne von
LW	Lehnwort
mlat.	mittellateinisch (d.h. das betreffende Wort ist erst zwischen 600 und 1350/1450 belegt)
nlat.	neulateinisch (d.h. das betreffende Wort ist frühestens um 1350 belegt)
s.v.	*sub voce* = unter dem Eintrag
u.ö.	und öfter
z.St.	zur Stelle

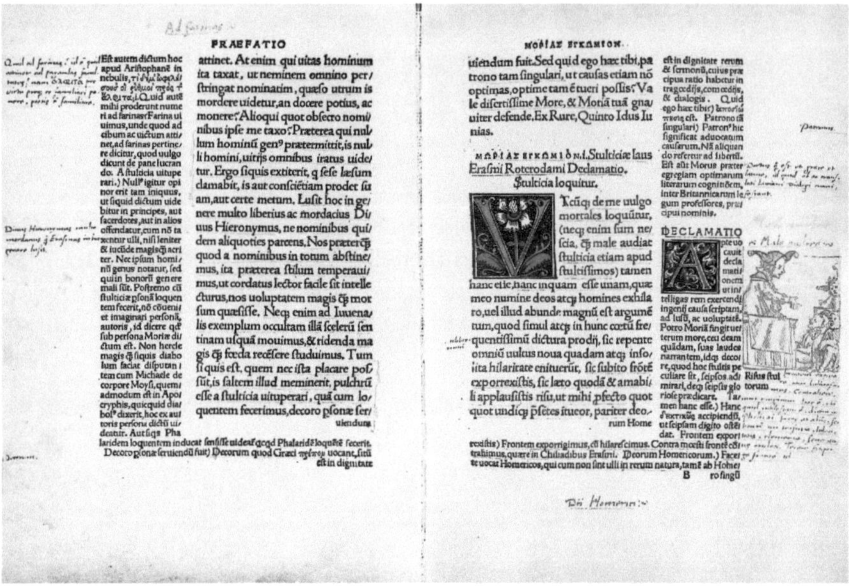

PRAEFATIO

attinet. At enim qui uitas hominum ita taxat, ut neminem omnino perstringat nominatim, quæso utrum is mordere uidetur, an docere potius, ac monere? Alioqui quot obsecro nominibus ipse me taxo? Præterea qui nullum hominũ gen⁹ prætermittit, is nulli homini, uitijs omnibus iratus uidetur. Ergo siquis extiterit, q sese læsum clamabit, is aut consciẽtiam prodet suam, aut certe metum. Lusit hoc in genere multo liberius ac mordacius Diuus Hieronymus, ne nominibus quidem aliquoties parcens. Nos præterq̃ quod a nominibus in totum abstinemus, ita præterea stilum temperauimus, ut cordatus lector facile sit intellecturus, nos uoluptatem magis q̃ morsum quæsisse. Neq; enim ad Iuuenalis exemplum occultam illã scelerũ sentinam usquã mouimus, & ridenda magis q̃ fœda recẽsere studuimus. Tum si quis est, quem nec ista placare possũt, is saltem illud meminerit, pulchrũ esse a stulticia uituperari, quã cum loquentem fecerimus, decoro psonæ seruiendum

MΩPIAΣ EΓKΩMION

uiendum fuit. Sed quid ego hæc tibi, patrono tam singulari, ut causas etiam nõ optimas, optime tamẽ tueri possis? Vale disertissime More, & Moriã tuã gnauiter defende. Ex Rure, Quinto Idus Iunias.

MΩPIAΣ EΓKΩMIÕN.i. Stulticiæ laus Erasmi Roterodami Declamatio.
Stulticia loquitur.

Vtcũq; de me uulgo mortales loquũtur, (neq; enim sum nescia, q̃ male audiat stulticia etiam apud stultissimos) tamen hanc esse, hanc inquam esse unam, quæ meo numine deos atq; homines exhilaro, uel illud abunde magnũ est argumẽtum, quod simul atq; in hunc cœtũ frequentissimũ dictura prodij, sic repente omniũ uultus noua quadam atq; insolita hilaritate enituerũt, sic subito frõtẽ exporrexistis, sic læto quodã & amabili applausistis risu, ut mihi pfecto quot quot undiq; p̃sẽtes intueor, pariter deorum Home

Das Ende der Praefatio und der Beginn der Rede der Torheit, umlaufend der Listrius-Kommentar, rechts: Stultitia auf der Rednerbühne vor ihrem Publikum. Basel bei Froben 1515 (Faksimile von 1931, Abdruck mit freundlicher Genehmigung des Kunstmuseums Basel)

Text mit Kommentar

ΜΩΡΙΑΣ ΕΓΚΩΜΙΟΝ
i. e. STVLTITIAE LAVS
ERASMI ROTERODAMI DECLAMATIO

Widmungsbrief an Thomas Morus

ERASMVS ROTERODAMVS THOMAE MORO SVO SALVTEM DICIT

Superioribus diebus, cum me ex Italia in Angliam reciperem, ne totum hoc tempus, quo equo fuit insidendum, ἀμούσοις et illitteratis fabulis tereretur, malui mecum aliquoties vel de communibus studiis nostris aliquid agitare vel amicorum, quos hic ut doctissimos ita et suavissimos reliqueram, recordatione frui. Inter hos tu, mi More, vel* in primis occurrebas; cuius equidem absentis absens memoria non aliter frui solebam, quam praesentis praesens consuetudine consueveram; qua dispeream, si quid umquam in vita contigit mellitius. Ergo quoniam omnino aliquid agendum duxi et id tempus ad seriam commentationem parum videbatur accommodatum, visum est moriae encomion ludere. 1

Quae Pallas istuc tibi misit in mentem? inquies. Primum admonuit me Mori cognomen tibi gentile, quod tam ad moriae vocabulum accedit, quam es ipse a re 2

ΜΩΡΙΑΣ ΕΓΚΩΜΙΟΝ: zum Titel s. Kapitel 3 der Einleitung.

1 ***Superioribus diebus, cum:*** ‚Damals, als' (s. Einleitung, S. 17 f.). – **ἄμουσος:** wörtlich ‚unmusisch', also ‚ohne die Musen, ungebildet, ohne Geist, kunstlos' (vgl. *Adag.* 1518: ἄμουσοι). Mit den zermürbenden *fabulae* sind vielleicht Gespräche mit Mitreisenden gemeint. – ***aliquid agitare:*** ‚ein wenig nachdenken'; *aliquid* ist innerer Akkusativ. – ***hic:*** ‚hier in England', s. Einleitung, S. 18. – ***consuetudo:*** ‚Gesellschaft, Umgang'. – ***qua ... mellitius:*** Der Ablativus comparationis zu *mellitius* ist aus dem *si*-Satz herausgezogen (vgl. Catull, *Carmen* 92,2: *Lesbia me dispeream nisi amat*). Zu konstruieren ist: *qua consuetudine si quid ... mellitius, dispeream.* – ***duxi:*** hier = *putavi.* – ***commentatio:*** ‚Überlegung, Nachdenken, Betrachtung'. – ***visum est*** **(erg. *mihi*):** ‚es schien mir richtig, ich habe beschlossen'. – ***encomion ludere:*** *ludere* hier mit effiziertem Objekt: ‚eine scherzhafte/spielerische Schrift verfassen'.

2 ***Quae ... mentem:*** ‚Es legte ihm/ihr in den Sinn die helläugige Göttin Athene' ist eine in der homerischen *Odyssee* mehrfach verwendete Formel (etwa 18,158; 21,1). – ***istuc:*** = *istud* + *-ce* (deiktische Partikel) mit Assimilation und Apokope, gleichbedeutend mit *istud.* – ***inquies:*** 2. Person Futur I von *inquam.* – ***Mori cognomen tibi gentile:*** ‚dein Bei- und Familienname Morus' (*Mori* ist Genitivus epexegeticus; den Dativ bei *gentilis* setzt Erasmus vielleicht nach dem Vorbild von *proprius*). – ***hunc ... probatum iri:*** ‚dass diese Fingerübung meines Geistes von dir ganz besonders geschätzt/für gut befunden werden wird' (*probatum iri* ist Infinitiv Futur Passiv). – ***nec usque quaque:*** ‚nicht immer'. – ***impendio*** **(Adv.):** ‚außerordentlich'. – ***Democritum quendam agere:*** ‚in gewisser Weise einen Demokrit spielen, den Demokrit geben'. Der lachende Philosoph Demokrit, den alles Irdische erheitert, ist seit

alienus; es autem vel* omnium suffragiis alienissimus. Deinde suspicabar hunc ingenii nostri lusum tibi praecipue probatum iri, propterea quod soleas huius generis iocis, hoc est nec indoctis (ni fallor) nec usque quaque insulsis, impendio delectari et omnino in communi mortalium vita Democritum quendam agere*. Quamquam* tu quidem, ut pro singulari quadam ingenii tui perspicacitate longe lateque a vulgo dissentire soles, ita pro incredibili morum suavitate facilitateque cum omnibus omnium horarum hominem agere* et potes et gaudes. Hanc igitur declamatiunculam non solum libens accipies ceu μνημόσυμον tui sodalis, verum etiam tuendam suscipies, utpote tibi dicatam iamque tuam, non meam.

Etenim non deerunt fortasse vitilitigatores, qui calumnientur partim leviores esse nugas, quam ut theologum deceant, partim mordaciores, quam ut 3

---

der Antike ein beliebter Topos (s. dazu Rütten 1992 und zu dieser Stelle hier ebd. 49–51, außerdem Möllendorff 2013, v. a. 339). – ***omnium horarum homo*** **(=*Adag.* 286):** eigentlich ‚ein Mann für alle Jahreszeiten', gemeint ist wohl ‚in Scherz und Ernst zuhause' (vgl. Quintilian, *Institutio oratoria* 6,3,110). – **μνημόσυμον *tui sodalis:*** ‚Erinnerungsstück deines Freundes', vgl. Catull, *Carmen* 12,13. – ***tuendam suscipies:*** Morus soll die Schrift auch gegen Kritiker verteidigen, s. das Folgende.

3 ***vitilitigator:*** ‚Lästermaul, Streitsüchtiger, Stänkerer, Kritikaster'. – ***vetus comoedia:*** Der Hauptvertreter der attischen Alten Komödie (5. Jh. v. Chr.) ist Aristophanes (um 445 – um 385 v. Chr.). Aufs Korn genommen wurden zeitgenössische Prominente, die namentlich verspottet wurden (ὀνομαστὶ κωμῳδεῖν). – ***Lucianum quempiam:*** ‚irgendeinen Text von Lukian' i. S. v. ‚etwas in der Art von Lukian'. – ***referre:*** hier ‚wiedergeben' i. S. v. ‚nachahmen'. – ***mordicus arripere:*** ‚mit einem Biss/mit den Zähnen ergreifen'; Erasmus meint die Bissigkeit der Satire. – ***factitare:*** Frequentativum von *facere.* Zur Illustration dieser Häufigkeit folgt nun eine lange Aufzählung antiker Autoren und ihrer (bzw. ihnen zugeschriebener) humoristischer Texte, zunächst die Βατραχομυομαχία, der *Froschmäusekrieg* (den man damals noch für ein Werk Homers hielt), die *Mücke* und das *Kräuterkäsegericht* (nicht von Vergil stammende, aber damals für vergilisch gehaltene Werke), Ovids (ebenfalls unechter) *Nussbaum* (zu dem Erasmus einen Kommentar verfasst hat) (den *Culex* und die Βατραχομυομαχία bezeichnet Erasmus in der Verteidigung seines Ehelobs als *prima studiorum progymnasmata*), dann eine Reihe von Lobreden auf wenig lobenswerte Personen und Gegenstände (sog. Paradoxenkomia): von den griechischen Rhetoren Polykrates und Isokrates auf den ägyptischen König Busiris (der Menschenopfer darbrachte), von Glaukon auf die Ungerechtigkeit (im 2. Buch von Platons *Staat*), vom Philosophen Favorinus auf den hässlichen homerischen Thersites und auf Fieberschübe, vom christlichen Neuplatoniker Synesios auf die Kahlköpfigkeit, von Lukian auf die Fliege *(Muscae encomium)* und den *parasitus (De parasito),* von Seneca die gegen Kaiser Claudius gerichtete *Apocolocyntosis* (‚Verkürbissung') (hier genannt mit ihrem handschriftlich überlieferten Titel *apotheosis,* ‚Vergöttlichung'). Am Ende stehen weitere humoristische Texte: Plutarchs Dialog zwischen Kirke, Odysseus und seinem in ein Schwein verwandelten Gefährten Gryllus, die Eselsromane des (Pseudo)-Lukian und des Apuleius und das anonyme Testament des Schweinchens Grunnius (‚Grunzer') Corocotta. – ***Thersiten:*** griech. Akkusativ. – ***parasitica (erg. ars):*** ‚die Kunst des *parasitus*', d. h. desjenigen, der sich ein Gratismahl zu verschaffen weiß. – ***cuius … Hieronymus:*** Hieronymus, *Commentarii in Isaiam,* Vorrede zu Buch 12. – ***latrunculis ludere:*** hier ‚sich mit Nichtigkeiten beschäftigen' (Seneca, *Epistel* 106,11). – ***animi causa:*** ‚zum Spaß, zur Unterhaltung'. – ***equitare in harundine longa:*** ‚auf einem langen Steckenpferd reiten' – eine Beschäftigung für römische Kinder, s. Horaz, *Satire* 2,3,248.

Christianae conveniant modestiae, nosque clamitabunt veterem comoediam aut Lucianum quempiam referre atque omnia mordicus arripere. Verum quos argumenti levitas et ludicrum offendit, cogitent velim non meum hoc exemplum esse, sed idem iam olim a magnis auctoribus factitatum; cum ante tot saecula Βατραχομυομαχίαν luserit Homerus, Maro *Culicem* et *Moretum, Nucem* Ovidius; cum Busiriden laudarit Polycrates et huius castigator Isocrates, iniustitiam Glauco, Thersiten et quartanam febrim Favorinus, calvitium Synesius, muscam et parasiticam Lucianus; cum Seneca Claudii luserit ἀποθέωσιν, Plutarchus Grylli cum Ulysse dialogum, Lucianus et Apuleius *Asinum,* et nescio quis Grunnii Corocottae porcelli testamentum, cuius et divus meminit* Hieronymus. Proinde, si videbitur, fingant isti me latrunculis* interim* animi causa lusisse aut (si malint) equitasse in harundine longa.

Nam quae tandem est iniquitas, cum omni vitae instituto suos lusus conceda- 4
mus, studiis nullum omnino lusum permittere, maxime si nugae seria ducant atque ita tractentur ludicra, ut ex his aliquanto plus frugis referat lector non omnino naris obesae quam ex quorundam tetricis ac splendidis argumentis, veluti cum alius diu consarcinata oratione rhetoricen aut philosophiam laudat, alius principis alicuius laudes describit, alius ad bellum adversus Turcas movendum adhortatur, alius futura praedicit, alius novas de lana caprina comminiscitur quaestiunculas! Ut enim nihil nugacius quam seria nugatorie tractare, ita nihil festivius quam ita tractare nugas, ut nihil minus quam nugatus fuisse videaris. De me quidem aliorum erit iudicium. Tametsi*, nisi plane me fallit φιλαυτία*, stultitiam laudavimus, sed non omnino stulte.
Iam vero ut de mordacitatis cavillatione respondeam: Semper haec ingeniis 5
libertas permissa fuit, ut in communem hominum vitam salibus luderent impune, modo ne* licentia exiret in rabiem. Quo magis admiror his temporibus

---

4 ***si nugae seria ducant:*** ‚wenn Nichtigkeiten Ernstzunehmendes mit sich bringen' (vgl. zur Formulierung Horaz *Ars poetica* 451–452). – ***naris obesae:*** wörtlich ‚von dicker Nase'; gemeint ist ‚dumm, ohne Urteilsvermögen' (Horaz, *Epode* 12,3). ***argumentum:*** hier ‚Inhalt, Gegenstand, Thema'. – ***rhetoricen:*** griech. Akkusativ. – ***de lana caprina (=Adag. 253):*** ‚um Ziegenwolle' i. S. v. ‚um des Kaisers Bart, um Nichtigkeiten', vgl. Horaz, *Epistel* 1,18,15: Nach Erasmus kommt die Redewendung von der Frage, ob man das Fell einer Ziege bereits vor der Schur als Wolle bezeichnen dürfe. – ***nugatus fuisse:*** statt des geläufigeren *nugatus esse.*

5 ***mordacitatis cavillatio:*** ‚die verleumderische Behauptung, ich würde brutal zubeißen'; zu dieser Bedeutung von *cavillatio* vgl. Erasmus, *Paraphrasis in Elegantias Vallae* s. v. – ***aurium deliciae:*** ‚die Verzärteltheit/Empfindlichkeit/Mimosenhaftigkeit der Ohren'. – ***tituli:*** entweder ‚Ehrentitel, Titulaturen' (‚Durchlaucht' u. ä.) oder ‚feierliche Lobschriften'. – ***videas:*** generalisierender Potentialis: ‚man kann (wohl) sehen'. – ***ferant ... aspergi:*** Das Prädikat *ferant* wird hier zuerst mit einem nominalen Objekt *(gravissima ... convicia),* dann mit einem AcI konstruiert *(pontificem ... aspergi).* – **ἄλφιτα:** ‚Weizengraupen, Mehl, Brot'. – **πρὸς τὰ ἄλφιτα:** ‚zum Lebensunterhalt'. In den frühen Drucken stand hinter ἄλφιτα noch *id est ad quaestum* (‚d. h. zum Gewinn'). – ***taxare* und *perstringere:*** ‚kritisieren'; zur Kritik mit Namensnennung (*nominatim/nomen perstringere* findet sich oft bei Erasmus) s. zum Lemma *vetus comoedia* in § 3. – ***obsecro:*** fragendes ‚bitte' (wie zuvor *quaeso*). – ***conscien-***

aurium delicias, quae nihil iam fere nisi solemnes titulos ferre possunt. Porro nonnullos adeo praepostere religiosos videas, ut vel* gravissima in Christum convicia ferant citius quam pontificem* aut principem levissimo ioco aspergi, praesertim si quid πρὸς τὰ ἄλφιτα attinet. At enim qui vitas hominum ita taxat, ut neminem omnino perstringat nominatim, quaeso*: utrum is mordere videtur an docere potius ac monere? Alioqui* quot, obsecro, nominibus ipse me taxo? Praeterea qui nullum hominum genus praetermittit, is nulli homini, vitiis omnibus iratus videtur. Ergo si quis exstiterit, qui sese laesum clamabit, is aut conscientiam prodet suam aut certe metum. Lusit hoc in genere multo liberius ac mordacius divus Hieronymus, ne nominibus quidem aliquoties parcens. Nos praeterquam quod a nominibus in totum abstinemus, ita praeterea stilum temperavimus, ut cordatus* lector facile sit intellecturus nos voluptatem magis quam morsum quaesisse. Neque enim ad Iuvenalis exemplum occultam illam scelerum sentinam usquam movimus et ridenda magis quam foeda recensere studuimus.

Tum si quis est, quem nec* ista placare possunt, is saltem illud meminerit 6
pulchrum esse a Stultitia vituperari; quam cum loquentem fecerimus, decoro personae serviendum fuit. Sed quid ego haec tibi, patrono tam singulari, ut causas etiam non optimas optime tamen tueri possis? Vale, disertissime More, et Moriam tuam gnaviter defende.

Ex rure. Quinto Idus Iunias. Anno M.D.X. (?)

---

tiam suam prodere: ‚sein schlechtes Gewissen verraten'. – ***Lusit hoc in genere:*** ‚in dieser Gattung/Schreibart schrieb er zügellos, nahm er sich einiges heraus'. – ***in totum:*** ‚gänzlich'. – ***sentinam movere:*** ‚eine Kloake aufrühren' i. S. v. ‚tadelnd schildern'.

6 ***nec:*** ‚nicht einmal', gehört zu *ista,* das hier i. S. v. *haec* verwendet wird („nicht einmal das hier, was ich gerade genannt habe"). – ***serviendum fuit*** **(erg. *nobis*):** Erasmus musste darauf Acht geben, dass seine Figur der Stultitia ihrem Charakter entsprechend redete. Das *decorum/aptum* war eine der vier *virtutes dicendi* in der antiken Rhetorik. – ***Sed … tibi:*** erg. ein Verb des Sagens in der ersten Person. – ***Ex rure:*** Erasmus schrieb die *Moria* in der Nähe von London (s. Einleitung, S. 15); *(ex) rure* am Ende eines Briefes ist antik nicht belegt, aber in den damals als beispielhaft geltenden Briefen des italienischen Humanisten Francesco Filelfo (1398–1481). – ***Anno M.D.X.:*** Zur falschen Jahreszahl, die sich in den späteren Drucken findet, und zur hier vorgeschlagenen Jahreszahl s. Einleitung, S. 17 f. und das Verzeichnis der textkritischen Abweichungen.

Das Lob der Torheit

STVLTITIA LOQVITUR.

1–9: Stultitia und ihr Gefolge

1 Utcumque de me vulgo mortales loquuntur (neque enim sum nescia, quam male audiat Stultitia etiam apud stultissimos), tamen hanc esse, hanc, inquam, esse unam, quae meo numine deos atque homines exhilaro, vel* illud abunde magnum est argumentum, quod, simulatque in hunc coetum frequentissimum dictura prodii, sic repente omnium vultus nova quadam atque insolita hilaritate enituerunt, sic subito frontem exporrexistis*, sic laeto quodam et amabili applausistis risu, ut mihi profecto, quotquot undique praesentes intueor, pariter deorum Homericorum nectare non sine nepenthe temulenti esse videamini, cum antehac tristes ac solliciti sederitis, perinde quasi nuper e Trophonii specu reversi. 1

2 Ceterum quemadmodum fieri consuevit, ut, cum primum sol formosum illud et aureum os terris ostenderit aut ubi post asperam hiemem novum ver blandis adspirarit Favoniis, protinus nova rebus omnibus facies, novus color ac plane iuventa quaedam redeat, ita vobis me conspecta mox alius accessit vultus. Itaque quod magni alioqui* rhetores* vix longa diuque meditata oratione possunt efficere, nempe ut molestas animi curas discutiant, id ego solo statim aspectu praestiti.

Quamobrem autem hoc insolito cultu prodierim hodie, iam audietis, si modo non gravabimini dicenti praebere aures, non eas sane, quas sacris 2

1,1 ***male audire:*** ‚in einem schlechten Ruf stehen'. – ***hanc:*** deiktisch zu verstehen: ‚dass diese Frau hier (= ich) die einzige ist' – die Stultitia deutet auf sich selbst. – ***nepenthes*** **(Subst. neutr.):** sorgenvertreibendes, euphorisierendes Zauberkraut (*Odyssee* 4,229–232). – ***e Trophonii specu reversi:*** Wer in die sagenhafte Höhle des Trophonios hinabgestiegen war, lachte angeblich nach seiner Rückkehr nie mehr (vgl. *Adag.* 677 mit ausführlichen Erläuterungen).

1,2 ***quemadmodum:*** korreliert mit *ita*. – ***blandis Favoniis:*** Ablativus qualitatis oder Ablativ der begleitenden Umstände. *Favonii* sind milde Westwinde. – ***Itaque … discutiant:*** Im *Genus demonstrativum* i. S. v. ‚Prunkrede' hatte der Redner die Aufgabe, das Publikum zu unterhalten *(delectatio);* s. Kap. 3 der Einleitung.

2 ***hoc insolito cultu:*** ‚in diesem ungewöhnlichen Gewand hier' (Ablativ der äußeren Erscheinung). Stultitia tritt im Narrengewand auf (s. die Abb. oben und auf S. 164), das zwar zu ihr passt, aber für eine Gottheit und eine Rednerin ‚eine ungewöhnliche Bekleidung' darstellt. – ***iam:*** hier ‚sofort, gleich'. – ***si modo … arrigere:*** Die Zuhörenden sollen nicht so wie in der Kirche zuhören, nämlich gelangweilt und schlafend, sondern aufmerksam,

contionatoribus*, sed quas fori circulatoribus, scurris ac morionibus* consuevistis arrigere quasque olim Midas ille noster exhibuit Pani. Libitum est enim paulisper apud vos sophistam agere*, non quidem huius generis, quod hodie nugas quasdam anxias inculcat pueris ac plus quam muliebrem rixandi pertinaciam tradit, sed veteres illos imitabor, qui, quo infamem sophorum appellationem vitarent, sophistae vocari maluerunt. Horum studium erat deorum ac fortium virorum laudes encomiis celebrare. Encomium igitur audietis, non Herculis neque Solonis, sed meum ipsius, hoc est, Stultitiae.

1 Iam vero non huius facio sapientes istos, qui stultissimum et insolentissi- 3
mum esse praedicant, si quis ipse laudibus se ferat. Sit sane quam volent stul-

---

wie sie es bei Marktschreiern, Gauklern und Narren zu tun pflegen. – ***quasque … Pani:*** Apollo bestrafte den phrygischen König Midas mit Eselsohren, weil dieser Pans Flötenspiel Apollos Leierkunst vorgezogen hatte (Ovid, *Metamorphosen* 11,146–193). Daher bezeichnet Stultitia Midas als einen der Ihren *(ille noster).* Das Publikum soll Stultitia aufmerksam, aber mit Unverstand zuhören. – ***sophista:*** Mit diesem herabsetzenden Ausdruck bezeichneten Humanisten häufig polemisch die Logiker (s. zu ihnen 51,2), vgl. die im Register aufgeführten Stellen und zur abwertenden Bedeutung des Begriffs zu Erasmus' Zeit MacPhail 2006. – ***nugae anxiae:*** ‚skrupulöse, pedantische Nichtigkeiten', d. h. weltfremde Fragestellungen und abgehobene Syllogismen. – ***quo:*** = *ut eo.* – ***sophistae:*** Die Vertreter der ersten (5./4. Jh. v. Chr.) und zweiten Sophistik (1./2. Jh. n. Chr.), die Stultitia hier auf Schauredner reduziert. – ***encomia:*** Erhalten sind bspw. die Enkomia des Sophisten Gorgias auf Helena und Palamedes, die als rhetorische und argumentative Musterstücke gedacht waren und somit als Vorläufer der Deklamation anzusehen sind. Die Stultitia imitiert die Sophisten im Bereich der Schau- und Lobrede (s. Kap. 3 der Einleitung). – ***Encomium … Solonis:*** Unter anderem verfasste der Rhetor Libanios (4. Jh. n. Chr.) zwei Enkomia auf Herakles. Ein *Encomium Solonis* ist nicht bezeugt, weder von einem Sophisten noch von einem anderen Autor.

3,1 ***non huius facio:*** ‚ich gebe nicht so viel, d. h. keinen Pfifferling darauf, ich halte überhaupt nichts davon'. – Stultitia macht eine entsprechende Geste (vielleicht mit Daumen und Zeigefinger), um die Kleinheit darzustellen, und verweist mit dem Gen. pretii *huius* deiktisch darauf. – ***quam volent:*** *quamvis* (‚noch so sehr') ist eigentlich ein erstarrtes Adverb (*quam* und *vis* von *volo*), d. h. der zweite Teil ist in der Regel indeklinabel, vgl. aber HSz 603. – ***bucinatrix:*** ‚Lobrednerin'; im Gegensatz zum Maskulium *bucinator* ist das Femininum in der Antike nicht belegt. – **αὐτὴ ἑαυτὴν αὐλῇ:** eigentlich ‚sie selbst spielt sich selbst auf der Flöte', d. h. sie singt ihr eigenes Lob (in diesem Sinne in der Antike nicht belegt, kein Eintrag in den *Adagia;* vgl. aber *Adag.* 1659 *Te ipsam laudas*), vgl. Miller z. St.); Erasmus setzt den Konjunktiv αὐλῇ wegen des *ut*-Satzes. – ***aliquem subornare:*** ‚jemanden anstellen', meist in negativen Zusammenhängen, also fast ‚anstiften'. – ***verecundus ille:*** ‚dieser Bescheidene' (ironisch), gemeint ist der Zuhörer, der entzückt sein eigenes Lob hört. – ***pavonis in morem:*** ‚nach/in der Art eines Pfaus, wie ein Pfau'. – ***Et tamen … erigit:*** vgl. Juvenal, *Satire* 4,69–70: *et tamen illi surgebant cristae.* – ***nihili homo:*** ‚nichtswürdiger Mensch' (Gen. pretii). – **δὶς διὰ πασῶν (=*Adag.* 163):** ‚zweimal durch alles, sehr weit', der Ausdruck aus der Musiktheorie bezeichnet zwei Oktaven, also das maximale Intervall, und somit einen

tum, modo* decorum esse fateantur. Quid enim magis quadrat, quam ut ipsa Moria suarum laudum sit bucinatrix, et αὐτὴ ἑαυτὴν αὐλῇ? Quis enim me melius exprimat* quam ipsa me? Nisi si cui forte notior sim, quam egomet sum mihi. Quamquam* ego hoc alioqui* non paulo etiam modestius arbitror quam id, quod optimatum ac sapientum vulgus factitat, qui perverso quodam pudore vel rhetorem* quempiam palponem vel poetam vaniloquum subornare solent eumque mercede conductum, a quo suas laudes audiant, hoc est, mera mendacia. Et tamen verecundus interim ille pavonis in morem pennas tollit, cristas erigit, cum impudens assentator nihili hominem deis aequiparat, cum absolutum omnium virtutum exemplar proponit (a quo sciat ille se plus quam δὶς διὰ πασῶν abesse), cum corniculam alienis convestit plumis, cum τὸν Αἰθίοπα λευκαίνει, denique cum ἐκ μυίας τὸν ἐλέφαντα ποιεῖ.

2 Postremo sequor tritum illud vulgi proverbium, quo dicitur is recte laudare sese, cui nemo alius contigit laudator. Quamquam* hic interim* demiror mortalium ingratitudinem dicam an segnitiem, quorum – cum omnes me studiose colant meamque libenter sentiant beneficentiam – nemo tamen tot iam saeculis exstitit, qui grata oratione Stultitiae laudes celebrarit, cum non defuerint, qui Busirides, Phalarides, febres quartanas, muscas, calvitia atque id genus* pestes accuratis magnaque et olei et somni iactura elucubratis laudibus vexerint.

3 A me extemporariam quidem illam et illaboratam, sed tanto veriorem audietis orationem – id quod nolim existimetis ad ingenii ostentationem esse confictum, quemadmodum vulgus oratorum facit. Nam ii, sicuti nostis, cum orationem totis triginta annis elaboratam, nonnumquam et alienam, proferunt, tamen triduo sibi quasi per lusum scriptam aut etiam dictatam esse deierant. Mihi porro semper gratissimum fuit ὅττικεν ἐπ' ἀκαιρίμαν γλῶτταν ἔλθῃ dicere.

---

großen Unterschied. – **τὸν Αἰθίοπα λευκαίνειν:** ‚einen Äthiopier weiß waschen' (*Adag.* 350). – **ἐκ μυίας τὸν ἐλέφαντα ποιεῖν:** eig. ‚aus einer Mücke einen Elefanten machen'; hier ‚einen unbedeutenden Menschen größer machen, als er ist' (*Adag.* 869).

3,2 ***is ... laudator:*** In dieser Form ist die Redewendung offenbar nicht überliefert, vgl. dazu Listrius und Miller jeweils z. St. und *Adag.* 1659 *(Te ipsam laudas).* – ***demiror mortalium ingratitudinem dicam an segnitiem:*** ‚ich wundere mich über der Sterblichen – soll ich es Undankbarkeit oder Trägheit nennen'. – ***Phalaris:*** Lukian schrieb auf diesen grausamen Tyrannen zwei Paradoxenkomia. Zu den anderen hier genannten Paradoxenkomia s. Vorrede 3. – ***oleum:*** Gemeint ist Lampenöl, dessen Verbrauch durch Nachtarbeit (s. *elucubratis*) steigt.

3,3 ***extemporarius:*** ‚improvisiert' (nlat.). – ***id quod:*** klassisch nicht mögliche Formulierung eines relativen Satzanschlusses anstelle von *quam* in Bezug auf *orationem:* ‚ich möchte nicht, dass ihr glaubt, dass dies (d. h. diese Rede) usw.' – ***sibi:*** Dativus auctoris zu *scriptam* und *dictatam.* – ***triduo ... deierant:*** Das ist eine interessante Aussage, da Erasmus später behauptet hat, er habe für die Ausarbeitung der *Moria,* bei der es sich seiner mehrfach wiederholten Behauptung zufolge um einen *lusus* handelt, nur etwa sieben Tage benötigt (s. Einleitung, S. 15). – **ὅττικεν ἐπ' ἀκαιρίμαν γλῶτταν ἔλθῃ:** ‚was auch immer im falschen Moment auf die Zunge kommt' (*Adag.* 473).

At ne quis iam a nobis exspectet, ut iuxta* vulgarium istorum rhetorum* 4
consuetudinem me ipsam finitione explicem, porro ut dividam, multo minus! Nam utrumque ominis est inauspicati, vel fine circumscribere eam, cuius numen tam late pateat, vel secare, in cuius cultum omne rerum genus ita consentiat. Tametsi* quorsum tandem attinet* mei velut umbram atque imaginem finitione repraesentare, cum ipsam me coram praesentes praesentem oculis intueamini? Sum etenim, uti videtis, vera illa largitrix ἐάων, quam Latini Stultitiam, Graeci Μωρίαν appellant.

1 Quamquam* quid vel* hoc opus erat dicere, quasi non ipso ex vultu fron- 5
teque, quod aiunt, satis, quae sim, prae me feram aut quasi, si quis me Minervam aut Sophiam esse contendat, non statim solo possit obtutu coargui, etiam si nulla accedat oratio, minime mendax animi speculum. Nullus apud me fucis locus nec aliud fronte simulo, aliud in pectore premo.

2 Sumque mei undique simillima, adeo, ut nec* ii me dissimulare possint, qui maxime Sapientiae personam ac titulum sibi vindicant καὶ ἐν τῇ πορφύρᾳ πίθηκοι καὶ ἐν τῇ λεοντῇ ὄνοι, obambulant. Quamvis autem sedulo fingant, tamen alicunde prominentes auriculae Midam produnt. Ingratum mehercle et hoc hominum genus, qui cum maxime sint nostrae factionis, tamen apud vulgum cognominis nostri sic pudet, ut id passim aliis magni probri vice obiciant. Proinde istos, cum sint μωρότατοι re, ceterum sophi ac Thaletes videri velint, nonne iure optimo μωροσόφους illos appellabimus?

---

4 ***ne quis ... exspectet:*** kein Finalsatz als Praemunitio, sondern ein verneinter Jussiv. – ***ut iuxta ... dividam:*** Die Dialektiker beginnen ihre Untersuchungen mit einer Definition *(finitio, finis)* des Gegenstandes und seiner Einordnung nach *Genus proximum* und *Differentiae specificae* (sog. *divisio; secare* im nächsten Satz ist ein Synonym zu *dividere*). – ***multo minus:*** erg. *exspectet.* – ***finis:*** hier ‚Grenze' (s. *tam late pateat*) und ‚Definition'. – ***mei velut umbram atque imaginem:*** ‚gleichsam einen Schatten (i. S. v. Umriss) und ein Abbild meiner selbst'; *mei* ist hier der Genitiv des Personalpronomens *ego.* – ***coram:*** Adverb ‚in eigener Person, gegenwärtig'. – **ἐάων:** Gen. Pl. von griech. ἐΰς, ‚gut', in der *Odyssee* werden die Götter als „Schenker der guten Dinge" bezeichnet (8,325); *largitrix* ist das feminine Nomen agentis zu *largitor.*

5,2 ***mei simillima:*** *mei* (Genitiv von *ego*) hängt von *simillima* ab. – **καὶ ἐν τῇ πορφύρᾳ πίθηκοι καὶ ἐν τῇ λεοντῇ ὄνοι:** ‚Affen im Purpur und Esel im Löwenfell' (*Adag.* 610 und 266). Zur zweiten Redewendung s. Anm. zu *asinum illum Cumanum* in 49,2. – ***fingant* (erg. *sapientiam*):** ‚Weisheit vortäuschen'. – ***Midas:*** s. Anm. in cap. 2. – ***vulgum:*** mask. Akkusativ von *vulgus* (auch antik). – ***vice:*** Ablativ des defektiven Nomens *vicis* (Genitiv), der mit dem Genitiv ‚als, wie' bedeutet, also hier ‚als einen großen Vorwurf'. – ***Ingratum ... obiciant:*** Die Menschen, die ganz besonders *(maxime)* zu Stultitias Partei *(factio)* gehören, schämen sich dennoch in der Öffentlichkeit dafür und werfen anderen Torheit vor. – ***Thaletes:*** ‚Menschen wie Thales'. Ein *homo Thales* ist sprichwörtlich ein Dummkopf, der für klug gehalten werden möchte (*Adag.* 2626). – ***cum ... velint:*** ‚obwohl sie der Sache nach/de facto die größten Toren sind, aber als weise und als einem Thales ähnlich gelten wollen'. – **μωρότατοι:** von griech. μώρος ‚töricht'. – ***illos:*** entweder Objekt und damit Wiederaufnahme von *istos* (und damit redundant) oder Attribut zu μωροσόφους: ‚werden wir diese Leute nicht als jene bekannten Törichtschlauen/mit dem bekannten Namen ‚törichtschlau' bezeichnen' (das Wort ist bei Lukian belegt: *Alexander oder der Lügenprophet* 40).

Visum est enim hac quoque parte nostri temporis rhetores* imitari, qui plane deos esse sese credunt, si hirudinum ritu bilingues appareant, ac praeclarum facinus esse ducunt, Latinis orationibus* subinde Graeculas aliquot voculas, velut emblemata intertexere, etiam si nunc non erat his locus. Porro si desunt exotica, e putribus chartis quatuor aut quinque prisca verba eruunt, quibus tenebras offundant lectori, videlicet, ut, qui intellegunt, magis ac magis sibi placeant, qui non intellegunt, hoc ipso magis admirentur, quo minus intellegunt. Quandoquidem* est sane et hoc nostratium voluptatum genus non inelegans quam maxime* peregrina maxime suspicere. Quod si qui paulo sunt ambitiosiores, arrideant tamen et applaudant atque asini exemplo τὰ ὦτα κινῶσι, quo ceteris probe intellegere videantur. Καὶ ταῦτα δὴ μὲν ταῦτα. Nunc ad institutum recurro. 6

1 Nomen igitur habetis, viri – quid addam epitheti? Quid nisi 'stultissimi'? 7
Nam quo alio honestiore cognomine mystas* suos compellet dea Stultitia?

---

6 *visum est:* erg. *mihi.* – ***hac quoque parte:*** ‚auch in dieser Hinsicht'. Es geht um die Verwendung von Gräzismen. – ***bilinguis, -e:*** ‚zweizüngig' bzw. ‚zweisprachig'.– ***si … appareant:*** Die Annahme, der Blutegel *(hirudo)* habe zwei Zungen, stützt sich (fälschlich) auf Plinius den Älteren, vgl. dazu ausführlich Miller z. St. – ***nunc non erat his locus:*** Diese Formulierung findet sich bei Horaz, *Ars Poetica* 19, ebenfalls im Zusammenhang mit unnötigen, vermeintlich schmückenden Zusätzen in einem Text. – ***e putribus chartis:*** ‚aus uralten, verrotteten Büchern'. – ***nostras,* Gen. *nostratis* (Adj.):** ‚unseres Schlages, unsrig'; Stultitia meint die Freuden, die für sie typisch sind. – **τὰ ὦτα κινῶσι:** ‚sie bewegen ihre Ohren', zu ergänzen ist nach Lukian, *Adversus indoctum* 4: ‚wie Esel, die der Leier lauschen' (vgl. *Adag.* 335: *Asinus ad lyram*). Den Konjunktiv setzt Erasmus in Analogie zu *arrideant* und *applaudant,* obwohl der griechische Konjunktiv keine jussivische Funktion hat. – **Καὶ ταῦτα δὴ μὲν ταῦτα:** ‚So ist es eben' oder ‚so viel dazu'. Mit dieser Schlussformel beendet Stultitia den Exkurs über Fremdwörter und Archaismen.

7,1 ***epitheton:*** gramm. Fachbegriff i. S. v. ‚Adjektiv'. Stultitia überlegt sich, welches Adjektiv sie zum Vokativ *viri* hinzufügen soll. – ***non perinde multis:*** ‚nicht allzu vielen'. – ***Chaos … Iapetus:*** Nach Hesiod ist Chaos die erste Gottheit, danach entstanden Gaia, Tartaros (lat. Orcus) und Eros (Hesiod, *Theogonie* 115–120), Gaia gebar Uranos u. a. die Titanen Kronos (lat. Saturnus) und Iapetos, die von Kronos' Sohn Zeus gestürzt und in den Tartaros verbannt wurden (Hesiod ebd. 717–814). Die hier genannten Gottheiten stehen für Finsternis und Freudlosigkeit – Zustände, die die hedonistische Stultitia verabscheut. – ***puter (putris), putris, putre:*** ‚verwelkt'; alt und verwelkt sind diese Gottheiten,weil es sie seit dem Anfang der Welt gibt. – **Πλοῦτος:** Plutos, Gott des Reichtums. – **πατὴρ ἀνδρῶν τε θεῶν τε:** ‚der Vater der Menschen und der Götter'; da Homer und Hesiod diese Formel häufiger für Zeus verwenden, hören sie es (wie dieser selbst) ungern, wenn Stultitia sie auf ihren Vater ummünzt. – ***omnia sursum ac deorsum miscentur:*** vgl. *Adag.* 285. – ***poetica numina:*** Gemeint sind die bei den (heidnischen) Dichtern vorkommenden Gottheiten. – ***di selecti:*** eine Auswahl von 20 Göttern, die Varro in den *Antiquitates Rerum Divinarum* traf (Augustinus, *De civitate Dei* 7,2). Selbst die Götterelite müsste sehen, wo sie bleibt, wenn es Stultitias Vater Plutos nicht gäbe. – ***Citra … victitarent:*** Wenn es den Gott des Reichtums nicht gäbe, könnten die Menschen sich keine Opfer leisten und die Götter müssten hungern (‚ärmlich leben', *frigide victitare*). – **οἰκόσιτοι (Nom. Pl.):** ‚zuhause essend, sich von Eigenem ernährend'; s. zu diesem Adjektiv Lukian *De sacrificiis* 9 (ebenfalls im Kontext von ausbleibenden Opfern). – ***quisquis propitium:*** elliptisch und parallel zum vorigen Satz konstruiert: *quisquis eum* (den Gott des Reichtums) *propitium habuerit.* – ***quis-***

Sed quoniam non perinde multis notum est, quo genere prognata sim, id iam Musis bene iuvantibus exponere conabor. Mihi vero neque Chaos neque Orcus neque Saturnus neque Iapetus, aut alius id genus* obsoletorum ac putrium deorum quispiam pater fuit, sed Πλοῦτος ipse unus, vel* invitis Hesiodo et Homero atque ipso adeo Iove, πατὴρ ἀνδρῶν τε θεῶν τε. Cuius unius nutu ut olim ita nunc quoque sacra profanaque omnia sursum ac deorsum miscentur. Cuius arbitrio bella, paces, imperia, consilia, iudicia, comitia, conubia, pacta, foedera, leges, artes, ludicra, seria – iam spiritus me deficit – breviter: publica privataque omnia mortalium negotia administrantur. Citra* cuius opem totus ille poeticorum numinum populus, dicam audacius: ipsi quoque di selecti aut omnino non essent aut certe οἰκόσιτοι sane quam* frigide* victitarent. Quem quisquis iratum habuerit, huic ne Pallas quidem satis auxilii tulerit. Contra*, quisquis propitium, is vel* summo Iovi cum suo fulmine mandare laqueum* possit. Τούτου πατρὸς εὔχομαι εἶναι.

2 Atque hic quidem me progenuit non e cerebro suo quemadmodum tetricam illam ac torvam Palladem Iuppiter, verum ex Neotete nympha multo omnium venustissima pariter ac festivissima, neque rursum id tristi illi alligatus coniugio, quomodo faber ille claudus natus est, verum, quod non paulo suavius, ἐν φιλότητι μιχθείς, quemadmodum noster ait Homerus. Genuit autem, ne quid erretis, non Aristophanicus ille Plutus, iam capularis, iam oculis captus, sed quondam integer adhuc calidusque iuventa, neque iuventa solum, verum multo magis nectare, quod tum forte in deorum convivio largius ac meracius hauserat.

1 Quod si locum quoque natalem requiritis, quandoquidem id hodie vel* 8
inprimis ad nobilitatem interesse putant, quo loco primos edideris vagitus,

---

quis … possit: Wer den wahren Götterfürsten, Plutos, auf seiner Seite weiß, kann Jupiter zum Teufel schicken, d.h. er muss sich um dessen Groll keine Sorgen machen. – **Τούτου πατρὸς εὔχομαι εἶναι:** ‚Ich rühme mich, von diesem Vater abzustammen', gebildet nach homerischen Formeln (vgl. etwa *Ilias* 5,246; 14,113–114).

7,2 ***Atque … Iuppiter:*** Da Zeus aufgrund einer Prophezeiung Angst vor seinen göttlichen Kindern hatte, verschlang er ihre Mutter Metis. Die ungeborene Pallas Athene bereitete ihm solche Kopfschmerzen, dass er Hephaistos bat, ihm mit seinem Hammer auf den Kopf zu schlagen. So kam Athene auf die Welt. Dass die Stultitia die Göttin der Weisheit als *torva* und *tetrica* bezeichnet, versteht sich von selbst. – ***Neotes,* Gen. *Neotetis:*** Νεότης ‚Jugend'. Sowohl die Nymphe als auch die lateinische Form ihres Namens sind vor Erasmus anscheinend nicht belegt. – ***neque rursum id:*** erg. *fecit* (bezogen auf *progenuit*). – ***faber ille claudus:*** Gemeint ist der hinkende Schmiedegott Vulcanus/Hephaistos, der aus der eher unglücklichen Ehe des Jupiter/Zeus mit Juno/Hera stammt. – **ἐν φιλότητι μιχθείς:** ‚sich in Liebe verbindend', mit dieser Formel wird v.a. der außereheliche Geschlechtsverkehr bezeichnet, vgl. z.B. Homer, *Ilias* 2,232. – ***non … captus:*** In Aristophanes' Komödie *Plutos* tritt der Gott als alter, blinder Mann auf. – ***calidusque iuventa:*** vgl. Horaz, *Carmen* 3,14,27 *(non ego hoc ferrem calidus iuventa).*

8,1 ***interesse ad aliquid:*** ‚wichtig sein für etwas'. – ***erratica Delos:*** zur Formulierung s. Ovid, *Metamorphosen* 6,333. Die Geschwister Apoll und Diana wurden auf Delos geboren, das vor der Geburt der Geschwister dem Mythos zufolge eine schwimmende Insel gewesen

ego nec in erratica Delo nec in undoso mari nec ἐν σπέσσι γλαφυροῖσι sum edita, sed in ipsis Insulis Fortunatis, ubi ἄσπαρτα καὶ ἀνήροτα omnia proveniunt. In quibus neque labor neque senium neque morbus est ullus nec usquam in agris asphodelus, malva, squilla, lupinumve aut faba aut aliud hoc genus nugarum conspicitur.

2 Sed passim oculis simulque naribus adblandiuntur moly, panace, nepenthes, amaracus, ambrosia, lotus, rosa, viola, hyacinthus, Adonidis hortuli. Atque in his quidem nata deliciis, nequaquam a fletu sum auspicata vitam, sed protinus blande arrisi matri. Iam vero non invideo τῷ ὑπάτῳ Κρονίωνι capram altricem, cum me duae lepidissimae nymphae suis aluerint mammis, Methe Baccho progenita et Apaedia Panos filia, quas hic quoque in ceterarum comitum ac pedisequarum mearum consortio videtis. Quarum mehercle nomina si voletis cognoscere, ex me quidem non nisi Graece audietis.

Haec nimirum, quam sublatis superciliis conspicamini, Φιλαυτία* est. Huic, 9
quam velut arridentibus oculis ac plaudentem manibus videtis, Κολακία*

---

ist. – ***in undoso mari:*** Nach Hesiod, *Theogonie* 178–182; 188–200 hat Kronos seinem Vater Uranos die Geschlechtsteile abgeschnitten und ins Meer geworfen, aus der Verbindung von Uranos' Glied mit dem Schaum des Meeres entstand Aphrodite. – **ἐν σπέσσι γλαφυροῖσι:** ‚in gewölbten Höhlen', eine homerische Formel (bspw. *Odyssee* 1,15). Der Zyklop Polyphem wurde in einer Höhle gezeugt (*Odyssee* 1,70–73), das Ungeheuer Echidna in einer Grotte geboren (Hesiod, *Theogonie* 295–297). – ***Insulae Fortunatae:*** ‚die Inseln der Seligen', der mythische Ort eines glücklichen Lebens nach dem Tode. – ***ubi* ἄσπαρτα καὶ ἀνήροτα *omnia proveniunt:*** ‚wo alles ungesät und ungepflügt hervorkommt' (Beschreibung des Zyklopenlands in *Odyssee* 9,109). Dass die Erde alles ohne menschliches Zutun wachsen lässt, ist eine Eigenschaft des Goldenen Zeitalters (bspw. Horaz, *Epode* 16,43–44). – ***asphodelus ... faba:*** einfache Nutzpflanzen, die am Geburtsort der Stultitia *nicht* wachsen: Asphodill, Malve, Meerzwiebel, Lupinen und Bohnen. – ***aliud hoc genus nugarum:*** Kontamination aus *aliae nugae huius generis* und *aliud genus harum nugarum.*

8,2 ***moly ... Adonidis hortuli:*** Die darauf folgende Aufzählung enthält dann die prächtige, am Geburtsort wachsende Flora, die teilweise in den Bereich der Mythologie gehört, teilweise wohlriechende Pflanzen umfasst und mit einem heiteren, sorglosen Leben verbunden ist: Moly (Schutz gegen Zauber), Nepenthes (sorgenvertreibendes Kraut, s. 1,1), Panazee (Allheilmittel), Majoran, Ambrosia (Unsterblichkeit verleihende Götterspeise), Lotus (lässt Heimweh vergessen), Rosen, Veilchen (beides Kranzpflanzen in der Antike), *hyacinthus* (Bed. unklar), *Adonidis hortuli* (=*Adag.* 4), Adonisgärtlein, sind kurzblühende Topfpflanzen, sprichwörtlich für eitle Freuden. – **τῷ ὑπάτῳ Κρονίωνι:** ‚dem Höchsten, dem Kronossohn', d.h. Zeus; der Dativ hängt wie der Akkusativ *capram* von *invideo* ab (‚jemanden beneiden um etwas'). – **τῷ *... altricem:*** Zeus wurde von der Ziege Amaltheia gesäugt. – ***Panos* (griech. Genitiv):** Pan ist der Gott der Hirten und steht somit für ein einfaches, bukolisch-idyllisches Leben ohne jegliches intellektuelles Raffinement. – ***Methe ... filia:*** Die beiden Ammen der Stultitia sind die Personifikationen der Trunkenheit (griech. μέθη) und der Unbildung (*Apaedia,* die verneinte Form von παιδεία mit langem *i,* ist wohl Erasmus' eigene Prägung). Eine Tochter Pans, die für Mangel an Erziehung steht, ist sonst nicht belegt.

9 ***sublatis superciliis:*** Der Verweis auf ihre hochgezogenen Brauen soll Philautia als arrogant kennzeichnen (s. Listrius). – **Φιλαυτία ... Ὕπνον:** Zum Hofstaat der Stultitia gehören: Philautia, die ‚Selbstliebe', Kolakia, die ‚Schmeichelei', Lethe, das ‚Vergessen', Misoponia, die ‚Arbeitsscheu', Hedone, die ‚Lust', Anoia, die ‚Unvernunft', Tryphe, die ‚Ausschweifung',

nomen. Haec semisomnis ac dormitanti similis Λήθη vocatur. Haec cubito utroque innitens, consertisque manibus Μισοπονία dicitur. Haec roseo revincta serto et undique delibuta unguentis, Ἡδονή. Haec lubricis et huc atque illuc errantibus luminibus, Ἄνοια dicitur. Haec nitida cute probeque saginato corpore Τρυφή nomen habet. Videtis et deos duos puellis admixtos, quorum alterum Κῶμον vocant, alterum Νήγρετον Ὕπνον. Huius, inquam, famulitii fidelibus auxiliis genus omne rerum meae subicio dicioni ipsis etiam imperans imperatoribus.

10–48: Stultitia als Wohltäterin der Menschheit: die glücklich machende Torheit

11–23: Die Abschnitte des menschlichen Lebens, das soziale Leben

Genus, educationem et comites audistis. Nunc, ne cui sine causa videar mihi 10
deae nomen usurpare, quantis commoditatibus deos simul et homines afficiam quamque late meum pateat numen, arrectis auribus accipite. Etenim si non inscite scripsit quidam: hoc demum esse deum iuvare mortales, et si merito in deorum senatum adsciti sunt, qui vinum aut frumentum aut unam aliquam huiusmodi commoditatem mortalibus ostenderunt, cur non ego iure deorum omnium ἄλφα dicar habearque, quae una omnibus largior omnia?

1 Principio quid esse potest vita ipsa vel dulcius vel pretiosius? At huius 11
exordium cui tandem acceptum ferri* convenit nisi mihi? Neque enim aut ὀβριμοπάτρης hasta Palladis, aut νεφεληγερέτου Iovis aegis hominum genus

---

Komos, die ‚Festesfreude, Fröhlichkeit', Νήγρετος Ὕπνος, ‚der unweckbare Schlaf' (s. Homer, *Odyssee* 13,79–80; *Homerischer Hymnos* 5,177). – ***consertis manibus:*** ‚mit gefalteten Händen'; in *Adag.* 721 führt Erasmus diese Untätigkeit bezeichnende Wendung auf *Proverbia Salomonis* 6,10 zurück; vgl auch Erasmus, *Epistel* 1576 (an Coelius Calcagninus).

10 ***arrectis auribus:*** wörtlich Vergil *Aeneis* 1,152 und *Adag.* 2156. – ***Etenim … mortales:*** Gemeint ist Plinius, *Naturalis Historia* 2,5,18: *deus est mortali iuvare mortalem* („Gott zu sein bedeutet für einen Menschen, einem anderen Menschen zu helfen"). – ***qui … ostenderunt:*** Bacchus/Dionysos schenkte den Menschen den Wein, Ceres/Demeter das Getreide, außerdem bspw. Pallas Athene/Minerva den Ölbaum. – **ἄλφα:** Der erste griechische Buchstabe *Alpha* symbolisiert die Führungsrolle (*Adag.* 1318).

11,1 ***vita ipsa:*** Ablativus comparationis zu *dulcius* und *pretiosius*. – ***convenit:*** ‚es gehört sich, es ist angemessen'. – **ὀβριμοπάτρη:** ‚Tochter eines mächtigen Vaters', Epitheton der Pallas Athene bei Homer und Hesiod. – **νεφεληγερέτης:** ‚Wolkenversammler', Epitheton des Zeus bei Homer. – ***Iovis aegis:*** Was mit dem griech. Wort αἰγίς gemeint ist, ist nicht gesichert. Erasmus verstand darunter einen mit Ziegenfell überzogenen Schild, vgl. Vergil, *Aeneis* 8,354 mit Servius z. St. und v. a. Listrius z. St. – ***deum pater atque hominum rex:*** Gemeint ist Zeus/Jupiter, vgl. zu dieser Formel 7,1 (dort griechisch). – ***ponere:*** hier ‚ablegen'. – ***Titanicus, -a, -um:*** hier wohl ‚streng, finster' (s. Listrius, Miller). – ***histrionum more:*** ‚nach der niederen Art der Schauspieler'. – **παιδοποιεῖν:** ‚Kinder machen'. Anspielung auf die zahlreichen Affären Jupiters, bei denen er eine andere Gestalt angenommen hat (bspw. Stier oder Schwan).

vel progignit vel propagat. Verum ipse deum pater atque hominum rex, qui totum nutu tremefactat Olympum, fulmen illud trisulcum ponat oportet et vultum illum Titanicum, quo, cum libet, deos omnes territat, planeque histrionum more, aliena sumenda misero persona, si quando velit id facere, quod numquam non facit, hoc est παιδοποιεῖν.

2 Iam vero Stoici se deis proximos autumant. At date mihi terque quaterque, aut si libet, sescenties Stoicum, tamen huic quoque (si non barba, insigne sapientiae, etiam si cum hircis commune) certe supercilium erit ponendum*, explicanda frons*, abicienda dogmata illa adamantina, ineptiendum ac delirandum aliquantisper. In summa, me, me inquam, sapiens accersat oportet, si modo pater esse velit.

3 Et cur non apertius meo more vobiscum fabuler? Quaeso*, num caput, num facies, num pectus, num manus, num auris, quae partes honestae putantur, progenerant deos aut homines? Non, opinor, immo ea pars adeo stulta adeoque ridicula, ut nec* nominari citra* risum possit, humani generis est propagatrix. Is demum est sacer ille fons, unde vitam hauriunt omnia, verius quam ille Pythagoricus quaternio. Age vero*, qui vir, obsecro, matrimonii capistro velit praebere os, si, quemadmodum isti sapientes facere consueverunt, prius eius vitae incommoda secum perpenderit, aut quae tandem mulier virum admissura sit, si partus periculosos labores, si educationis

---

11,2 ***Iam ... autumant:*** Genauer gesagt behaupten die Stoiker das vom stoischen Weisen, einer absoluten Ausnahmeerscheinung. – ***terque quaterque aut sescenties Stoicum:*** ‚einen dreifachen, einen vierfachen oder einen tausendfachen Stoiker'; die Zahl 600 wird im Lateinischen häufig für große Mengen verwendet. – ***barba, insigne sapientiae:*** Der Bart galt in der Antike als Kennzeichen des Philosophen, oder desjenigen, der als solcher erscheinen wollte (vgl. *Adag.* 195: *Barbae tenus sapientes* und die Abbildung oben). Der Vergleich mit dem Ziegenbock findet sich bei Lukian, *Der Eunuch* 9. – ***acceso, accersere*** = *arcesso, arcessere.*

11,3 ***ille Pythagoricus quaternio:*** Die „Vierheit" (Tetraktys) wird in den pythagoreischen *Goldenen Versen* als „Quelle der ewigen Natur" bezeichnet (Listrius); zugrunde liegt die Bildung der heiligen Zahl 10 durch die Addition der ersten vier Zahlen 1, 2, 3 und 4. – ***qui ... os:*** vgl. Juvenal, *Satire* 6,42–43: *si moechorum notissimus olim stulta maritali iam porrigit ora capistro* (‚dem Ehemaulkorb/halfter'). – ***quemadmodum ... consueverunt:*** Antike Philosophen stellten gerne die Frage, ob man heiraten solle, die auch ein typisches Deklamationsthema war und so auch von Erasmus in seinem *Encomium matrimonii* (entstanden in den neunziger Jahren, veröffentlicht 1518) behandelt wurde. – Ἀνοίᾳ *pedisequae* ist Dativ, also ‚meiner Dienerin, der Unvernunft'. – ***quae:*** erg. *mulier.* – ***haec:*** Gemeint ist das Erlebnis der Geburt und die Mühen der Erziehung. – **Λήθη:** ‚Vergessen', ebenfalls eine Dienerin der Stultitia. – ***praesens:*** ‚wirksam'; allein durch ihre Gegenwart *(praesentia)* kann eine Gottheit ihre Wirkung ausüben. – ***vel reclamante Lucretio:*** Lukrez bezeichnet im Proömium von *De rerum natura* Venus als alleinige Initiatorin der Fortpflanzung (1,4–5 und 17–23). – ***iverit:*** Konjunktiv Perfekt zu *ire; infitias ire* = *infitiari* (‚leugnen, bestreiten').

molestiam vel norit vel cogitarit? Porro si coniugiis debetis vitam, coniugium autem debetis Ἀνοίᾳ pedisequae, mihi nimirum quid debeatis, intellegitis. Tum quae semel haec experta denuo repetere velit, nisi Λήθης praesens numen adfuerit? Neque vero id Venus ipsa, vel* reclamante Lucretio, umquam infitias iverit sine nostri numinis accessione suam vim mancam atque irritam esse.

4 Itaque ex nostro illo temulento ridiculoque lusu proveniunt et superciliosi philosophi, in quorum locum nunc successere, quos vulgus monachos appellat, et purpurei reges et pii sacerdotes et ter sanctissimi pontifices*, postremo totus etiam ille deorum poeticorum coetus adeo frequens, ut turbam vix iam ipse capiat Olympus tametsi spatiosissimus.

1 At sane parum sit mihi vitae seminarium ac fontem deberi, nisi, quidquid 12
in omni vita commodi est, id quoque totum ostendero mei muneris esse. Quid autem? Vita haec num omnino vita videtur appellanda, si voluptatem detraxeris? Applausistis. Equidem sciebam neminem vestrum ita sapere vel desipere magis, immo sapere potius, ut in hac esset sententia.

2 Quamquam* ne Stoici quidem isti voluptatem aspernantur, tametsi sedulo dissimulant milleque conviciis eam apud vulgus dilacerant, nimirum ut deterritis aliis ipsi prolixius fruantur. Sed dicant mihi per Iovem: quae tandem vitae pars est non tristis, non infestiva, non invenusta, non insipida, non molesta, nisi voluptatem, id est stultitiae condimentum adiunxeris? Cuius rei cum satis idoneus testis esse possit ille numquam satis laudatus Sophocles, cuius exstat pulcherrimum illud de nobis elogium ἐν τῷ φρονεῖν γὰρ μηδὲν ἥδιστος βίος, tamen age* rem omnem singillatim aperiamus.

1 Principio quis nescit primam hominis aetatem multo laetissimam mul- 13
toque omnibus gratissimam esse? Quid est enim illud in infantibus, quod sic exosculamur, sic amplectimur, sic fovemus, ut hostis etiam huic aetati ferat opem, nisi stultitiae lenocinium, quod data opera prudens Natura recens natis adiunxit, ut aliquo voluptatis velut auctoramento et educantium labores delinire* queant et tuentium favores eblandiantur?

11,4 *ter sanctissimi Pontifices:* Mit *ter* wird wahrscheinlich auf die päpstliche Dreifachkrone, die Tiara, angespielt. – **di poetici:** s. Anm. zu *poetica numina* in 7,1.

12,1 ***seminarium:*** ‚Ursprung'. – ***sapere ... sapere potius:*** Für Stultitia ist *sapere* dasselbe wie *desipere* und umgekehrt (Listrius).

12,2 ***ne Stoici ... aspernantur:*** Nach stoischer Lehre ist die Freude bzw. die Lust, die man empfindet, wenn man die *virtus* erreicht, ein Nebenprodukt, ein Zusatz (ἐπιγέννημα, *accessio*), (Seneca, *Epistel* 116,3, Diogenes Laertios, *Leben und Lehre der Philosophen* 7,85–86). – ***Cuius rei cum ... Sophocles:*** konzessiver *cum*-Satz, gefolgt von *tamen*. – **ἐν τῷ φρονεῖν γὰρ μηδὲν ἥδιστος βίος:** ‚wenn man nichts denkt, führt man das süßeste Leben' (Sophokles, *Aias* 554; *Adag.* 1981: *In nihil sapiendo iucundissima vita*).

13,1 ***data opera:*** = *dedita opera* ‚absichtlich, ganz bewusst'. – ***recens* (Adv.) *natus:*** ‚neugeboren'; der Ausdruck ist seit Plautus belegt. – ***auctoramentum:*** ‚Lohn'.

2 Deinde quae succedit huic adolescentia, quam est apud omnes gratiosa, quam illi candide favent omnes, quam studiose provehunt, quam officiose porrigunt auxiliares manus! At unde, quaeso*, ista iuventae gratia? Unde, nisi ex me? Cuius beneficio quam minimum* sapit atque ob id quam minime* ringitur. Mentior, nisi mox, ubi grandiores facti per rerum usum ac disciplinas virile quiddam sapere coeperint, continuo deflorescit formae nitor, languescit alacritas, frigescit lepos, labascit vigor.

3 Quoque longius a me subducitur, hoc minus minusque vivit, donec succedat τὸ χαλεπὸν γῆρας, id est, molesta senectus, non iam aliis modo, verum etiam sibimet invisa. Quae quidem prorsum nulli mortalium foret tolerabilis, nisi rursum tantorum miserta laborum dextra adessem et, quemadmodum di poetarum solent pereuntibus aliqua metamorphosi succurrere, itidem ego quoque iam capulo proximos, denuo, quoad licet, ad pueritiam eos revocarem. Unde non abs re vulgus eos παλίμπαιδας appellare consuevit. Porro si quis transformandi rationem requirat, ne id quidem celarim. Ad Lethes nostrae fontem (nam in Insulis Fortunatis oritur – siquidem* apud inferos tenuis modo rivulus labitur) eos produco, ut, simul atque illic longa potarint oblivia, paulatim dilutis animi curis repubescant.

4 „At isti iam delirant“, inquiunt, „iam desipiunt.“ Esto sane. Sed istud ipsum est repuerascere. An vero aliud est puerum esse quam delirare, quam desipere? An non hoc vel* maxime in ea delectat aetate, quod nihil sapit? Quis enim non ceu portentum oderit atque exsecretur puerum virili sapientia? Adstipulatur et vulgo iactatum proverbium: Odi puerulum praecoci sapientia. Quis autem sustineret habere commercium aut consuetudinem cum eo sene, qui ad tantam rerum experientiam parem animi vigorem iudiciique acrimoniam adiunxisset? Itaque delirat senex meo munere.

13,2 ***quae succedit huic adolescentia, quam:*** Zu verstehen ist: *adolescentia, quae succedit huic, quam.* – ***ringi:*** ‚unwillig/zornig sein‘, bei Horaz findet sich die Verbindung *sapere et ringi* von einem Dichter, der das eigene Werk kritisch reflektiert (*Epistel* 2,2,128). Die jungen Leute haben grundlos gute Laune und geraten nicht in Zorn. – ***mentior, nisi:*** ‚ich würde lügen, wenn ich sagen würde, dass‘ (vgl. zum Ausdruck etwa Seneca, *Epistel* 106,5).

13,3 **τὸ χαλεπὸν γῆρας:** ‚das beschwerliche Alter‘ (s. etwa Homer, *Ilias* 8,103). – ***miserta:*** Synkope im fem. PPP von *misereri* (mit Genitiv), egtl. *miserita.* – ***dextra:*** ‚mit meiner Rechten‘ oder ‚zur Rechten‘. – ***quemadmodum ... succurrere:*** Gemeint ist die mythische Verwandlung Sterbender wie die von Ino und Melicertes (Ovid, *Metamorphosen* 4,506–542), der Halkyone in einen Eisvogel (ebenda 11,410–748), des Perdix in ein Rebhuhn (8,236–259). – ***non abs re:*** ‚nicht zu Unrecht‘. – **παλίμπαις:** ‚jemand, der seine Kindheit wiederholt‘; vgl. *Adag.* 436 *Bis pueri senes* und Lukian, *Saturnalien* 9. Die Form im Text ist der Akkusativ Plural. – ***Lethes:*** griech. Genitiv von Lethe, ‚Vergessen‘. Stultitia spricht nicht vom Lethestrom in der Unterwelt, sondern von ‚ihrem‘ Lethefluss auf den Inseln der Seligen, der antik nicht belegt ist. – ***longa potarint oblivia:*** Fast wörtliches Vergil-Zitat (*Aeneis* 6,715: *longa oblivia potant*). – ***repubescere:*** ‚wieder Kind werden‘.

13,4 ***Esto sane:*** ‚so sei es‘ i. S. v. ‚meinetwegen; na gut‘. – ***Odi puerulum praecoci sapientia:*** =*Adag.* 3100, auch erwähnt in *Adag.* 2210.

5 Sed tamen delirus iste meus interim* miseris illis curis vacat, quibus sapiens ille distorquetur. Interim* non illepidus est compotor. Non sentit vitae taedium, quod robustior aetas vix tolerat. Nonnumquam cum sene Plautino ad tres illas litteras revertitur – infelicissimus, si sapiat, at interim* meo beneficio felix, interim* amicis gratus, ne congerro quidem infestivus. Quandoquidem* et apud Homerum e Nestoris ore fluit oratio melle dulcior, cum Achillis sit amarulenta, et apud eundem senes in moenibus considentes τὴν λειριόεσσαν vocem edunt. Quo quidem calculo ipsam etiam superant pueritiam, suavem quidem illam, sed infantem, ac praecipuo vitae oblectamento, puta* garrulitate, carentem.

6 Addite huc, quod pueris quoque gaudeant impensius senes ac pueri vicissim senibus delectantur, ὡς αἰεὶ τὸν ὁμοῖον ἄγει θεὸς ὡς τὸν ὁμοῖον. Quid enim inter illos non convenit, nisi quod hic rugosior et plures numerat natales? Alioqui* capillorum albor, os edentulum, corporis modus minor, lactis appetentia, balbuties, garrulitas, ineptia, oblivio, incogitantia, breviter: omnia cetera congruunt. Quoque magis accedunt ad senectam, hoc propius ad pueritiae similitudinem redeunt, donec puerorum ritu citra* vitae taedium, citra* mortis sensum emigrant e vita.

1 Eat nunc, qui volet, et hoc meum beneficium cum reliquorum deorum metamorphosi comparet. Qui quid irati faciant, non libet commemorare: sed, quibus quam maxime* propitii sunt, eos solent in arborem, in avem, in cicadam aut etiam in serpentem transformare, quasi vero non istud ipsum sit perire, aliud fieri. Ego vero hominem eundem optimae ac felicissimae vitae parti restituo. Quod si mortales prorsus ab omni sapientiae commercio temperarent 14

13,5 ***tres illas litteras:*** gemeint sind die Buchstaben *a, m, o* = ‚ich bin verliebt' (Plautus, *Mercator* 304, der plautinische Greis ist der verliebte *senex comicus* Demipho). – ***congerro:*** ‚Zechgenosse'. – ***apud Homerum … dulcior:*** vgl. *Ilias* 1,249: τοῦ καὶ ἀπὸ γλώσσης μέλιτος γλυκίων ῥέεν αὐδή (‚und seine Rede floss ihm süßer als Honig von der Zunge'). – ***cum … amarulenta:*** Achill spricht im ersten Gesang der *Ilias* Agamemnon mit ‚scharfen Worten' an (v. 223: ἀταρτηροῖς ἐπέεσσιν). – **τὴν λειριόεσσαν *vocem:*** etwa ‚ihre liebliche Stimme' (*Ilias* 3,152, bezogen auf Greise). – ***quo quidem calculo:*** etwa ‚nach dieser Logik'. – ***infans:*** hier ganz wörtlich *in* + *fans* ‚nicht sprechend'.

13,6 ***impensius:*** Komparativ von *impense:* ‚über die Maßen'. – **ὡς αἰεὶ τὸν ὁμοῖον ἄγει θεὸς ὡς τὸν ὁμοῖον:** ‚wie immer der Gott den Gleichen zum Gleichen führt' i. S. v. ‚Gleich und Gleich gesellt sich gern' (Homer *Odyssee* 17,218, s. *Adag.* 122: *Semper similem ducit deus ad similem*). – ***balbuties:*** ‚Stottern'; erst im Mittelalter belegt, bei Erasmus sehr häufig.

14,1 ***eos … transformare:*** Zur Verwandlung in Bäume vgl. Ovid, *Metamorphosen* 1,548–552 (Daphne); 8,616–724 (Philemon und Baucis), in Vögel 6,667–674 (Procne, Philomela und Tereus), 8,236–259 (Perdix); 11,731–748 (Ceyx und Alcyone), in Schlangen 4,574–603 (Kadmos und Harmonia). Zur Verwandlung in eine Zikade vgl. die Tithonos-Geschichte: Eos/Aurora, die Göttin der Morgenröte, hatte für ihren Geliebten ewiges Leben erwirkt, aber vergessen, ihm auch ewige Jugend zu verleihen. Somit wurde Tithonos uralt, konnte aber nicht sterben und wurde schließlich zu einer Zikade (Servius, *Kommentar zu Vergils Georgica* 3,328–329 und zu *Aeneis* 4,585; s. auch *Adag.* 565: *Tithoni senecta*).

ac perpetuo mecum aetatem agerent, ne esset quidem ullum senium, verum perpetua iuventa fruerentur felices.

2 An non videtis tetricos istos et vel philosophiae studiis vel seriis et arduis addictos negotiis plerumque, priusquam plane iuvenes sint, iam consenuisse, videlicet curis et assidua acrique cogitationum agitatione sensim spiritus et succum illum vitalem exhauriente? Cum contra* moriones* mei pinguiculi sint et nitidi et bene curata cute, plane χοῖροι, quod aiunt, Ἀκαρνάνιοι, numquam profecto senectutis incommodum ullum sensuri, nisi nonnihil*, ut fit, sapientum contagio inficerentur. Adeo nihil patitur hominum vita omni ex parte beatum esse.

3 Accedit ad haec vulgati proverbii non leve testimonium, quo dictitant stultitiam unam esse rem, quae et iuventam alioqui* fugacissimam remoretur et improbam senectam procul arceat, ut non temere de Brabantis populari sermone iactatum sit: cum ceteris hominibus aetas prudentiam afferre soleat, hos, quo propius ad senectam accedunt, hoc magis atque magis stultescere. Atqui hac gente non est alia vel ad communem vitae consuetudinem festivior vel, quae minus sentiat senectutis tristitiam. His quidem ut loco, ita et vitae instituto confines sunt Hollandi mei – cur enim non meos appellem usque adeo studiosos mei cultores, ut inde vulgo cognomen emeruerint? Cuius illos adeo non pudet, ut hinc vel* praecipue sese iactitent.

4 Eant nunc stultissimi mortales et Medeas, Circes, Veneres, Auroras et fontem nescioquem requirant, quo sibi iuventam restituant, cum id sola praestare et possim et soleam. Apud me succus est ille mirificus, quo Memnonis filia

---

14,2 ***mei ... cute:*** Horaz, *Epistel* 1,4,15–16: *Me pinguem et nitidum bene curata cute vises, / cum ridere voles, Epicuri de grege porcum.* – ***χοῖροι ... Ἀκαρνάνιοι:*** ‚Schweine aus Akarnanien'; die Redewendung wurde für liebenswerte Menschen verwendet, die der *dolce vita* frönten (*Adag.* 1259: *Porcellus Acarnanius*). – ***Adeo nihil ... esse:*** vgl. Horaz, *Carmen* 2,16,27–28: *nihil est ab omni parte beatum,* ein Zitat, das im Mittelalter sprichwörtlich war (Walther II.3, 16631, 16633b, 16703–16704).

14,3 ***iuventam ... arceat:*** vgl. das mittelalterliche Sprichwort *Stultum caput nec canescit nec calvescit* (Walther II.5, 30436a, vgl. auch II.5, 30466b). – ***de Brabantis ... stultescere:*** Listrius zitiert das Stereotyp, dass die Brabanter immer heiter seien und je älter, je dümmer würden (Kan kennt das Sprichwort in der Version „Hoe ouder, hoe zotter (*stultior* Kan) Brabander"). – ***Hollandi ... emeruerint:*** Es ist unklar, welcher Beiname gemeint ist. Kan zitiert das Sprichwort „Hoe ouder, hoe botter (*hebetior* Kan) Hollander." Da Erasmus in der Grafschaft Holland geboren wurde, ist es natürlich Selbstironie des Autors, wenn er Stultitia von *Hollandi mei* sprechen lässt.

14,4 ***Medeas, Circes, Veneres, Auroras:*** ‚Frauen wie Medea, Circe, Venus und Aurora'. Medea und Circe waren mythische Zauberinnen mit der Fähigkeit zur Verjüngung (Ovid, *Metamorphosen* 7,262–293; Homer, *Odyssee* 10,395–396). Venus verjüngt Sapphos Geliebten Phaon (Lukian, *Totengespräche* 9,2); Aurora fügt sich nicht ganz in die Reihe: Sie wünschte sich für ihren Geliebten Tithonos zwar das ewige Leben, vergaß aber, ihm auch die immerwährende Jugend zu verleihen. – ***fontem nescioquem:*** der ‚Jungbrunnen' (vgl. etwa das gleichnamige Gemälde von Erasmus' Zeitgenossen Lucas Cranach dem Älteren) ist sprichwörtlich. – ***Apud me ... prorogavit:*** unklar: Eine Tochter des Memnon, des Sohnes

Tithoni avi sui iuventam prorogavit. Ego sum Venus illa, cuius favore Phaon ille repubuit, ita, ut a Sapphone tantopere deamaretur. Meae sunt herbae, si quae sunt, mea precamina, meus ille fons, qui non solum revocat elapsam adolescentiam, sed, quod est optabilius, perpetuam servat. Quod si omnes huic sententiae subscribitis adolescentia nihil esse melius, senectute nihil detestabilius, quantum mihi debeatis, videtis, opinor, quae tantum bonum retineam tanto excluso malo.

1 Sed quid adhuc de mortalibus loquor? Caelum omne lustrate, et mihi **15**
meum nomen opprobret licebit, quicumque volet, si quem omnino deorum repererit non insuavem et aspernabilem, nisi meo numine commendetur*. Etenim cur semper ephebus et comatus Bacchus? Nempe quia vecors ac temulentus, conviviis, saltationibus, choreis, lusibus vitam omnem transigens, ne tantulum quidem habet cum Pallade commercii. Denique tantum abest, ut sapiens haberi postulet, ut ludibriis ac iocis coli gaudeat. Neque proverbio offenditur, quod illi fatui cognomentum attribuit, id est huiusmodi: Μορύχου μωρότερος. Porro Morycho nomen verterunt, quod illum pro templi foribus sedentem musto ficisque recentibus agricolarum lascivia consueverit oblinere. Tum autem quid non scommatum in hunc vetus iacit comoedia?

2 O insulsum, inquiunt, deum et dignum, qui ex inguine nasceretur! At quis non malit hic fatuus et insulsus esse, semper festivus, semper pubescens, sem-

---

von Tithonos und Aurora, ist nicht belegt, und Tithonos erhielt seine Jugend nicht zurück. – ***cuius … deamaretur:*** zu Sapphos Liebe zum verjüngten Phaon vgl. Ovid, *Heroidenbrief* 15. – ***precamen:*** ‚Gebet, Zauberspruch' (antik nur einmal inschriftlich belegt).

15,1 ***mihi … licebit:*** Der Konjunktiv *opprobret* (*aliquid alicui opprobrare* ‚jemandem etwas vorwerfen') hängt von *licebit* ab, das Subjekt zu *opprobret* und das Dativobjekt zu *licebit* bildet der *quicumque*-Satz. – ***comatus:*** ‚mit langem, vollem Haar'. Stultitia denkt hier wohl an Darstellungen des Bacchus, der in der Regel als jugendlicher Gott erscheint. – ***tantulum:*** Wie in 3,1; 15,3 und 61,2 macht Stultitia hier eine Geste, um das Ausmaß von „so wenig" zu demonstrieren. – ***tantum abest, ut sapiens haberi postulet, ut:*** feststehende Wendung (BS § 553) ‚es fehlt so viel daran, dass er für einen Weisen gehalten werden möchte (*postulare* hier i. S. v. ‚wollen'), dass'. Das erste *ut* ist der Subjektsatz zu *abest,* das zweite ut der durch *tantum* vorbereitete Konsekutivsatz. – **Μορύχου μωρότερος:** ‚dümmer als Morychos', *stultior Morycho* (Adag. 1801); *Morychos* ist ein Beiname des Bacchus. Nach der Erläuterung zu *Adag.* 1801 gab es bei den Sizilern ein Abbild des Bacchus, das diesen vor seinem eigenen Tempel sitzend darstellte und das mit Wein und Feigen beschmiert (μορύσσω) wurde, weil ein Gott sich eigentlich *in* seinem Tempel aufhalten sollte. – ***aliquid vertere aliqua re:*** ‚etwas ändern zu'. – ***quod … oblinere:*** Gemeint sind die Kultstatuen des Gottes. – ***scomma:*** Gräzismus (σκῶμμα), ‚Spott, Beschimpfung'; hier im Genitiv Plural, der von *quid* abhängt: wörtlich ‚welche Verspottungen wirft die Alte Komödie nicht gegen ihn?'. – ***vetus comoedia:*** s. Vorrede 3 mit Anm. In den *Fröschen* des Aristophanes tritt Dionysos als Figur auf und wird häufig Ziel des Spottes.

15,2 ***O insulsum … deum et dignum:*** Accusativus exclamationis. – ***dignum … nasceretur:*** Nachdem Semele, die Mutter des Bacchus, durch Zeus' Blitz verbrannt war, nähte der Gott den Embryo in seinen Schenkel ein, aus dem er schließlich geboren wurde. – **ἀγκυλόμητις:** wörtlich ‚krummgesonnen', also etwa ‚listig'; häufiges Beiwort des Vaters des Zeus, Kronos, in den homerischen Epen (z. B. *Ilias* 2,205). – ***Pan … vitians:*** ‚Pan, der in seinem

per omnibus lusus ac voluptatem afferens, quam vel ἀγκυλόμητις ille Iuppiter omnibus formidabilis vel Pan suis tumultibus omnia senio vitians vel favillis oppletus Vulcanus ac semper officinae laboribus squalidus aut Pallas etiam ipsa sua Gorgone et hasta terribilis καὶ ἀεὶ ἐνορῶσα δριμύ. Cur semper puer Cupido? nisi quia nugator est καὶ μηδὲν ὑγιές neque facit, neque cogitat? Cur aureae Veneri semper vernat sua forma? Nimirum, quia mecum habet affinitatem, unde et patris mei colorem vultu refert, atque hac de causa est apud Homerum χρυσῆ Ἀφροδίτη. Deinde perpetuo ridet, si quid modo poetis credimus aut horum aemulis, statuariis. Quod numen umquam religiosius coluere Romani quam Florae omnium voluptatum parentis?

3 Quamquam* si quis etiam tetricorum deorum vitam diligentius requirat ab Homero reliquisque poetis, reperiet stultitiae plena omnia. Quid enim attinet* reliquorum facta commemorare, cum Iovis ipsius fulminatoris amores ac lusus probe noritis, cum severa illa Diana oblita sexus nihil aliud quam venetur Endymionem interim deperiens? Verum illi sua facinora a Momo audiant malim, a quo saepius quondam audire solebant. Sed hunc nuper irati una cum Ate in terras praecipitem dederunt, quod sapientia sua felicitati deorum importunus obstreperet. Neque mortalium ullus exsulem dignatur hospitio – tantum abest, ut illi in principum aulis sit locus, in quibus tamen mea Κολακία* primas tenet*, cui cum Momo non magis convenit quam cum agno lupis. Itaque sublato illo, iam multo licentius ac suavius nugantur di, vere ῥᾷον ἄγοντες, ut inquit Homerus, nullo videlicet censore.

Aufruhr alles mit Verstörung ansteckt'. Gemeint ist vermutlich der panische Schrecken (*Adag.* 2603). – **καὶ ἀεὶ ἐνορῶσα δριμύ:** ‚immer grimmig dreinblickend', so äußert sich Eros über Pallas Athene in Lukians *Göttergesprächen* 23(19) (Aphrodite und Eros),1. – ***nisi quia:*** ‚ist es nicht deswegen, weil'. – **καὶ μηδὲν ὑγιές:** ‚und nichts Gesundes/Vernünftiges'. – ***aurea Venus:*** die weiter unten genannte homerische Wendung χρυσῆ Ἀφροδίτη (z. B. *Ilias* 3,64) ist auch in der lateinischen Literatur verbreitet (z. B. Ovid *Metamorphosen* 10,277). – ***patris mei:*** Der Vater der Stultitia ist Plutus, Gott des Reichtums (s. cap. 7), von dem die ihr verwandte Venus ihr goldenes Strahlen erhält. – ***perpetuo ridet ... credimus:*** Bei Homer, Hesiod und in den homerischen Hymnen wird Aphrodite als φιλομμείδης bezeichnet, ‚gern lächelnd' (z. B. *Ilias* 5,375). – ***statuarius:*** ‚Bildhauer'. – ***Quod ... parentis:*** Die Floralia, das Fest der Göttin Flora, galten als besonders ausgelassen und freizügig (Ovid, *Fasti* 5, 331–354, Augustinus, *De civitate Dei* 2,27; *Epistel* 91,5); vgl. auch 25,1.

15,3 ***nihil aliud:*** erg. *faciat.* Die Jagd galt als typische Männerbetätigung. – ***aliquem deperire:*** ‚vor Liebe zu jemandem vergehen'; zu *severa illa Diana* vgl. Ovid, *Heroidenbrief* 18,63: *Non sinit Endymion te pectoris esse severi.* Endymion ist der sterbliche Geliebte der Mondgöttin Luna/Selene (z. B. Theokrit, *Idyllen* 20,36–37; Lukian, *Göttergespräche* 19(11) (Aphrodite und Selene)), mit der Diana bisweilen identifiziert wird. – ***a Momo:*** zu Momos, der Personifikation der Kritiksucht, als Kritiker der Götter vgl. Lukian, *Die Götterversammlung* und *Hermotimos* 20 (s. auch *Adag.* 474). – ***hunc ... una cum Ate:*** Zeus schleuderte Momos und Ate, die Personifikation der Verblendung, vom Olymp (Homer, *Ilias* 19,126–131 (Ate); Aesop, *Fabel* 100 Perry). – ***tantum:*** Stultitia verdeutlicht das Ausmaß (‚so weit') mit einer Geste, vgl. o. zu *tantulum* in 15,1. – **ῥᾷον ἄγοντες:** ‚leicht(fertig) handelnd'. Miller weist darauf hin, dass die homerische Formulierung eigentlich ῥεῖα ζώοντες, lautet, also ‚ein leichtes Leben führend' (z. B. *Ilias* 6,138).

4 Quos enim non praebet iocos ficulnus ille Priapus? Quos non ludos exhibet furtis ac praestigiis suis Mercurius? Quin et Vulcanus ipse in deorum conviviis γελωτοποιόν agere* consuevit ac modo claudicatione, modo cavillis, modo ridiculis dictis exhilarare compotationem. Tum et Silenus ille senex amator τὴν κόρδακα saltare solitus una cum Polyphemo τὴν τρετανελό, Nymphis τὴν γυμνοποδίαν saltantibus. Satyri semicapri Atellanas agitant, Pan insulsa quapiam cantiuncula risum omnibus movet, quem ita malunt quam ipsas audire Musas, praecipue cum iam nectare coeperint madere.

5 Porro quid ego nunc commemorem, quae probe poti di post convivium agitent? Adeo mehercle stulta, ut ipsa nonnumquam a risu temperare nequeam. At satius est in his Harpocratis meminisse*, ne forte nos quoque Corycaeus aliquis deus auscultet ea narrantes, quae ne Momus quidem impune prolocutus est.

1 Sed iam tempus est, ut ad Homericum exemplar relictis caelitibus vicissim **17**
in terram demigremus, quamque ibi nihil laetum aut felix nisi meo munere, dispiciamus. Imprimis videtis, quanta providentia Natura parens et humani generis opifex illud caverit, ne usquam deesset stultitiae condimentum. Etenim cum Stoicis definitoribus nihil aliud sit sapientia quam duci ratione, contra*

15,4 ***Priapus:*** ithyphallischer Gott der Fruchtbarkeit, dessen hölzerne Statuen der Schadensabwehr dienen sollten (s. Horaz *Satire* 1,8,1: dort bezeichnet sich die Priapstatue selbst als *truncus ficulnus; Adag.* 685: *Ficulnus*). – ***praestigia:*** ‚List'. Hermes (lat. Merkur) stahl Hephaistos seine Zange, Ares sein Schwert, Apoll Pfeil und Bogen und Poseidon den Dreizack (Lukian, *Göttergespräche* 11,1–2). – **γελωτοποιός:** ‚Lachen erregend, Hofnarr, Spaßmacher'. Listrius weist auf das Ende des ersten Gesangs der *Ilias* hin, wo Hephaistos (lat. Vulcanus) die Götter mit seiner unbeholfenen Art zum Lachen bringt (v. 595–600). – ***Silenus ... τὴν κόρδακα saltare solitus:*** Verweis auf Lukian, *Icaromenippus oder die Luftreise* 27, wo Silen bei einem Fest der Götter den Kordax tanzt, einen unanständigen Tanz der Komödie; das Wort ist im Griechischen ein Maskulinum, aber τὴν ist in allen Drucken überliefert. – **τὴν τρετανελό:** der typische Tanz des Polyphem (Aristophanes, *Plutos* 290, einziger antiker Beleg); auch dieses Wort ist kein Femininum; heute bevorzugt man die Schreibung θρετ(τ)ανελό. – **τὴν γυμνοποδίαν:** ‚den Barfüßertanz, Tanz mit nackten Füßen'; Erasmus und Listrius haben diese Lesart wohl bei Lukian, *De saltatione* 12 vorgefunden (heute liest man dort γυμνοπαιδίαι). – ***Atellana:*** Erasmus versteht darunter einen obszönen Tanz (s. Listrius z. St.).

15,5 ***probe:*** Adv. zu *probus;* hier i. S. v. ‚ganz anständig' – aus der Sicht der Stultitia. – ***ne forte nos quoque Corycaeus aliquis deus auscultet:*** Die Redensart *Corycaeus auscultavit* bezeichnet einen heimlichen Lauscher (*Adag.* 144). Am Hafen von Korykos in Kilikien sollen sich Piraten unter die Kaufleute gemischt haben, um sie auszulauschen (Strabo, *Geographika* 14,1,32). Am Ende des Adagiums weist Erasmus noch auf einen *deus quispiam Corycaeus* bei griechischen Komödienschriftstellern hin, der alles zu hören und zu belauschen pflege (s. hier *Corycaeus aliquis deus*); dabei handelt es sich aber anscheinend um ein Missverständnis seiner Quelle (des byzantinischen Lexikons *Suda*).

16,1 ***ad Homericum exemplar:*** In den homerischen Epen finden häufige Szenenwechsel von der Ebene der Götter zu der der Menschen statt. – ***cum Stoicis definitoribus nihil aliud sit sapientia:*** Dativus iudicantis: ‚da den stoischen Definitoren Weisheit nichts anderes ist; da nach den Definitionen der Stoiker usw.' – ***ne ... esset:*** Der Finalsatz bezieht sich auf den Hauptsatz. – ***semiuncia, as:*** römische Gewichte: Eine halbe Unze ist der vierundzwanzigste Teil eines As.

stultitia affectuum arbitrio moveri, ne plane tristis ac tetrica esset hominum vita, Iuppiter quanto plus indidit affectuum quam rationis (quasi semiunciam compares ad assem)!

2 Praeterea rationem in angustum capitis angulum relegavit, reliquum omne corpus perturbationibus reliquit. Deinde duos quasi tyrannos violentissimos uni opposuit, iram, quae praecordiorum arcem obtinet atque adeo* ipsum vitae fontem cor, et concupiscentiam, quae ad imam usque pubem latissime imperium occupat. Adversus has geminas copias quantum valeat ratio, communis hominum vita satis declarat, cum illa, quod unum licet, vel* usque ad ravim reclamat et honesti dictat formulas. Verum hi laqueum regi suo remittunt* multoque odiosius obstrepunt, donec iam is quoque* fessus ultro cedit ac manus dat.

1 Ceterum, quoniam viro administrandis rebus nato plusculum de rationis 17
unciola erat aspergendum, ut huic quoque pro virili consuleret, me hic sicut in ceteris in consilium adhibuit moxque consilium dedi me dignum: nempe uti mulierem adiungeret, animal videlicet stultum quidem illud atque ineptum, verum ridiculum et suave, quo convictu domestico virilis ingenii tristitiam sua stultitia condiret atque edulcaret. Nam, quod Plato dubitare videtur, utro in genere ponat mulierem, rationalium animantium an brutorum, nihil aliud voluit quam insignem eius sexus stultitiam indicare. Quod si qua forte mulier sapiens haberi voluerit, ea nihil aliud egerit, quam ut bis stulta sit, perinde quasi bovem aliquis ducat ad ceroma, invita reluctanteque, ut aiunt, Minerva. Conduplicat enim vitium, quisquis contra naturam virtutis fucum inducit atque alio deflectit ingenium. Quemadmodum iuxta* Graecorum proverbium simia semper est simia, etiam si purpura vestiatur, ita mulier semper mulier est, hoc est stulta, quamcumque personam induerit.

2 Neque vero mulierum genus usque adeo stultum arbitror, ut eam ob rem mihi suscenseant, quod illis et ipsa mulier et Stultitia stultitiam attribuam.

16,2 ***uni:*** bezieht sich auf die *ratio*, ‚ihr alleine'. – ***Regi ... is ... fessus:*** Gemeint ist die *ratio*. – ***(alicui) manus dare:*** ‚sich (jemandem) ergeben'.

17,1 ***quoniam ... aspergendum:*** Die Stultitia spricht wieder über die Konstruktion des Menschen durch Jupiter, entsprechend ist der Gott auch Subjekt zum folgenden *adhibuit*. – ***plusculum de rationis unciola:*** ‚mehr von dem Ünzlein an Verstand'. – ***huic ... consuleret ... adhibuit ... adiungeret:*** Subjekt ist Jupiter, der wie in cap. 16 die Aufgaben des christlichen Schöpfergottes übernimmt; *huic* verweist auf den Mann; der *ut*-Satz hängt vom Hauptsatz ab. Zu *adiungeret* ist ebenfalls *huic* zu ergänzen. – ***pro virili* erg. *parte:*** ‚wie es einem Mann gebührt, nach Kräften'. – ***quod:*** faktisches *quod:* ‚was die Tatsache angeht, dass'. – ***quod ... brutorum:*** Stultitia bezieht sich auf das Diktum ‚Frauen und andere Tiere' (γυναῖκες καὶ τἆλλα θηρία, *Timaeus* 76d-e), ignoriert aber Platons Aussage, dass Männer und Frauen im Grunde dieselbe Natur haben (*Politeia* 452e–456a). – ***bovem ducere ad ceroma:*** ‚einen Ochsen zum Ringplatz schleppen', also seine Energie mit einem sinnlosen Unterfangen verschwenden. *ceroma* (κήρωμα) bezeichnet ursprünglich das teure Öl, mit dem sich die Athleten salbten (s. am Ende von *Adag.* 362: *Oleum et operam perdidi*). – ***Invita reluctanteque Minerva:*** ‚gegen den Willen und den Widerstand der Minerva' d.h. ‚auf törichte Art und Weise'. – ***simia semper est simia, etiam si purpura vestiatur:*** *Adag.* 611: *Simia simia est, etiam si aurea gestet insignia;* die ursprüngliche griechische Fassung findet sich bei Lukian, *Adversus indoctum* 4.

Etenim si rem recta reputent via, hoc ipsum Stultitiae debent acceptum ferre*, quod sint viris multis calculis fortunatiores. Primum formae gratia, quam illae merito rebus omnibus anteponunt cuiusque praesidio in tyrannos etiam ipsos tyrannidem exercent. Alioqui* undenam horror ille formae, hispida cutis et barbae silva, plane senile quiddam in viro, nisi a prudentiae vitio, cum feminarum semper leves malae, vox semper exilis, cutis mollicula, quasi perpetuam quandam adolescentiam imitentur?

3 Deinde quid aliud optant in hac vita, quam ut viris quam maxime placeant? Nonne huc spectant tot cultus, tot fuci, tot balnea, tot compturae, tot unguenta, tot odores, tot componendi, pingendi, fingendique vultus, oculos et cutem artes? Iam num alio nomine viris magis commendatae* sunt quam stultitiae? Quid enim est, quod illi mulieribus non permittunt? At quo tandem auctoramento nisi voluptatis? Delectant autem feminae non alia re quam stultitia. Id esse verum non ibit infitias*, quisquis secum reputarit, quas vir cum muliere dicat ineptias, quas agat nugas, quoties feminea voluptate decreverit uti. Habetis igitur primum et praecipuum vitae oblectamentum, quo fonte proficiscatur.

1 Sed sunt nonnulli (cum primis autem senes, bibaces quidem illi magis **18**
quam mulierosi), qui summam voluptatem in compotationibus constituunt. Equidem an sit ullum lautum convivium, ubi mulier non adsit, viderint alii. Illud certe constat citra* stultitiae condimentum nullum omnino suave esse, adeo, ut, si desit, qui seu vera seu simulata stultitia risum moveat, γελωτοποιόν quempiam vel* mercede conductum accersant aut ridiculum aliquem parasitum adhibeant, qui ridendis, hoc est stultis dicteriis silentium ac tristitiam compotationis discutiat. Quorsum enim attinebat* tot bellariis, tot lautitiis, tot cupediis onerare ventrem, nisi et oculi pariter et aures, nisi totus animus risu, iocis, leporibus pasceretur? At istiusmodi tragematum ego sum architectrix unica.

17,2 ***recta via:*** ‚auf die rechte Art und Weise'. – ***multis calculis:*** ‚nach der Auffassung vieler'. Erasmus verwendet häufiger den Ausdruck *omnibus (omnium) calculis* (=Adag. 460). – ***primum formae gratia:*** ‚erstens wegen der Schönheit'. – ***undenam:*** ‚woher denn'. – ***horror:*** hier ‚abstoßendes Aussehen' (nämlich beim Mann). – ***lēvis:*** ‚glatt, unbehaart'.

17,3 ***comptura:*** ‚Frisur' (von *comere,* mlat., nlat.). – ***alio nomine viris magis commendatae sunt quam*** **[erg.** ***nomine*****]** ***stultitiae:*** ‚sind sie den Männern aus einem anderen Grunde angenehmer als wegen ihrer Torheit?' – ***auctoramentum:*** ‚Lohn'. – ***primum ... oblectamentum:*** Das Subjekt des indirekten Fragesatzes ist aus diesem herausgezogen und erscheint als Objekt im Hauptsatz (sog. Prolepse).

18,1 ***cum primis autem*** **(erg.** ***sunt*****):** ‚insbesondere sind es aber'. – ***viderint alii:*** Futur II statt Futur I im Hauptsatz: ‚darum werden/sollen sich andere kümmern' (s. BS § 134,1). – ***nullum:*** erg. *convivium.* – **γελωτοποιός:** ‚Spaßmacher, Hofnarr'. – ***bellaria:*** ‚Dessert'; gleichbedeutend mit griech. τραγήματα (Gellius, *Noctes Atticae* 13,11,7), das die Stultitia im nächsten Satz verwendet. – ***tragemata*** **(n. pl.), Gen.** ***tragematum:*** ‚Nachtisch, Naschwerk'. – ***architectrix:*** ‚Baumeisterin' (mlat., nlat.).

2 Quamquam* illa ipsa iam in conviviis sollemnia, regem sortiri talis, lusitare tesseris, philotesiis invitare, certare συμπεριφοραῖς, ad myrtum canere, saltare, gesticulari, non a septem Graeciae sophis, verum a nobis ad humani generis salutem reperta sunt. Atqui omnium huiusmodi rerum ea natura est, ut, quo plus habeant stultitiae, hoc plus conferant vitae mortalium, quae si tristis sit ne vita quidem appellanda videatur. Tristis autem evadat oportet, nisi cognatum taedium hoc genus* oblectamentis absterseris.

1 Sed erunt fortassis, qui hoc quoque voluptatis genus neglegant et in ami- 19
corum caritate et consuetudine acquiescant amicitiam dictitantes unam rebus omnibus anteponendam, quippe rem usque adeo necessariam, ut nec aer nec ignis nec aqua magis, rursum adeo iucundam, ut, qui hanc de medio sustulerit, solem sustulerit, adeo denique honestam (si quid tamen hoc ad rem pertinet), ut nec* ipsi philosophi vereantur eam inter praecipua bona commemorare. Sed quid, si doceo me huius quoque tanti boni et puppim esse et proram? Docebo

---

18,2 ***illa ipsa iam in conviviis sollemnia:*** ‚eben das, was bei Gelagen jetzt üblich ist'. – ***regem sortiri talis:*** ‚mit Würfeln einen König auslosen' (Formulierung nach Horaz, *Carmen* 1,4,18). Der ‚König' durfte bestimmen, wer beim Gelage wie viel trinken musste, und konnte auch andere Aufgaben verteilen. – ***philotesius* (erg. *crater*):** ‚Freundschaftskelch' (griech. κρατὴρ φιλοτήσιος); in den *Adagia* erklärt Erasmus, dass man bei einem Umtrunk einen Kelch anderen als Symbol der Freundschaft reichte und man gemeinsam daraus trank (*Adag.* 3296 und 3670). – συμπεριφοραῖς: griech. Dativ, hier in der Funktion eines lat. Ablativs; laut Listrius die Sitte, reihum eine Rede zu halten, zu singen und zu trinken. – ***ad myrtum canere:*** Zu den Erklärungen des antiken Brauchs, mit einem Myrtenzweig in der Hand zu singen, vgl. *Adag.* 1521. – ***a septem Graeciae sophis:*** In der Antike kursierten verschiedene Listen der Sieben Weisen, die erste erhaltene Aufzählung findet sich bei Platon, *Protagoras* 343a), alle Listen nennen u.a. Thales von Milet und Solon von Athen. – ***cognatum taedium:*** ‚den mit der *tristitia* verwandten Überdruss'.

19,1 ***qui … anteponendam:*** vgl. Cicero, *Laelius de amicitia* 17; *De finibus* 1,65. – ***qui … magis:*** erg. *necessaria sit;* zum Inhalt vgl. *Adag.* 1175: *Amicus magis necessarius quam ignis et aqua.* – *qui … solem sustulerit:* zum Gedanken vgl. Cicero, *Laelius de amicitia* 47. – *si quid tamen hoc ad rem pertinet:* ‚wenn das (d.h. die Moral) überhaupt irgendetwas zur Sache (= Freundschaft) tut'. Stultitia legt keinerlei Wert auf Moral. – *ut … commemorare:* s. etwa Cicero, *De finibus* 1,65 und Ciceros Dialog *Laelius de amicitia.* – *puppis et prora* (=*Adag.* **8**)**:** , Heck und Bug' i.S.v. ‚Ende und Anfang, Hauptsache'; Cicero, *Ad Familiares* 16,24. – *Docebo … argutiis:* Die Stultitia nennt hier verschiedene sophistische Paradoxe: Der κροκοδιλίτης (Krokodil-Paradox) funktioniert ähnlich wie das Kreter-Paradox (ein Krokodil fordert von einer Mutter, wahrheitsgemäß vorherzusagen, ob es ihr ihr Kind zurückgibt); der σωρίτης (Haufen-Paradox) problematisiert unscharfe Begriffsumfänge (wie viele Sandkörner benötigt man, um von einem Haufen sprechen zu können?); beim κερατίνης (*Cornutus,* Hörner-Trugschluss) wird die Frage gestellt, ob man Hörner verloren habe. Antwortet der Gefragte erwartungsgemäß mit ‚Nein', wird gefolgert, dass er noch Hörner besitze. Erasmus versteht aber den Begriff vielleicht in einem weiteren Sinne, da er das lat. Pendant *cornutus* i.S.v. ‚Dilemma' auffasst, vgl. *Adag.* 2212 und 2521 sowie Listrius z.St., Ramminger s.v. *cornutus* und Kirsch s.vv. *ceratinae* und *cornutus.* Zu den antiken Belegstellen für diese Paradoxe s. Miller. – *pingui Minerva* (=*Adag.* **37**)**:** etwa ‚mit einfachem Hausverstand', d.h. ohne Spitzfindigkeiten; vgl. Cicero, *Laelius de amicitia* 19: *Agamus igitur pingui, ut aiunt, Minerva.*

autem non crocodilitis aut soritis, ceratinis aut aliis id genus* dialecticorum argutiis, sed pingui*, quod aiunt, Minerva* rem digito propemodum ostendam.

2 Age*, conivere* labi, caecutire, hallucinari in amicorum vitiis, quaedam etiam insignia vitia pro virtutibus amare mirarique an non stultitiae videtur affine? Quid, cum alius exosculatur naevum in amica, alium delectat polypus Agnae, cum filium strabonem appellat paetum pater: quid, inquam, hoc est, nisi mera stultitia? Clament terque quaterque stultitiam esse. Atqui haec una stultitia et iungit iunctos et servat amicos. De mortalibus loquor, quorum nemo sine vitiis nascitur, optimus ille est, qui minimis urgetur, cum interim* inter sapientes istos deos aut omnino non coalescit amicitia aut tetrica quaedam et insuavis intercedit nec ea nisi cum paucissimis (nam 'cum nullis' dicere religio est), propterea quod maxima pars hominum desipit, immo nullus est, qui non multis modis deliret, et non nisi inter similes cohaeret necessitudo.

3 Quod si quando inter severos istos coierit mutua benevolentia, ea certe haudquaquam stabilis est nec admodum duratura, nimirum inter morosos et plus satis oculatos, ut qui in amicorum vitiis tam cernunt acutum quam

---

19,2 ***con(n)ivere labi:*** ‚bei einem Fehler/Makel ein Auge zudrücken, die Augen vor dem Fehler verschließen'; *conivere* wird seit Tertullian mit dem Dativ verbunden. – ***Quid ... pater:*** vgl. zur Nachsicht mit den Fehlern geliebter Menschen und zu den Beispielen Cicero, *De natura deorum* 1,79; Horaz, *Satire* 1,3 (*turpia decipiunt caecum vitia aut etiam ipsa haec delectant, veluti Balbinum polypus Hagnae,* v. 39–40). – ***paetus:*** ‚leicht schielend, mit Silberblick'; väterlich-liebevoller Euphemismus für *strabo* bei Horaz, *Satire* 1,3,44–45. – ***iungit ... amicos:*** (fast) wörtlich Horaz, *Satire* 1,3,54. – ***nemo ... urgetur:*** (fast) wörtlich Horaz, *Satire* 1,3,68–69. – ***cum interim:*** ‚während, wohingegen'. – ***inter sapientes istos deos:*** Gemeint sind nicht die eigentlichen Götter, sondern diejenigen unter den Menschen, die sich für besonders weise halten (*severos istos* im nächsten Satz). – ***nec ea ... necessitudo:*** Der Toren sind viele *(maxima pars delirat),* daher gibt es unter ihnen viele Freundschaften; aber da es nur wenige Weise gibt, schließen diese nur mit wenigen Freundschaft. Diese Auffassung der Stultitia steht in deutlichem Kontrast zur antiken Philosophie, der zufolge Freundschaft nur zwischen guten (und damit auch weisen) Menschen möglich sein kann (s. etwa Cicero, *Laelius de amicitia* 65: *Ita fit verum illud, quod initio dixi, amicitiam nisi inter bonos esse non posse*). – ***nam ... religio est:*** ‚denn ich habe religiöse Bedenken, ‚mit niemandem' zu sagen'. – ***necessitudo:*** hier ‚Zuneigung, Freundschaft' (ebenso weiter unten). Zum Motiv ‚gleich und gleich gesellt sich gern' s. *Adag.* 120: *Aequalis aequalem delectat.*

19,3 ***plus* (erg. *quam*) *satis oculatus:*** ‚scharf sehend in einem Maße, das mehr als genug ist' (vgl. zu *plus satis* bspw. Plautus, *Epidicus* 346). – ***ut qui:*** = *quippe qui* (‚die ja'). – ***in amicorum vitiis ... serpens Epidaurius:*** wörtlich bis auf *cernunt* (Horaz: *cernis*) Horaz, *Satire* 1,3,26–27. Epidauros ist der heilige Ort des Gottes Asklepios, dessen Symbol die Schlange ist. Adler und Schlangen galten als besonders scharfsichtig (vgl. *Adag.* 896, wo ebenfalls die Horazstelle zitiert wird). – ***quam:*** ‚wie sehr'. – ***quam ... pendentem:*** ‚wie sehr übersehen sie den auf dem Rücken hängenden Rucksack', gemeint ist die Blindheit gegenüber den eigenen Fehlern, vgl. zu diesem Sprichwort Catull, *Carmen* 22,21; Phaedrus, *Fabeln* 4,10; *Adag.* 590. – ***quo pacto:*** ‚auf welche Weise'. – ***vel horam:*** ‚auch nur eine Stunde lang'. – ***inter Argos istos:*** ‚unter diesen Argusäugigen'; die überkritischen Menschen werden mit dem hundertäugigen Monster Argus verglichen, das von Juno zur Bewachung der Io bestellt wurde. – ***mire:*** ‚in wunderbarer/vortrefflicher Weise'. – **εὐήθεια:** ‚Gutherzigkeit, Einfalt'. – ***vertere:*** hier ‚übersetzen' (typische Verwendungsweise).

aut aquila aut serpens Epidaurius. At ipsi in propriis vitiis quam lippiunt et quam non vident manticam in tergo pendentem! Itaque cum ea sit hominum natura, ut nullum ingenium reperiatur non magnis obnoxium vitiis (adde tantam animorum ac studiorum dissimilitudinem, tot lapsus, tot errata, tot casus vitae mortalis) – quo pacto vel* horam constabit inter Argos istos amicitiae iucunditas, nisi accesserit ea, quam mire Graeci εὐήθειαν appellant; hanc seu stultitiam seu morum facilitatem vertas licebit.

4 Quid autem? An non Cupido ille omnis necessitudinis auctor et parens prorsum oculis captus est? Cui quemadmodum τὰ μὴ καλὰ καλὰ πέφανται, itidem inter vos quoque efficit, ut suum cuique pulchrum videatur, ut cascus cascam, perinde ut pupus pupam deamet. Haec passim et fiunt et ridentur, sed tamen haec ridicula iucundam vitae glutinant copulantque societatem.

1 Porro quod de amicitia dictum est, id multo magis de coniugio sentien- **20**
dum, quod quidem nihil est aliud quam individua vitae coniunctio. Deum immortalem!* Quae non divortia aut etiam divortiis deteriora passim acciderent, nisi viri feminaeque domestica consuetudo per adulationem, per iocum, per facilitatem, errorem, dissimulationem, meum utique satellitium, fulciretur alereturque? Papae! Quam pauca coirent matrimonia, si sponsus prudenter exquireret, quos lusus delicata illa (sicuti videtur) ac pudens virguncula iam multo ante nuptias luserit?

2 Tum quanto pauciora cohaererent inita, nisi plurima uxorum facta per viri vel neglegentiam vel stuporem laterent? Atque haec quidem merito stultitiae tribuuntur. Verum ea interim* praestat, ut marito iucunda sit uxor, uxori iucundus maritus, ut tranquilla domus, ut maneat affinitas. Ridetur cuculus, curruca, et quid non vocatur, cum moechae lacrimas labellis exsorbet. At quanto felicius sic errare quam zelotypiae diligentia cum sese conficere, tum omnia miscere tragoediis?

19,4 ***oculis*** **(Abl. limitationis)** ***captus:*** ‚blind'. – ***cui quemadmodum*** **τὰ μὴ καλά καλὰ πέφανται,** ***itidem … efficit:*** ‚wie ihm das Unschöne schön erscheint, so bewirkt er auch': Theokrit, *Idylle* 6,18–19. – ***suum cuique pulchrum:*** = *Adag.* 115. – ***cascus cascam … deamet:*** vgl. *Adag.* 162 *(Cascus cascam ducit).*

20,1 **(erg.** ***per)*** ***meum utique satellitium:*** ‚auf jeden Fall durch meine Gefolgschaft'. – ***papae:*** Interjektion, etwa ‚meine Güte!'

20,2 ***inita:*** erg. *matrimonia.* – ***cuculus, curruca:*** der Kuckuck und die Klappergrasmücke, hier Bezeichnungen für den gehörnten Ehemann (im Gegensatz zu *Adag.* 3484 *(Cuculus),* wo das Wort *cuculus* als ‚fremdgehender Ehemann' erläutert wird; vgl. Listrius z. St.), der die falschen Tränen seiner fremdgehenden Frau wegküsst (Juvenal, *Satire* 6,275–277). – ***quid non vocatur:*** von Erasmus hier i. S. v. *quocumque nomine vocatur* verwendet. – ***zelotypia:*** ζηλοτυπία ist die Eifersucht; *diligentia zelotypiae:* wörtlich ‚aus einem Hang zur Eifersucht' (Erasmus führt *diligentia* hier auf seine Grundbedeutung zurück (*diligere* ‚lieben'), *diligentia* i. S. v. *amor* ist seit Tertullian belegt), also etwa ‚übertriebene/neurotische Eifersucht'. – ***se conficere:*** ‚sich aufreiben, sich zugrunderichten, sich fertigmachen'. – ***omnia miscere tragoediis:*** ‚alles in (einem schauerlichen) Drama/Melodrama ertränken/untergehen lassen, eine Katastrophe über alle Beteiligten herbeiführen' (s. auch 54,3, *Adag.* 281, 285, 1791, 2154).

In summa usque adeo nulla societas, nulla vitae coniunctio sine me vel 21
iucunda vel stabilis esse potest, ut nec populus principem nec servum erus nec eram pedisequa nec discipulum praeceptor nec amicus amicum nec maritum uxor nec locator conductorem nec contubernalis contubernalem nec convictor convictorem diutius ferat, nisi vicissim inter sese nunc errent, nunc adulentur, nunc prudentes coniveant*, nunc aliquo stultitiae melle sese deliniant*. Iam haec scio videri maxima, sed audietis maiora.

1 Quaeso*, num quemquam amabit, qui ipse semet oderit? Num cum alio 22
concordabit, qui secum ipse dissidet? Num ulli voluptatem afferet, qui sibimet ipsi sit gravis ac molestus? Istud, opinor, nemo dixerit, nisi qui sit ipsa stultior Stultitia. Atqui si me excluseris, adeo nemo poterit alterum ferre, ut ipse etiam sibi quisque puteat, sua cuique sordeant, sibi quisque sit invisus. Quandoquidem* id mali Natura, non paucis in rebus noverca magis quam parens, mortalium ingeniis insevit, praecipue paulo cordatiorum*, ut sui quemque paeniteat*, admiretur aliena. Quo fit, ut omnes dotes, omnis elegantia decorque vitae vitietur pereatque.

2 Quid enim proderit forma, praecipuum deorum immortalium munus, si putiditatis vitio contaminetur? Quid iuventa, si senilis tristitiae fermento corrumpatur? Denique quid in omni vitae munere vel tecum vel apud alios acturus es cum decoro (est enim non artis modo, verum etiam omnis actionis caput decere, quod agas), nisi adsit dextra haec Philautia*, quae mihi merito germanae est vice? Adeo strenue meas ubique partes agit. Quid autem aeque stultum atque tibi ipsi placere? Te ipsum admirari? At rursum quid venustum, quid gratiosum, quid non indecorum erit, quod agas, ipse tibi displicens? Tolle hoc vitae condimentum et protinus frigebit cum sua actione orator, nulli placebit cum suis numeris musicus, explodetur cum sua gesticulatione histrio, ridebi-

---

22,1 ***ulli:*** hier statt *cuiquam* (auch antik belegt). – ***ferre:*** hier ‚ertragen'. – ***sibi putere:*** ‚sich stinken' i. S. v. ‚sich auf die Nerven gehen, mit sich unzufrieden sein, sich selbst nicht mögen' (vgl. Listrius), antik so nicht belegt. – ***mali:*** Genitivus partitivus abhängig von *id.* – ***praecipue [*erg. *ingeniis mortalium] paulo cordatiorum:*** Erasmus spielt hier wohl auf den Gemütszustand der Melancholiker an, die seit der Antike häufig als Genies galten.

22,2 ***putiditas:*** neulateinische Ableitung von *putidus* (‚stinkend'), wohl ‚Unzufriedenheit, Missfallen' (s. o. zu *sibi putere* in 22,1). – ***senilis tristitiae fermentum:*** Die Metapher *fermentum* kommt wohl vom Wein, der durch Gärung sauer wird (Miller mit Belegstellen), also etwa ‚durch den vergorenen Trübsinn des Alters'. – ***caput:*** hier ‚Hauptsache'. – ***est … agas:*** vgl. *Adag.* 3402 *(Caput artis decere, quod facias).* – ***dextra … Philautia:*** *dextra* ist entweder Ablativ (‚zur Rechten') oder Nominativ (‚als Rechte, d. h. als auf der rechten Seite stehende'). – ***mihi merito germanae est vice:*** ‚zu Recht ist sie für mich wie eine leibliche Schwester'. – ***frigere:*** ‚schlecht sein, versagen' (vgl. *frigidus** und *Sine Cerere et Baccho friget Venus; Adag.* 1297). – ***pro Nireo Thersites, pro Phaone:*** Nireus war der schönste Grieche vor Troia, Thersites der hässlichste (Homer, *Ilias* 2,216 und 673), vgl. auch Lukian, *Totengespräche* 25 (ein Schönheitswettbewerb zwischen den beiden!); *Adag.* 3280 *(Thersitae facies).* Phaon, Sapphos Liebhaber, wurde von Venus verjüngt (s. 14,4). – ***pro Minerva sus:*** vgl. *Sus Minervam* (erg. *docet*) ‚Ein Schwein belehrt Minerva', *Adag.* 40. – ***infans:*** hier ganz wörtlich *in* + *fans* ‚nicht sprechend'. – ***in tantum:*** ‚so weit, so sehr' (antik).

tur una suis cum Musis poeta, sordebit cum arte pictor, esuriet cum pharmacis medicus. Postremo pro Nireo Thersites, pro Phaone Nestor, pro Minerva sus, pro facundo infans, pro urbano rusticus videberis. In tantum necesse est, ut sibi quoque quisque blandiatur et assentatiuncula quapiam sibi prius commendetur*, quam aliis possit esse commendatus*.

3 Denique cum praecipua felicitatis pars sit, ut quod sis, esse velis, nimirum totum hoc praestat compendio mea Philautia*, ut neminem suae formae, neminem sui ingenii, neminem generis, neminem loci, neminem instituti, neminem patriae paeniteat*, adeo, ut nec Irlandus cum Italo nec Thrax cum Atheniensi nec Scytha cum Insulis Fortunatis cupiat permutare. Et o singularem Naturae sollicitudinem, ut in tanta rerum varietate paria fecit omnia! Ubi dotibus suis nonnihil detraxit, ibi plusculum Philautiae* solet addere, quamquam hoc ipsum stulte profecto dixi, cum haec ipsa dos sit vel* maxima.

1 Ut ne dicam interim* nullum egregium facinus adiri nisi meo impulsu, 23
nullas egregias artes nisi me auctore fuisse repertas. An non omnium laudatorum facinorum seges ac fons est bellum? Porro quid stultius quam ob causas nescioquas certamen eiusmodi suscipere, unde pars utraque semper plus aufert incommodi quam boni? Nam eorum, qui cadunt, veluti Megarensium οὐδεὶς λόγος.

2 Dein cum iam utrimque constitere ferratae acies et rauco crepuerunt cornua cantu, quis, oro, sapientum istorum usus, qui studiis exhausti vix tenui frigidoque sanguine spiritum ducunt? Crassis* ac pinguibus* opus est, quibus

---

22,3 ***quod sis, esse velis:*** wörtlich Martial, *Epigramm* 10,47,12a (ein Gedicht über die Dinge, die den Menschen glücklich machen). – ***compendio:*** ‚auf einer Abkürzung, ohne Umweg'. Andere Menschen müssen hart arbeiten, um das zu werden, was sie sein möchten, aber der Selbstverliebte nimmt die Abkürzung, weil er ja schon das ist, was er sein möchte. – ***Insulae Fortunatae:*** Metonymie des Typus ‚Land für seine Bewohner'. – ***sollicitudo:*** hier ‚Fürsorge'. – ***detraxit ... solet:*** Subjekt ist die *Natura*.

23,1 ***Ut ne dicam interim* mit AcI oder *quod*-Satz:** von Erasmus in den Briefen häufig als Einleitung gebrauchte Wendung i. S. v. ‚um nicht davon zu reden, dass; übrigens' (vgl. 44,2 und 46,2). Daher ist es sinnvoll, gegen Kan und Miller hier bereits das nächste Kapitel beginnen zu lassen. – ***An non ... bellum:*** Der Krieg ist laut einem antiken Sprichwort „der Vater aller Dinge" (keineswegs nur der lobenswerten; vgl. *Adag.* 2436: *Bellum omnium pater;* Heraklit DK 22 B 53). – ***eorum ... οὐδεὶς λόγος:*** ‚von den Gefallenen ist wie von den Megarern keine Rede mehr'. Das delphische Orakel nannte die Megarer in der Aufzählung der besten Griechen entgegen ihrer Erwartung nicht (*Adag.* 1079: *Megarenses neque tertii neque quarti*).

23,2 ***constitere:*** 3. Ps. Pl. Indikativ Perfekt von *consistere*. – ***rauco strepuerunt cornua cantu:*** wörtlich Vergil, *Aeneis* 8,2. – ***oro:*** fragendes ‚bitte'. – ***tenui ... sanguine:*** Nach Aristoteles haben intelligente Lebewesen dünnes und kühles Blut, starke dagegen dickes und warmes (*De partibus animalium* 648a). – ***spiritum ducere:*** ‚atmen'. – ***nisi si quis ... fugit:*** Demosthenes wurde nachgesagt, den Schild in der Schlacht weggeworfen zu haben und geflohen zu sein; Archilochos beschreibt seinen Schildverlust bei einer Flucht in einer seiner Elegien (z. B. Plutarch, *Demosthenes* 20,2; Archilochos, *Elegien* frg. 5 West; *Adag.* 1197: *Abiecit hastam. Rhipsaspis*).

quam plurimum* adsit audaciae, mentis quam minimum* – nisi si quis Demosthenem militem malit, qui Archilochi secutus consilium vix conspectis hostibus abiecto clipeo fugit tam ignavus miles quam orator sapiens.

3 „Sed consilium", inquiunt, „in bellis plurimum habet momenti." Equidem fateor in duce, verum id quidem militare, non philosophicum. Alioqui* parasitis, lenonibus, latronibus, sicariis, agricolis, stupidis, obaeratis et huiusmodi mortalium faece res tam praeclara geritur, non philosophis lucernariis.

24–26: Nutzlosigkeit der Intellektuellen

1 Qui quidem quam sint ad omnem vitae usum inutiles, vel* Socrates ipse 24
unus Apollinis oraculo sapiens (sed minime sapienter) iudicatus documento esse potest, qui nescioquid publice conatus agere summo cum omnium risu discessit. Quamquam* vir is in hoc non usquequaque desipit, quod sapientis cognomen non agnoscit atque ipsi deo rescribit quodque censet sapienti a

---

23,3 ***fateor in duce:*** erg. *consilium plurimum habere momenti.* Mit *consilium* ist der Verstand, das Denken gemeint. – ***verum … philosophicum:*** wörtlich ‚aber dieses (das *consilium*) als militärisches, nicht als intellektuelles'. – ***parasitis … obaeratis:*** Dieser und die folgenden Personennamen stehen im bloßen Ablativus instrumenti, weil Stultitia diese Menschen als bloße Werkzeuge der Fürsten betrachtet. – ***res tam praeclara:*** Gemeint ist der Krieg, der zu Stultitias Reich gehört (s. o. *quid est stultius*). – ***philosophi lucernarii:*** wörtlich ‚Lampenphilosophen', vgl. *Adag.* 671: *Olet Lucernam* ‚er riecht nach der Lampe'; gemeint ist, dass sich jemand bis tief in die Nacht hinein seinen Studien widmet. Das Adjektiv wäre dann etwa mit ‚die Nächte im Elfenbeinturm verbringend' zu übersetzen (diese Bedeutung hat offenbar Erasmus geprägt); vgl. zum Adjektiv *lucernarius* Ramminger s. v. 1.

24,1 ***sapiens … iudicatus:*** Das Apollon-Orakel von Delphi bezeichnete Sokrates als den weisesten aller Menschen (Platon, *Apologie* 21a). Mit *deo* ist weiter unten wieder Apoll gemeint. – ***documento esse potest:*** ‚kann zum/als Beweis dienen' (Dativus finalis). – ***qui … discessit:*** Es ist unklar, worauf Stultitia hier anspielt. In den *Wolken* des Aristophanes wird Sokrates zwar Ziel des Spotts, aber er versucht dort nicht, in der Öffentlichkeit (also politisch) zu agieren. – ***in hoc … quod:*** ‚in dieser Hinsicht, dass'. – ***sapientis cognomen non agnoscit:*** Platon, *Apologie* 20c–22e und 23a: Sokrates erkennt, dass die höchste Stufe der Weisheit ist, die eigene Unwissenheit zu erkennen. – ***atque* (erg. *sapientis cognomen*) *ipsi deo (=Apollini) rescribit:*** wörtlich ‚und er schreibt den Beinamen ‚weise' Apoll selbst auf dessen Konto'. – ***sapienti … abstinendum esse:*** Platon, *Politeia* 496c–497a; *Apologie* 31c–32a. – ***nisi quod:*** ‚abgesehen davon, dass'; Rückbezug auf *non usquequaque desipit:* Sokrates ist nicht so dumm, das Orakel wörtlich zu nehmen und sich als Nicht-Weiser in Angelegenheiten der Polis zu mischen, begreift aber nicht, dass man sich von der Weisheit selber fernhalten sollte. – ***quid … nisi sapientia:*** Sokrates weigerte sich, aus dem Gefängnis zu fliehen, um seinen Prinzipien treu zu bleiben – und so beweist Stultitia, dass Sokrates' Weisheit in Wirklichkeit Torheit ist. – ***nubes et ideas:*** Objekte zu *philosophatur,* ‚er philosophierte über, er ersann/erdichtete in philosophischer Weise' (zu seit Tertullian belegtem transitivem *philosophari* vgl. ThLL X.1 II, 2032, 32–51), vielleicht ist *philosophari* auch i. S. v. ‚philosophisch daherschwätzen' zu verstehen. In den *Wolken* des Aristophanes betet Sokrates die Wolken als Götter an; die Ideenlehre vertritt er in mehreren platonischen Dialogen. – ***pulicis … miratur:*** Diesen sinnlosen Tätigkeiten geht Sokrates in Aristophanes' *Wolken* nach (144–168, 252).

re publica tractanda abstinendum esse, nisi quod potius monere debuerat a sapientia temperandum ei, qui velit in hominum haberi numero. Deinde quid eundem accusatum ad cicutam bibendam adegit nisi sapientia? Nam dum nubes et ideas philosophatur, dum pulicis pedes metitur, dum culicum vocem miratur, quae ad vitam communem attinent, non didicit.

2 Sed adest praeceptori de capite periclitanti discipulus Plato, egregius scilicet patronus, qui turbae strepitu offensus vix dimidiatam illam periodum pronuntiare potuit. Iam quid dicam de Theophrasto? Qui progressus in contionem protinus obmutuit, perinde quasi repente lupo conspecto. Qui militem animasset in bello? Isocrates ob ingenii timiditatem nec* hiscere umquam est ausus. M. Tullius eloquentiae Romanae parens, semper indecora trepidatione perinde quasi puer singultiens exordiri consuevit idque Fabius interpretatur cordati* oratoris et periculum intellegentis argumentum. Verum cum hoc dicit, an non palam fatetur sapientiam obstare ad rem probe gerendam? Quid isti facient, cum res ferro geritur, qui tum metu exanimantur, cum nudis verbis est decertandum? Et post haec celebratur, si dis placet, praeclara illa Platonis sententia beatas fore res publicas, si aut imperent philosophi aut philosophentur imperatores.

3 Immo si consules historicos, reperies nimirum nullos rei publicae pestilentiores fuisse principes, quam si quando in philosophastrum aliquem aut litteris

---

24,2 ***de capite periclitanti:*** ‚als er in Lebensgefahr schwebte'. – ***dimidiatam illam periodum:*** ‚jenen (weil von Diogenes Laertios zitierten) halben Satz'. Platon soll sich bei Sokrates' Prozess für diesen eingesetzt haben, aber nach einem halben Satz von der Menge niedergebrüllt worden sein (Diogenes Laertios, *Leben und Lehre der Philosophen* 2,41). – ***Theophrasto:*** Dem Aristoteles-Schüler Theophrast versagte die Stimme, als er vor den Athenern sprechen sollte (Gellius, *Noctes Atticae* 8,9). – ***lupo conspecto:*** In der Antike gab es die Vorstellung, dass ein Mensch die Sprache verliert, wenn ein Wolf ihn zuerst sieht; in *Adag.* 3450 führt Erasmus die Redewendung *Lupus in fabula* (s. zu 25,1) auf diesen Volksglauben zurück. – ***qui:*** Frageadverb ‚wie'. – ***Isocrates ... ausus:*** Isokrates soll niemals öffentlich aufgetreten sein, wie er auch selbst von sich schreibt (z. B. *Ad Philippum* 81). – ***M. Tullius ... consuevit:*** Gemeint ist Cicero, vgl. z. B. *Pro Sexto Roscio Amerino* 9; *Pro Milone* 1. – ***Fabius:*** M. Fabius Quintilianus, der schreibt, ein wenig Nervosität schade dem Redner nicht, der seine Aufgabe verstehen (s. *cordatus*), nicht aber fürchten müsse (*Institutio Oratoria* 12,5,4). – ***post haec:*** ‚nach all diesen Ausführungen, dennoch'. – ***si dis placet:*** ironisch, i. S. v. ‚man sollte es kaum für möglich halten.' – ***Platonis sententia ... imperatores:*** Platon, *Politeia* 473c–d; *Brief* 7, 326a–b und 328a; Erasmus schätzte diese Aussage Platons, vgl. etwa *Adag.* 201.

24,3 ***consules:*** 2. Ps. Futur von *consulere* (hier i. S. v. ‚befragen, konsultieren, nachschauen bei'). – ***alicuius rei fidem facere:*** ‚für etwas ein Beleg/Beweis sein'. – ***Catones:*** Marcus Porcius Cato der Ältere (234–184 v. Chr.) und sein Urgroßenkel, Cato der Jüngere (95–46 v. Chr.). Ersterer war für seine Prozesswut bekannt und war Verfasser mehrerer Werke. (s. Listrius und die Stellen bei Miller). Die Gefahr, in die der jüngere Cato den Staat bringt, besteht nach Listrius' Meinung in der seiner Freiheitsliebe entspringenden Opposition gegen Caesar; Cato der Jüngere war ein überzeugter Stoiker und wurde nach seinem Tod oft als Idealbild des stoischen Weisen angesehen. – ***Brutos, Cassios:*** Marcus Iunius Brutus (85–42 v. Chr.) und Gaius Cassius Longinus (vor 85–42 v. Chr.) waren die Hauptverschwörer im Mordkomplott gegen Julius Caesar an den Iden des März. Brutus galt als herausragender Intel-

addictum inciderit imperium. Cuius rei satis, opinor, faciunt fidem Catones, quorum alter insanis delationibus reipublicae tranquillitatem vexavit, alter libertatem populi Romani, dum nimium sapienter vindicat, funditus subvertit. Adde his Brutos, Cassios, Gracchos, ac Ciceronem etiam ipsum, qui non minus pestilens fuit Romanorum rei publicae quam Demosthenes Atheniensium. Porro Marcus Antoninus, ut donemus bonum imperatorem fuisse (nam id ipsum extorquere possim: fuit enim hoc ipso nomine gravis atque invisus civibus, quod tam philosophus esset), sed tamen, ut donemus fuisse bonum, at certe pestilentior fuit rei publicae tali relicto filio, quam fuerat sua administratione salutaris.

4 Quandoquidem* solet hoc hominum genus, qui se sapientiae studio dediderunt, cum ceteris in rebus, tum praecipue in liberis propagandis infelicissimum esse, providente (opinor) Natura, ne malum hoc sapientiae inter mortales latius serpat. Itaque Ciceroni degenerem fuisse filium constat et sapiens ille Socrates liberos habuit matri similiores quam patri (ut non omnino pessime scripsit quidam), id est, stultos.

1 Sed utcumque ferendum, si tantum ad publica munia forent ὄνοι πρὸς λύραν, nisi ad omnem prorsus vitae functionem nihilo essent dexteriores. Ad

---

lektueller (s. bspw. Plutarch, *Brutus* 2,1–2), und Cicero widmete ihm einige seiner Werke. Die Erwähnung des Cassius ist hier auffällig, da von ihm keinerlei auffällige intellektuelle Leistungen bekannt sind. Die Pluralformen besagen ‚Leute wie'. – ***Gracchi:*** Tiberius (162–133 v. Chr.) und sein Bruder Gaius (153–121 v. Chr.) Sempronius Gracchus waren Sozialreformer, deren Bemühungen für politische Unruhen sorgten und die schließlich ermordet wurden. Die beiden Gracchen galten als ausgezeichnete Redner (Cicero, *Brutus* 79; 103–104;125). – ***Ciceronem … Atheniensium:*** Listrius bezieht diese Aussage auf Ciceros Provokationen gegenüber Marc Anton und auf Demosthenes' Anstacheln der Athener zum Krieg gegen Philipp II. von Makedonien. – ***Antoninus:*** Marcus Aurelius Antoninus (reg. 161–180 n. Chr.), römischer Kaiser und stoischer Philosoph. – ***ut donemus … fuisse:*** auch wenn wir ihm zugestehen, dass er ein guter Kaiser war'. – ***extorquere:*** hier i. S. v. *detorquere* ‚verdrehen'; Stultitia meint, dass Mark Aurel zwar als guter Kaiser gilt, in Wirklichkeit aber keiner war, weil allein sein Beiname ‚der Philosoph' ihn beim Volke verhasst machte (das scheint freie Erfindung zu sein, s. Miller). Stultitia kann dieses Zugeständnis machen, weil er sich durch seinen missratenen Sohn hinreichend disqualifiziert hat. – ***hoc ipso nomine:*** durch den Beinamen ‚der Philosoph'; *tam philosophus:* ‚so philosophisch'. – ***tali relicto filio:*** Commodus (reg. 180–192 n. Chr.), der Sohn und Nachfolger Mark Aurels, galt als größenwahnsinnig, grausam und unfähig.

24,4 ***Ciceroni … constat:*** Ciceros Sohn soll ein Trinker und Versager gewesen sein (Seneca der Ältere, *Suasoria* 7,13–14; Plinius, *Naturalis Historia* 14,28,147–148). – ***ut … quidam:*** Hinter *quidam* verbirgt sich Seneca, dessen Namen Stultitia, die keine Stoiker mag, lieber verschweigt (das Zitat steht in *Epistel* 104,27), zu Sokrates' angeblich einfältigen Söhnen vgl. Aristoteles, *Rhetorik* 2,15, 1390b.

25,1 ***Sed utcumque ferendum* (erg. *est*), *si tantum:*** ‚Aber es wäre ja noch irgendwie zu ertragen, wenn sie nur'. – **ὄνοι (Nom. Pl.) πρὸς λύραν:** ‚Esel an der Leier'; s. *Adag.* 335: *Asinus ad lyram.* – ***camelus saltat:*** = *Adag.* 1666. – ***cogetur … Cato:*** Cato der Jüngere soll an den Floralia (s. 15,2) das Theater verlassen haben, als er erfuhr, dass aus Anlass dieses Festes nackte Tänzerinnen auftreten sollten (Valerius Maximus, *Memorabilia* 2,10,8). – ***In colloquium inciderit, repente lupus in fabula:*** Der Hauptsatz vertritt einen kondizionalen Nebensatz (vgl. BS § 568): ‚wenn er zu einem Gespräch hinzukommen sollte, wird er mit

convivium adhibe sapientem, aut tristi silentio aut molestis quaestiunculis obturbabit. Ad chorum advoca, camelum saltare dices. Ad publicos ludos trahe, ipso vultu populi voluptatibus obstabit et cogetur e theatro migrare sapiens Cato, quandoquidem supercilium non potest ponere*. In colloquium inciderit, repente lupus in fabula. Si quid emendum, si contrahendum, breviter: si quid eorum agendum, sine quibus haec cottidiana vita transigi non potest, stipitem dicas sapientem istum, non hominem.

2 Usque adeo neque sibi neque patriae neque suis usquam usui esse potest, propterea quod communium rerum sit imperitus et a populari opinione vulgaribusque institutis longe lateque discrepet. Qua quidem ex re odium quoque consequatur necessum est, nimirum ob tantam vitae atque animorum dissimilitudinem. Quid enim omnino geritur inter mortales non stultitiae plenum idque a stultis et apud stultos? Quod si quis unus universis velit obstrepere, huic ego suaserim, ut Timonem imitatus in solitudinem aliquam demigret atque ibi solus sua fruatur sapientia.

1 Verum ut ad id, quod institueram, revertar: quae vis saxeos, quernos et agrestes illos homines in civitatem coegit nisi adulatio? Nihil enim aliud significat illa Amphionis et Orphei cithara. Quae res plebem Romanam iam extrema molientem in concordiam civitatis revocavit? Num oratio philoso- **26**

---

einem Schlag der *lupus in fabula*'. – ***lupus in fabula*** **(=Adag. 3450):** entspricht der deutschen Redewendung ‚wenn man vom Teufel spricht'. Hier ist der disruptive Effekt des *sapiens* auf die unbefangenen Gespräche der anderen gemeint. – ***contrahere:*** hier ‚einen Vertrag/Handel abschließen'. – ***stipes:*** ‚Baumstamm, Stock, Holzklotz, dummer Mensch', vgl. neudeutsch ‚Pfosten' für einen Dummkopf.

25,2 ***alicui obstrepere:*** ‚gegen jemanden anschreien, jemanden übertönen'.

26,1 ***saxeos … homines:*** ‚diese stein- und eichenharten, bäurischen Menschen der Frühzeit'. – Stultitia deutet die Mythen von Orpheus und Amphion allegorisch auf die Entstehung der menschlichen Zivilisation. Mit *adulatio* ist auf der wörtlichen Ebene das einschmeichelnde Leierspiel, auf der allegorischen die Kraft der überzeugenden Rede gemeint. – ***adulatio:*** Wie aus den folgenden Beispielen hervorgeht, ist *adulatio* hier nicht ‚Schmeichelei', sondern das Gefallenwollen (vgl. zur *adulatio* Wilke 2020, 202). – ***illa … cithara:*** Der mythische Sänger Orpheus zähmte mit seiner Musik wilde Tiere und brachte selbst Bäume und Felsen dazu, ihm zu folgen. Amphion bewegte Steine mit seiner Leier dazu, sich zur Stadtmauer Thebens zusammenzufügen (Horaz, *Ars poetica* 391–396). – ***Quae … revocavit:*** Die Stultitia spielt auf die *secessio plebis* des Jahres 494 v. Chr. an: Als die Plebejer aus Protest gegen die Patrizier den Mons Sacer besetzten und eine Spaltung des Staates drohte (s. *extrema molientem*), bewegte sie Menenius Agrippa Lanatus durch die Fabel von der gegenseitigen Abhängigkeit des Magens und der Körperglieder zur Rückkehr in die Stadt (Livius, *Ab urbe condita* 2,32). – ***apologus:*** Im Folgenden nennt die Stultitia mehrere Beispiele für Gleichnisse und Fabeln, die zur Überzeugung des einfachen Volkes eingesetzt wurden. – ***Themistoclis apologus … ericio:*** Ein Igel wollte einen Fuchs von Ungeziefer befreien; der Fuchs lehnte aber ab, weil die bereits vollgesogenen Tiere hungrigen Neuankömmligen vorzuziehen seien. Listrius und Erasmus (*De copia* II p. 255 Knott) schreiben die Fabel dem athenischen Politiker Themistokles zu (524–459 v. Chr.), der mit der Fabel die Athener überzeugt habe, keine neuen Beamten zu wählen, die antiken Quellen hingegen dem Aesop (z. B. Plutarch, *An seni res publica gerenda sit* 790c–d, weitere Stellen bei Miller).

phica? Minime. Immo ridiculus ac puerilis apologus de ventre reliquisque corporis membris confictus. Idem valuit Themistoclis apologus consimilis de vulpe et ericio.

2 Quae sapientis oratio tantundem potuisset, quantum commenticia illa cerva Sertorii potuit, quantum Laconis illius de duobus canibus deque vellendis equinae caudae pilis ridendum commentum? Ut ne quid dicam de Minoe deque Numa, quorum uterque fabulosis inventis stultam multitudinem rexit. Huiusmodi nugis commovetur ingens ac potens illa belua, populus.

27–28: Ruhmsucht

1 At rursum quae civitas umquam Platonis aut Aristotelis leges aut Socratis 27
dogmata recepit? Tum autem quae res Deciis persuasit, ut ultro sese dis manibus devoverent? Quid Q. Curtium in specum traxit nisi inanis gloria, dulcissima quaedam Siren, sed mirum quam* a sapientibus istis damnata? Quid enim stultius, inquiunt, quam supplicem candidatum blandiri populo, congiariis favorem emere, venari tot stultorum applausus, acclamationibus sibi placere, in triumpho veluti signum aliquod populo spectandum circumferri, aeneum in foro stare?

26,2 ***commenticia ... Sertorii:*** Der einen Privatkrieg gegen Rom führende Politiker Quintus Sertorius (123–72 v. Chr.) behauptete, er stehe durch eine weiße Hirschkuh mit Diana in Verbindung (Plutarch, *Sertorius* 11,1–4; Gellius, *Noctes Atticae* 15,22). – ***Laconis ... canibus:*** Der spartanische Gesetzgeber Lykurg demonstrierte den Einfluss der Erziehung auf den Charakter an zwei unterschiedlich erzogenen Hunden (Plutarch, *De liberis educandis* 3a–b). – ***deque ... commentum:*** Um die Lusitanier vom Nachteil eines Angriffs auf ein vereintes Heer und der Überlegenheit von Beharrlichkeit gegenüber roher Gewalt zu überzeugen, ließ Sertorius einen schwachen Mann die Haare eines Pferdeschwanzes einzeln auszupfen, während sich ein kräftiger Mann vergeblich bemühte, einen Pferdeschwanz in einem Ruck auszureißen (Plutarch, *Sertorius* 16; Valerius Maximus, *Memorabilia* 7,3,6). – ***de Minoe:*** Von Minos hieß es, er stehe mit Zeus auf vertrautem Fuße (Homer, *Odyssee* 19,178); Stultitia insinuiert hier, dass dies von ihm selbst erfunden worden sei. – ***deque Numa:*** Der röm. König Numa Pompilius täuschte der Bevölkerung vor, sich nachts mit der Göttin Egeria auszutauschen (Livius, *Ab urbe condita* 1,19,4–5). – ***illa belua, populus:*** nach Horaz, *Epistel* 1,1,76.

27,1 ***Quae res Deciis ... devoverent:*** Publius Decius Mus, sein gleichnamiger Sohn und sein gleichnamiger Enkel opferten sich in verschiedenen Kriegen zur Rettung des Staates, indem sie sich vor der Schlacht den Unterweltsgöttern weihten (Livius, *Ab urbe condita* 8,6,8–13; 8,9,1–12; 10,28,13–18). – ***Q. Curtium:*** Marcus (sic!) Curtius opferte sich der Legende nach im Jahr 362 v. Chr. für Rom, indem er sich, einem Orakel folgend, mit Waffen und Pferd in einen Erdspalt auf dem Forum Romanum stürzte (Livius, *Ab urbe condita* 7,6). Der falsche Vorname ist vielleicht durch eine Verwechslung mit dem Alexanderhistoriker Quintus Curtius zu erklären. – ***signum ... aeneum:*** Mit *signum* ist eine Statue gemeint; zu *aeneum* ist wohl eher *candidatum,* das Subjekt zu allen von *quid stultius* abhängigen AcIs, als *signum* zu ergänzen, vgl. zu diesem Ausdruck Horaz, *Satire* 2,3,183: *in Circo aeneus ...* (‚als Bronzestatue') *ut stes.*

2 Adde his nominum et cognominum adoptiones. Adde divinos honores homuncioni exhibitos, adde publicis caerimoniis in deos relatos etiam sceleratissimos tyrannos. Stultissima sunt haec et ad quae ridenda non unus sufficiat Democritus. Quis negat? Atqui hoc fonte nata sunt fortium heroum facinora, quae tot eloquentium virorum litteris in caelum tolluntur. Haec stultitia parit civitates, hac constant imperia, magistratus, religio, consilia, iudicia nec aliud omnino est vita humana quam stultitiae lusus quidam.

Iam vero ut de artibus dicam: Quid tandem mortalium ingenia ad excogi- 28
tandas prodendasque posteris tot egregias, ut putant, disciplinas excitavit nisi gloriae sitis? Tantis vigiliis, tantis sudoribus famam nescioquam, qua nihil esse potest inanius, redimendam putarunt homines vere stultissimi. Sed interim* stultitiae tot iam egregia vitae commoda debetis, quodque est longe dulcissimum, aliena fruimini insania.

29–30: Das Leben ist ein Theaterstück

1 Ergo posteaquam mihi fortitudinis et industriae laudem vindicavi, quid, si 29
prudentiae quoque vindicem? Sed dixerit aliquis: „Eadem opera ignem aquae misceas licebit.“ Verum hoc quoque successurum* arbitror, si vos modo, quod antehac fecistis, auribus atque animis favebitis. Principio si rerum usu constat prudentia, in utrum magis competet* eius cognominis honos, in sapientem, qui partim ob pudorem, partim ob animi timiditatem nihil aggreditur, an in stultum, quem neque pudor, quo vacat, neque periculum, quod non perpendit, ab ulla re deterret? Sapiens ad libros veterum confugit atque hinc meras vocum argutias ediscit. Stultus adeundis comminusque periclitandis rebus veram, ni fallor, prudentiam colligit – id quod vidisse videtur Homerus, etiamsi caecus, cum ait ῥεχθὲν δέ τε νήπιος ἔγνω. Sunt enim duo praecipua ad cognitionem rerum parandam obstacula, pudor, qui fumum offundit animo, et metus, qui ostenso periculo dehortatur ab adeundis facinoribus. At his magnifice liberat

---

27,2 ***adoptiones:*** Bei Adoptionen änderte man in Rom den Namen und den Beinamen, so wurde aus einem P. Aemilius Paullus ein P. Cornelius Scipio Aemilianus (der spätere Zerstörer Karthagos), aus einem Gaius Octavius ein Gaius Iulius Caesar Octavianus (der spätere Augustus). Erasmus denkt vermutlich auch an die Adoptivkaiser seit Trajan und Hadrian (s. Miller mit weiteren Beispielen). – ***in deos referre:*** ‚vergöttlichen‘. – ***haec et ad quae ridenda:*** Zwischen *et* und *ad* ist *ea* i. S. v. ‚so geartet‘ zu ergänzen.

28 ***aliena ... insania:*** bezeichnet die Ruhmesgier derjenigen, die die *disciplinae* für alle anderen erfunden und tradiert haben. Vgl. Adag. 1239: *Optimum aliena insania frui.*

29,1 ***eadem opera:*** ‚mit der gleichen Mühe; ebenso gut‘ = ‚es kommt auf dasselbe heraus, wie wenn‘. – ***ignem aquae miscere:*** vgl. *Adag.* 3294: *Aquam igni miscere.* – **ῥεχθὲν δέ τε νήπιος ἔγνω:** ‚Wenn etwas einmal getan/geschehen ist, versteht/weiß es auch ein einfältiger Mensch‘ (*Ilias* 17,32; 20,198); s. *Adag.* 30–31 (*Factum stultus cognoscit* und *Malo accepto stultus sapit*). – ***fumum offundit animo:*** ‚vernebelt den Geist‘ (vgl. Miller mit ähnlichen Formulierungen bei Erasmus). – ***ostensum:*** Nebenform zum PPP *ostentum.* – ***numquam pudescere et nihil non audere:*** Subjekte zu *conducat.*

stultitia. Pauci mortales intellegunt, ad quam multas alias quoque commoditates conducat numquam pudescere* et nihil non audere.

2 Quod si prudentiam accipere malunt eam, quae rerum iudicio constat, audite, obsecro, quam procul absint ab hac, qui hoc nomine sese venditant. Principio constat res omnes humanas, velut Alcibiadis Silenos, binas habere facies nimium inter sese dissimiles, adeo, ut, quod prima, ut aiunt, fronte mors est, si interius inspicias, vita sit; contra*, quod vita, mors; quod formosum, deforme; quod opulentum, id pauperrimum; quod infame, gloriosum; quod doctum, indoctum; quod robustum, imbecille; quod generosum, ignobile; quod laetum, triste; quod prosperum, adversum; quod amicum, inimicum; quod salutare, noxium, breviter: omnia repente versa reperies, si Silenum aperueris.

3 Id si cui forte nimis philosophice dictum videtur, age* pinguiore*, quemadmodum dici solet, Minerva* planius faciam. Quis regem non et opulentum et dominum fatetur? Atqui nullis animi bonis instructus est, atqui nihil illi satis est, iam videlicet pauperrimus est. Tum animum habet plurimis addictum vitiis, iam turpiter servus est. Ad eundem modum in ceteris quoque philosophari liceret. Sed hoc exempli vice posuisse satis sit. At quorsum haec? inquiet aliquis. Audite, quo rem deducamus. Si quis histrionibus in scena fabulam agentibus personas detrahere conetur ac spectatoribus veras nativasque facies ostenderet, nonne is fabulam omnem perverterit dignusque habeatur, quem omnes e theatro velut lymphatum saxis eiciant? Exorietur autem repente nova rerum species, ut, qui modo mulier, nunc vir; qui modo iuvenis, mox senex; qui paulo ante rex, subito Dama; qui modo deus, repente homunculus appareat. Verum eum errorem tollere est fabulam omnem perturbare. Illud ipsum figmentum et

---

29,2 ***accipere* mit doppeltem Akkusativ:** ‚etwas unter etwas verstehen'. – ***absint:*** erg. *ii.* – ***se venditare:*** hier ‚sich anpreisen, sich brüsten'. – ***Alcibiadis Sileni:*** In Platons *Symposion* erwähnt Alkibiades kleine Skulpturen von lächerlichen Silenen, in deren Inneren sich Götterbilder befinden, und vergleicht diese Figuren mit dem hässlich-grotesken Aussehen und dem guten Charakter des Sokrates (215a–216e). Diese Silene des Alkibiades waren zu Erasmus' Zeit sprichwörtlich geworden für Gegenstände, die im Verborgenen ihr Gegenteil enthalten (*Adag.* 2201). – ***prima fronte:*** ‚auf den ersten Blick' (*Adag.* 888: *Prima facie. Prima fronte*). – ***imbecillis, imbecille:*** Nebenform von *imbecillus, -a, -um.*

29,3 ***pinguiore ... Minerva* (=Adag. 37):** etwa ‚mit schlichteren Verstandesmitteln'. – ***Atqui nullis ... servus est:*** Dass derjenige, dem nichts genug ist, arm ist, auch wenn er viel besitzt, und dass derjenige, der sich seinen Begierden unterwirft, ein Sklave ist, sind typische stoische Paradoxa, d. h. Aussagen, die landläufigen Anschauungen widersprechen, s. die Aufzählung in 30,3. – ***exempli vice:*** ‚als Beispiel'. – ***Audite, quo rem deducamus:*** fast wörtlich Horaz, *Satire* 1,1,14–15. – ***Dama:*** ein Sklavenname. – ***choragus:*** Erasmus versteht diesen Begriff offenbar zunächst im griechischen Sinne als Chorführer (χορηγός, von χορός und ἄγω, s. *educat* erg. *actores*); im folgenden Satz ist aber der lateinische Begriff *chorāgus* gemeint; der *choragus* stattete den Chor mit Kostümen aus. – ***Qui saepe tamen ... iubet:*** ‚er (der *choragus*) lässt aber oft denselben Schauspieler in verschiedenen Kostümen auftreten'. – ***adumbrare:*** hier ‚nachahmen' (s. Kirsch s. v. 6); gemeint ist, dass das Theater ganz und gar Illusion ist. – ***haec fabula:*** ‚dieses Drama/Schauspiel hier', d. h. das irdische Leben.

fucus est, quod spectatorum oculos detinet. Porro mortalium vita omnis quid aliud est quam fabula quaepiam, in qua alii aliis obtecti personis procedunt aguntque suas quisque partes, donec choragus educat e proscenio? Qui saepe tamen eundem diverso cultu prodire iubet, ut, qui modo regem purpuratum egerat, nunc servulum pannosum gerat. Adumbrata quidem omnia, sed haec fabula non aliter agitur.

4 Hic si mihi sapiens aliquis caelo delapsus subito exoriatur clamitetque hunc, quem omnes ut deum ac dominum suspiciunt, nec hominem esse, quod pecudum ritu ducatur affectibus, servum esse infimae sortis, quod tam multis tamque foedis dominis sponte serviat, rursum alium, qui parentem exstinctum luget, ridere iubeat, quod iam demum ille vivere coeperit, cum alioqui* vita haec nihil aliud sit quam mors quaedam, porro alium stemmatis gloriantem ignobilem ac nothum appellet, quod a virtute longe absit, quae sola nobilitatis sit fons, adque eundem modum de ceteris omnibus loquatur, quaeso*, quid is aliud egerit, nisi ut demens ac furiosus omnibus esse videatur? Ut nihil est stultius praepostera sapientia, ita perversa prudentia nihil imprudentius. Siquidem* perverse facit, qui sese non accommodet rebus praesentibus foroque nolit uti nec saltem* legis illius convivialis meminerit ἢ πῖθι ἢ ἄπιθι postuletque, ut fabula iam non sit fabula. Contra* vere prudentis est, cum sis mortalis, nihil ultra sortem sapere velle cumque universa hominum multitudine vel conivere* libenter vel comiter errare. At istud ipsum, inquiunt, stultitiae est. Haud equidem infitias iverim*, modo* fateantur illi vicissim hoc esse vitae fabulam agere.

1 Ceterum illud (o di immortales!) eloquarne an sileam? Cur autem sileam, **30**
cum sit vero verius? Sed praestiterit fortassis in re tanta Musas ex Helicone accersere, quas poetae saepius ob meras nugas advocare solent. Adeste igitur paulisper, Iovis filiae, dum ostendo nec* ad egregiam illam sapientiam ac felicitatis, ut ipsi vocant, arcem aditum esse cuiquam nisi Stultitia duce.

29,4 ***sapiens ... caelo delapsus:*** Die Redewendung *(de/e) caelo (de)lapsus* wird am Ende der Erläuterung zu *Adag.* 786 behandelt. – ***deus ac dominus:*** Martial, *Epigramme* 5,8,1 über Domitian, der diese Anrede laut Sueton selbst einforderte (*Domitian* 13,2). – ***tam ... dominis:*** Gemeint sind die Laster, die den Menschen beherrschen. – ***stemmatis gloriantem:*** *stemmatis* könnte Genitiv sein (vgl. zu *gloriari* mit dem Genitiv Apuleius, *Metamorphosen* 7,16,1); wahrscheinlicher ist aber, dass es Ablativ Plural ist. – ***foroque ... uti:*** etwa ‚das Beste aus der Situation machen': Terenz, *Phormio* 79; *Adag.* 92 *(Uti foro).* An unserer Stelle ist aber gemeint: ‚sich der breiten Masse anpassen.' – **ἢ πῖθι ἢ ἄπιθι:** ‚trink oder geh weg!' (*Adag.* 947: *Aut bibat aut abeat*). – ***cum sis mortalis:*** *Disticha Catonis* 2,2,3. – ***istud ipsum ... stultitiae est:*** ‚eben dies ist das Kennzeichen/das Wesen der Torheit' (Genitivus proprietatis). – ***fateantur illi:*** Gemeint sind die *sapientes.* – ***hoc:*** Subjekt des AcI, bezieht sich auf die vorangegangenen Infinitive, angefangen mit *nihil ultra sortem sapere velle.*

30,1 ***illud:*** ‚den folgenden Punkt; das folgende Argument', dass man nämlich auch zur höchsten Weisheit und zum Glück nur mit der Torheit gelangen kann. – ***vero verius:*** = *Adag.* 3802. – ***ipsi:*** = *sapientes.* – ***felicitatis ... arx:*** ‚Höhepunkt des Glücks' (Augustinus, *De civitate Dei* 12,21: *in summa felicitatis arce*).

2 Iam primum illud in confesso est affectus omnes ad stultitiam pertinere. Quandoquidem* hac nota a stulto sapientem discernunt, quod illum affectus, hunc ratio temperat, eoque Stoici perturbationes omnes ceu morbos a sapiente semovent. Verum affectus isti non solum paedagogorum vice funguntur ad sapientiae portum properantibus, verum etiam in omni virtutis functione ceu calcaria stimulique quidam adesse solent velut ad bene agendum exhortatores. Quamquam* hic fortiter reclamat bis Stoicus Seneca, qui prorsum omnem affectum adimit sapienti. Verum cum id facit, iam ne hominem quidem relinquit, sed novum potius deum quendam δημιουργεῖ, qui nusquam nec exstitit umquam nec exstabit: immo, ut apertius dicam, marmoreum hominis simulacrum constituit, stupidum, et ab omni prorsus humano sensu alienum.

3 Proinde, si libet, ipsi suo sapiente fruantur citra*que rivalem ament licet cumque eo vel in civitate Platonis vel, si malint, in idearum regione vel in Tantaliis inhabitent hortis. Quis enim non istiusmodi hominem ceu portentum ac spectrum fugitet horreatque, qui ad omnes naturae sensus obsurduerit, qui nullis sit affectibus nec amore nec misericordia magis commoveatur, quam si dura silex aut stet Marpesia cautes, quem nihil fugiat, qui nihil erret, sed ceu Lynceus quispiam nihil non perspiciat, nihil non ad amussim perpendat, nihil ignoscat, qui solus se ipso sit contentus, solus dives, solus sanus, solus rex, solus liber, breviter: omnia solus, sed suo solius iudicio, qui nullum moretur amicum, ipse amicus nemini, qui dis quoque ipsis non dubitet mandare laqueum*, qui, quidquid in omni vita geritur, velut insanum damnet rideatque? Atqui huiusmodi animal est absolutus ille sapiens.

30,2 ***in confesso esse:*** ‚unbestritten/unzweifelhaft sein'. – ***temperare:*** hier i. S. v. ‚lenken'. – ***Stoici perturbationes omnes … a sapiente semovent:*** Der stoische Weise ist im Besitz der Apatheia, der absoluten Freiheit von Affekten *(perturbationes)*. – ***paedagogorum vice funguntur:*** ganz wörtlich zu verstehen: ‚sie übernehmen die Rolle von Leuten, die Kinder begleiten/geleiten'. – ***Verum … exhortatores:*** Stultitia nimmt hier im Gegensatz zu den Stoikern die Position der Peripatetiker ein (sog. Metriopathie), die der Auffassung waren, dass ein bestimmtes Quantum an Affekten gut ist und sogar hilfreich sein kann, um ein glückliches Leben zu leben. – ***bis Stoicus:*** ‚der Zweifachstoiker' i. S. v. ‚Erzstoiker'. – ***Seneca … omnem affectum adimit sapienti:*** vgl. etwa *Epistel* 85,2–12. – **δημιουργεῖν:** ‚erschaffen'. – ***marmoreum … alienum:*** Stultitia (und Erasmus?) tut Seneca hier Unrecht: Ihm zufolge soll ein Mensch nicht gefühllos wie ein Felsblock sein, aber seine Gefühle kontrollieren können (*Epistel* 71,27: *nec dolores ab illo sicut ab aliqua rupe nullum sensum admittente summoveo*).

30,3 ***ipsi:*** die Stoiker. – ***suo sapiente fruantur:*** vgl. zu diesem Gebrauch von *frui* zu 50,6. – ***licet:*** Prädikat, von dem die Konjunktive abhängen. – ***citraque rivalem* (erg. *suum sapientem*) *ament:*** vgl. Horaz, *Ars poetica* 443–444: *nullum ultra verbum aut operam insumebat inanem, quin sine rivali teque et tua solus amares.* – ***in civitate Platonis vel … idearum regione:*** Platons Idealstaat und das Reich der platonischen Ideen. – ***Tantalii horti:*** Orte eines unerreichbaren oder nur scheinbaren Glücks, s. *Adag.* 1046: *Tantali* (Genitiv) *horti.* – ***spectrum:*** ‚Gespenst'. – ***quam … cautes:*** vgl. Vergil, *Aeneis* 6,471: Dido steht in der Unterwelt unbewegt und starr vor Aeneas, als wäre sie aus parischem Marmor. – ***Lynceus:*** Figur des griechischen Mythos (u. a. der Argonautensage) mit sprichwörtlich scharfen Augen (*Adag.* 1054: *Lynceo perspicacior*). – ***solus … liber:*** stoische Paradoxa. – ***omnia:*** Accusativus Graecus. – ***nullum moretur amicum:*** verneintes *morari* = ‚nichts wissen wollen von, sich nicht interessieren für'.

4 Quaeso*, si res agatur suffragiis, quae civitas istiusmodi magistratum sibi velit aut quis exercitus talem optet ducem? Immo quae mulier id genus* maritum, quis convivator eiusmodi convivam, quis servus talibus moribus dominum vel optet vel ferat? Quis autem non malit vel* unum quemvis de media stultissimorum hominum plebe, qui stultus stultis vel imperare possit vel parere, qui sui similibus placeat, sed quam plurimis*, qui comis sit in uxorem, iucundus amicis, bellus conviva, convictor facilis, postremo qui nihil humani a se alienum putet? Sed me quidem iamdudum istius sapientis piget. Quare ad reliqua commoda sese recipiat oratio.

31–48: Selbsttäuschung als Teil der menschlichen Natur

1 Agedum*, si quis velut e sublimi specula circumspiciat (ita ut Iovem interdum poetae facere praedicant), quot calamitatibus hominum vita sit obnoxia: quam misera, quam sordida nativitas, quam laboriosa educatio, quot iniuriis exposita pueritia, quot sudoribus adacta iuventus, quam gravis senectus, quam dura mortis necessitas, deinde in omni vita, quot morborum agmina infestent, quot immineant casus, quot ingruant incommoda, quam nihil usquam non plurimo felle tinctum, ut ne commemorem ista, quae homini ab homine inferuntur mala, quod genus* sunt paupertas, carcer, infamia, pudor, tormenta, insidiae, proditio, convicia, lites, fraudes. Sed ego iam plane τὸν ἄμμον ἀναμετρεῖν aggredior. 31

2 Porro quibus admissis ista commeruerint homines aut quis deus iratus eos in has miserias nasci coegerit, non est mihi fas in praesentia proloqui. Verum

---

30,4 ***comis in uxorem:*** wörtlich Horaz, *Epistel* 2,2,133. – ***nihil ... putet:*** Terenz, *Heauton Timorumenos* 77.

31,1 ***velut e specula:*** = *Adag.* 3295. – ***ita ... praedicant:*** Zeus/Jupiter wird mehrfach auf einem Berggipfel thronend dargestellt, wie er auf die irdischen Geschehnisse herabblickt (z.B. *Ilias* 8,51–52). – ***adigere:*** hier ‚unterwerfen'. – **τὸν ἄμμον ἀναμετρεῖν:** ‚den Sand ausmessen, Sandkörner zählen'. Der Topos einer unzählbaren Menge als Bild für ein unmögliches Unterfangen – in diesem Falle die vollständige Aufzählung aller menschlichen Leiden – ist in der antiken Literatur verbreitet, s. *Adag.* 344 *(Arenam metiris).*

31,2 ***in has miserias nasci:*** vgl. zum Ausdruck Cicero, *Tusculanae Disputationes* 1,9: *in miseriam nascimur sempiternam.* – ***quibus admissis ... proloqui:*** Die Stultitia übergeht die Theodizee und die damit verbundene Frage nach der Erbsünde, um sich theologisch nicht angreifbar zu machen (vgl. Listrius). – ***Milesiarum virginum ... exemplum:*** Eine Welle von Selbsttötungen unter jungen Frauen in Milet konnte nur eingedämmt werden, indem man beschloss, die Toten ab sofort nackt zum Begräbnis zu tragen; die Angst vor der Schande war stärker als die Todessehnsucht (Gellius, *Noctes Atticae* 15,10). Mit dem *exemplum* ist allein der Suizid gemeint. – ***fatum accersere (=arcessere):*** ‚das Schicksal (Euphemismus für ‚Tod') herbeiholen'. – ***Diogenes:*** Vom Tod des Kynikers Diogenes von Sinope gibt es verschiedene Versionen, u.a., dass er so lange die Luft angehalten haben soll, bis der Tod eintrat (Diogenes Laertios, *Leben und Lehre der Philosophen* 6,76–77). – ***Diogenes ... Brutos:*** Die Namen stehen alle im Plural in der Bedeutung ‚Leute wie'. – ***Xenocrates:*** Für seinen Selbstmord gibt es keine Belege; nach Diogenes Laertios starb er durch einen Unfall

ista qui secum perpendat, nonne Milesiarum virginum probabit exemplum etiam si miserandum? At quinam potissimum sibi vitae taedio fatum accersivere? Nonne sapientiae confines? Inter quos, ut interim* Diogenes, Xenocrates, Catones, Cassios ac Brutos sileam, Chiron ille, cum immortalem esse liceret, ultro mortem praeoptavit. Videtis, opinor, quid futurum sit, si passim sapiant homines: nempe altero luto, altero figulo Prometheo opus fore.

3 Verum ego partim per ignorantiam, partim per incogitantiam, nonnumquam per oblivionem malorum, aliquando ⟨per⟩ spem bonorum, aliquoties nonnihil mellis voluptatibus aspergens ita tantis in malis succurro, ut ne tum quidem libeat vitam relinquere, cum exacto Parcarum stamine ipsa iamdudum eos relinquit vita, quoque minus sit causae, cur in vita manere debeant, hoc magis iuvet vivere. Tantum abest, ut ullo vitae taedio tangantur.

4 Mei nimirum muneris est, quod passim Nestorea senecta senes videtis, quibus iam ne species quidem hominis superest, balbos, deliros, edentulos, canos, calvos, vel ut magis Aristophanicis eos describam verbis, ῥυπῶντας, κυφούς, ἀθλίους, ῥύσους, μαδῶντας, νωδοὺς καὶ ψωλούς, usque adeo vita delectari adeoque νεανίζειν, ut alius tingat canos, alius appositicia coma calvitium dissimulet, alius dentibus utatur mutuo fortassis a sue quopiam sumptis, hic in puellam aliquam misere depereat et amatoriis ineptiis quemvis etiam

---

(*Leben und Lehre der Philosophen* 4,14–15). – ***Catones:*** 46 v. Chr. beging der jüngere Cato Selbstmord nach der Schlacht bei Utica. – ***Cassios ac Brutos:*** Die Caesarmörder Brutus und Cassius ließen sich nach der verlorenen Schlacht bei Philippi 42 v. Chr. töten. – ***Chiron:*** Dem unsterblichen Zentaur Chiron fügte Herakles eine schreckliche Schmerzen verursachende Pfeilwunde zu, woraufhin dieser seine Unsterblichkeit dem Prometheus schenkte (Apollodor, Bibliotheke 2,5,4.11). – ***altero ... opus fore:*** In einigen Mythenversionen erschafft Prometheus aus Lehm den Menschen (z. B. Horaz, *Carmen* 1,16,13–16). Wenn alle Menschen klug wären, würden sie sämtlich Selbstmord begehen, womit eine Neuschöpfung des Menschen nötig wäre.

31,3 ***incogitantia:*** in der Antike nur einmal bei Plautus belegt (*Mercator* 27), aber ein Lieblingswort des Erasmus. – ***voluptatibus:*** Ablativ. – ***quoque minus sit causae:*** ‚und umso weniger Grund man hat' (*hoc magis* korreliert mit *quoque minus*).

31,4 ***senes videtis:*** Der AcI wird weiter unten fortgeführt: *delectari* ... νεανίζειν. – **ῥυπῶντας ... ψωλούς:** ‚schmutzig, krumm, elend, runzlig, kahl, zahnlos und impotent' (Aristophanes, *Plutos* 266–267). Zur Bedeutung des letzten Adjektivs vgl. Listrius. – **νεανίζειν:** griechischer Infinitiv, ‚auf jung machen'; in *Adag.* 3083 *(Iuvenari)* paraphrasiert Erasmus das Verb mit *iuvenum more iactantius, inconsideratius, inconsultius agere.* – ***appositicia coma:*** ‚Perücke, Toupet', der Ausdruck findet sich auch in den Erläuterungen zu *Adag.* 2294. Das Adjektiv *appositicius* ‚hinzugefügt' ist in der Antike nur zweimal an entlegenen Stellen belegt, war aber offenbar zu Erasmus' Zeit beliebt, wie der Umstand zeigt, dass es bei ihm häufiger vorkommt (immer in der Schreibung *apposititius*). – ***alius dentibus ... sumptis:*** Bedeutung unklar; sich die Zähne eines Schweines einsetzen zu lassen, passt vermutlich in die Reihe der anderen Lächerlichkeiten des νεανίζειν. – ***hic:*** hier ‚ein anderer' (Variation zu *alius*). – ***in puellam aliquam deperire:*** ‚aus Liebe zu irgendeinem Mädchen umkommen'; die Konstruktion mit *in aliquem* ist bei *deperire* nicht belegt (vgl. noch 48,2), gewöhnlich ist *aliquem deperire* (s. 15,3); vielleicht ist *amore* zu ergänzen. – ***id adeo frequens:*** erg. *est; id* bezieht sich auf den ersten *ut*-Satz. – ***aliquid laudi dare:*** ‚etwas loben/anerkennen'.

superet adolescentulum. Nam ut capulares iam meraque silicernia teneram aliquam iuvenculam ducant uxorem eamque et indotatam et aliis usui futuram, id adeo frequens, ut propemodum et laudi detur.

5 Sed multo etiam suavius, si quis animadvertat anus longo iam senio mortuas adeoque cadaverosas, ut ab inferis redisse videri possint, tamen illud semper in ore habere 'φῶς ἀγαθόν', adhuc catulire, atque, ut Graeci dicere solent, καπροῦν et magna mercede conductum aliquem Phaonem inducere, fucis assidue vultum oblinere, nusquam a speculo discedere, infimae pubis silvam vellere, vietas ac putres ostentare mammas, tremuloque gannitu languentem sollicitare cupidinem, potitare, misceri puellarum choris, litterulas amatorias scribere.

6 Ridentur haec ab omnibus, tamquam, uti sunt, stultissima: at ipsae sibi placent et in summis interim* versantur deliciis totasque sese melle perungunt meo videlicet beneficio felices. Porro quibus haec deridicula videntur, illud secum expendant velim, utrum satius ducant huiusmodi stultitia vitam plane mellitam exigere an trabem, ut aiunt, suspendio quaerere. Porro quod haec vulgo putantur infamiae obnoxia, istud nihil ad stultos meos, qui malum hoc aut non sentiunt aut, si quid sentiunt, facile neglegunt. Si saxum in caput incidat, id vere malum sit. Ceterum pudor, infamia, probrum, maledicta tantum afferunt noxae, quantum sentiuntur. Si sensus absit, ne mala quidem sunt. Quid laedit, si totus populus in te sibilet, modo* tute tibi plaudas? Atque ut id liceat, sola Stultitia praestat.

1 Sed mihi videor audire reclamantes philosophos. Atqui hoc ipsum est, **32**
inquiunt, miserum, stultitia teneri, errare, falli, ignorare. Immo hoc est hominem esse. Porro miserum cur vocent, non video, quandoquidem sic nati estis, sic instituti, sic conditi, ea est communis omnium sors. Nihil autem miserum, quod in suo genere constat, nisi forte quis hominem deplorandum existimet,

---

31,5 ***anus ...:*** Wie oben bei den *senes* wird auch hier der AcI weiter unten im Text fortgeführt: *si quis animadvertat anus ... habere ... catulire* etc. – **φῶς ἀγαθόν:** ‚das Licht (= Leben (?), so Listrius) ist schön!' oder ‚o schönes Licht'. In den Erläuterungen zu *Adag.* 1638 *(Vale carum lumen)* verweist Erasmus auf die Erzählung von einer alten Frau, die vor dem Geschlechtsverkehr das Licht löschte und sich von diesem mit χαῖρε φίλον φῶς verabschiedete. Vielleicht hat sich Erasmus an das *Adagium* falsch erinnert. – ***catulire,* καπροῦν:** ‚lüstern sein'. – ***Phaon:*** Durch seine außergewöhnliche Schönheit machte die mythische Figur Phaon zahllose Frauen in sich verliebt, aber auch unglücklich; später wurde er in der Legende zum Geliebten der Dichterin Sappho, die seinetwegen Selbstmord beging. Hier bezeichnet *Phaon* allgemein einen Gigolo (s. Listrius). – ***inducere:*** ‚auftreten lassen'; Anspielung auf den Umstand, dass Phaon in der Antike eine beliebte Komödienfigur war. – ***putres ... mammae:*** Horaz, *Epode* 8,7. – ***tremuloque ... cupidinem:*** Horaz, *Carmen* 4,13,5–6.

31,6 ***tamquam ... stultissima:*** ‚als die Dummheiten, die sie ja auch sind'. – ***se melle perungere*** (= Adag. 1909): etwa ‚ein süßes Leben führen'. – ***trabem suspendio* (Dat. fin.) *quaerere:*** ‚sich einen Balken suchen, um sich daran aufzuhängen' (vgl. *Adag.* 921). – ***quod:*** faktisches *quod.* – ***istud nihil ad stultos meos:*** ‚dieser Umstand hat keine Bedeutung für meine Dummköpfe.' – ***si totus ... plaudas:*** vgl. Horaz, *Satire* 1,1,66–67: *populus me sibilat, at mihi plaudo ipse domi.* – ***praestare:*** ‚leisten, gewährleisten' (hier mit einem *ut*-Satz).

qui neque volare possit cum avibus neque quaternis ingredi pedibus cum reliquo pecudum genere neque cornibus sit obarmatus quemadmodum tauri. Verum is eadem opera equum etiam bellissimum infelicem vocabit, quod neque grammaticam didicerit neque placentis vescatur: taurum miserum, quod ad palaestricam sit inutilis. Igitur ut equus imperitus grammaticae miser non est, ita nec homo stultus infelix, propterea quod haec cum illius natura cohaerent.

2 Verum rursus urgent logodaedali: „Est", inquiunt, „homini peculiariter addita disciplinarum cognitio, quarum adminiculis id, quod natura diminutum est, ingenio penset." Quasi vero ullam veri faciem habeat Naturam, quae in culicibus atque adeo* in herbis ac flosculis tam sollicite vigilaverit, in uno homine dormitasse, ut disciplinis opus esset, quas Theutus ille humano generi infensus genius in summam perniciem excogitavit, adeo non utiles ad felicitatem, ut illi quoque* ipsi officiant, ad quod proprie repertae dicuntur, ut eleganter arguit apud Platonem rex ille prudentissimus de litterarum invento. Igitur disciplinae cum reliquis humanae vitae pestibus irrepserunt iisdem auctoribus, a quibus omnia flagitia proficiscuntur, puta* daemonibus, quibus hinc nomen etiam inventum, quasi δαήμονας, hoc est scientes, appelles.

3 Siquidem* simplex illa aurei saeculi gens nullis armata disciplinis solo naturae ductu instinctuque vivebat. Quorsum enim opus erat grammatica, cum eadem esset omnibus lingua, nec aliud sermone petebatur, nisi ut alius alium intellegeret? Quis usus dialectices, ubi nulla erat pugnantium inter se

---

32,1 ***quaterni, -ae, -a:*** = *quattuor.* – ***eadem opera:*** ‚ebenso gut'. – ***taurum ... inutilis:*** s. Anm. zu *bovem ducere ad ceroma* in 17,1.

32,2 ***logodaedalus:*** Platon, *Phaidros* 266e: ‚Daidalos des Wortes', also ein Wortkünstler, hier negativ gebraucht i. S. v. ‚Wortklauber' (Hieronymus, *Epistel* 57,7,7). Der mythische Baumeister Daidalos, dessen sprechender Name ‚kunstfertig' bedeutet, ist bereits in der Antike sprichwörtlich für gute Handwerkskunst (*Adag.* 1262: *Daedali opera*). – ***Quasi ... habeat:*** ‚als ob es auch nur den Anschein von Wahrheit hätte, dass'; es folgt der AcI *Naturam ... dormita(vi)sse.* – ***illi ... ipsi ...:*** Bezugsausdruck zu *ad quod.* – ***quas Theutus ... invento:*** Dem ägyptischen Kulturheros Theut/Thot(h) werden diverse Erfindungen zugeschrieben, u. a. die Schrift, die laut Platons *Phaidros* (274c–275b) eine Schwächung des Gedächtnisses bewirkt und daher schadet, wie Platon den ägyptischen König Thamos erläutern lässt. – **δαήμων:** ‚Wissender, Experte'; Stultitia stellt hier eine falsche etymologische Verbindung zu δαίμων (‚göttlicher Geist', ‚Dämon') her, die schon bei Platon bemüht wird (*Kratylos* 398b–c).

32,3 ***aurei saeculi gens:*** Die Menschen des Goldenen Zeitalters lebten nach antiker Vorstellung von selbst auf richtige Art und Weise und mussten nicht unterwiesen werden, vgl. z. B. Ovid, *Metamorphosen* 1,89–90. – ***Quorsum ... lingua:*** Man war damals überzeugt, dass alle Menschen vor der Babylonischen Sprachverwirrung ein und dieselbe Sprache gesprochen hätten (umstritten war lediglich, welche genau) (s. *Genesis* 11,1–9). – ***dialectices:*** griechischer Genitiv zu διαλεκτική ‚Dialektik, Logik'. – ***alicui negotium facessere:*** ‚jmd. Unannehmlichkeiten machen', besonders im juristische Sinne. Stultitia schränkt hier die Rhetorik auf die Gerichtsrede ein. – ***mali ... sunt:*** Macrobius, *Saturnalien* 3,17,10 zitiert „das alte Sprichwort" *Leges bonae ex malis moribus procreantur* (=*Adag.* 961). – ***religiosiores:*** Gemeint sind die Menschen des Goldenen Zeitalters. – ***quam ut:*** zu *religiosiores erant:* ‚sie (die Menschen des Goldenen Zeitalters) waren zu fromm, als dass sie ...'

sententiarum dimicatio? Quis rhetoricae locus, cum nullus alteri negotium facesseret? Quorsum requireretur legum prudentia, cum abessent mali mores, ex quibus haud dubie bonae leges prognatae sunt? Porro religiosiores erant, quam ut impia curiositate arcana naturae, siderum mensuras, motus, effectus, abditas rerum causas scrutarentur, nefas esse rati, si homo mortalis ultra sortem suam sapere conaretur. Iam quid extra caelum esset, inquirendi dementia ne in mentem quidem veniebat.

4 At labente paulatim aetatis aureae puritate primum a malis, ut dixi, geniis inventae sunt artes, sed paucae, atque hae quidem a paucis receptae. Postea sescentas* addidit Chaldaeorum superstitio et Graecorum otiosa levitas, meras ingeniorum cruces, adeo, ut vel* una grammatica abunde satis sit ad perpetuam vitae carnificinam.

33

1 Quamquam* inter has ipsas disciplinas hae potissimum in pretio sunt, quae ad sensum communem, hoc est ad stultitiam, quam proxime* accedunt. Esuriunt theologi, frigent physici, ridentur astrologi, negleguntur dialectici. Solus ἰατρὸς γὰρ ἀνὴρ πολλῶν ἀντάξιος ἄλλων. Atque in hoc ipso genere quo quisque indoctior, audacior incogitantiorque, hoc pluris fit etiam apud torquatos istos principes. Atqui medicina, praesertim ut nunc a compluribus exercetur, nihil aliud est quam assentationis particula, non minus profecto quam rhetorica.

2 Secundum hos proximus datur locus leguleiis (et haud scio an primus), quorum professio-

32,4 ***genius malus:*** = *Adag.* 72; mit *ut dixi* verweist Stultitia auf ihre obige Aussage über die Dämonen zurück. – ***Chaldaei:*** mesopotamisches Volk, in der Antike und der frühen Neuzeit zumeist mit den Babyloniern identifiziert, in der Antike berühmt für Astronomie und Astrologie (s. etwa Gellius, *Noctes Atticae* 14,1).

33,1 ***astrologi:*** Erasmus meint hier nicht etwa die Astrologen, sondern die Astronomen. Die Astronomie war ein anerkannter Teil des Quadriviums, während die Astrologie auch damals zumindest in einem zweifelhaften Ruf stand. – ***Solus* ἰατρὸς γὰρ ἀνὴρ πολλῶν ἀντάξιος ἄλλων:** ‚denn ein einziger Arzt (oder ‚denn nur der Arzt') gilt so viel wie viele anderen Menschen zusammen'. Homer, *Ilias* 11,514; *Adag.* 2753 *(Unus multorum instar).* – ***hoc pluris fit:*** ‚er genießt umso mehr Ansehen'; *pluris* ist Genitivus pretii, *hoc* Ablativus mensurae. – ***torquatus:*** ‚mit einer goldenen Halskette geschmückt', s. die Halskette als Symbol des Adels auf der Abb. oben. – ***medicina … assentationis particula:*** In den früheren Drucken steht statt *praesertim … exercetur: (si Platoni credimus).* Platon hat im *Gorgias* (464b–465e) allerdings nicht die Heilkunst mit der Schmeichelei identifiziert, sondern die Kochkunst als eine Pseudo-Spielart der Heilkunst bezeichnet, die dem Körper schöntue. – ***rhetorica:*** Auch an der Rhetorik übt Platon häufig Kritik, vgl. Platon, *Gorgias* 466.

33,2 ***secundum hos:*** ‚unmittelbar nach diesen'; mit *hos* sind ‚*medicos*' gemeint. – ***leguleius:*** ein abschätziger Begriff für Juristen, denen sich Stultitia hier zuwendet. Die Rechtwissenschaften waren ein häufiges Ziel des humanistischen Spotts. – ***haud scio an:*** = *nescio an* i. S. v.

nem, ne quid ipsa pronuntiem, velut asininam philosophi magno consensu ridere solent. Sed tamen horum asinorum arbitrio maxima minimaque negotia transiguntur. His latifundia crescunt, cum theologus interim excussis* totius divinitatis scriniis lupinum arrodit, cum cimicibus ac pediculis assidue bellum gerens.

1 Ut igitur feliciores sunt artes, quae maiorem habent cum Stultitia affinitatem, ita longe felicissimi sunt hi, quibus prorsus licuit ab omnium disciplinarum commercio abstinere solamque naturam ducem sequi, quae nulla sui parte manca est, nisi forte mortales sortis pomeria transilire velimus. Odit natura fucos multoque felicius provenit, quod nulla sit arte violatum. 34

2 Agedum*, an non videtis ex unoquoque reliquorum animantium genere ea felicissime degere, quae sunt a disciplinis alienissima nec ullius magisterio nisi naturae ducuntur? Quid apibus aut felicius aut mirabilius? At his ne corporis quidem omnes sensus adsunt. Quid simile in exstruendis aedificiis reperiat architectura? Quis umquam philosophus similem instituit rem publicam? Rursum equus quoniam humanis sensibus affinis est et in hominum contubernium demigravit, humanarum item calamitatum est particeps, quippe qui non raro, dum vinci pudet in certaminibus, ducit ilia et in bellis, dum ambit* triumphum, confoditur simulque cum sessore terram ore momordit – ut ne commemorem interim* lupata frena, aculeata calcaria, stabuli carcerem, scuticas, fustes, vincula, sessorem, breviter: omnem illam servitutis tragoediam, cui se ultro addixit, dum fortes viros imitatus impensius hostem ulcisci studet. Quanto optabilior muscarum et avicularum vita ex tempore soloque naturae sensu degentium, modo* per hominum insidias liceat. Quae si quando caveis

---

‚vielleicht'. – ***ne quid ipsa pronuntiem:*** ‚damit ich nicht selbst etwas sagen muss'; Stultitia lässt im Folgenden die Philosophen sprechen. – ***excussis totius divinitatis scriniis:*** ‚nachdem sie die Bücherschränke der ganzen Göttlichkeit durchstöbert haben'; gemeint sind die Bibel und die klassischen Kirchenväter. – ***lupinum arrodere:*** ‚an Bohnen knabbern' (kollektiver Singular bei Feldfrüchten und Pflanzen), also ‚nichts zu beißen haben' (vgl. das Ende der Erläuterung zu *Adag.* 3537).

34,1 ***nulla sui parte:*** ‚kein Teil ihrer selbst'; *sui* ist der Genitiv des reflexiven Personalpronomens, vgl. *multaque pars mei* (Horaz, *Carmen* 3,30,6). – ***pomeria:*** Zur seltenen metaphorischen Verwendung von *pomerium* vgl. ThLL X.1.2, 2592,27–31; *Adag.* 2546. Kirsch s.v. *pomoerium* führt den Ausdruck *pomoeria excedere* i. S. v. ‚über das Ziel schreiten' an; in *transilire* steckt vielleicht eine Anspielung auf den Mythos von Remus, der über die Stadtmauer seines Bruders Romulus sprang (Livius, *Ab urbe condita* 1,7,2: *ludibrio fratris Remum novos transiluisse muros*).

34,2 ***At his ne corporis quidem omnes sensus adsunt:*** Nach Plinius besitzen Insekten zwar nicht immer auch den Geruchs- und den Gehörsinn (*Naturalis historia* 11,3,10; die anderen Sinne seien bei allen Insekten vorhanden), aber den Bienen spricht er beides zu (17,57 Geruch und 22,68 Gehör). – ***ilia ducere:*** ‚keuchen, kurzatmig werden'. – ***terram ore mordere:*** vgl. Vergil, *Aeneis* 11,418 *(humum semel ore momordit)*; vgl. dt. ‚ins Gras beißen'. – ***hostem ulcisci:*** In einer antiken Fabel begibt sich ein Pferd in die Knechtschaft des Menschen, um sich mit seiner Hilfe an seinem Feind, dem Hirsch, zu rächen (Aristoteles, *Rhetorik* 1393b, Horaz, *Epistel* 1,10,34–38). – ***ex tempore:*** ‚aus dem Augenblick heraus'. – ***modo ... liceat:*** ‚sofern es ihnen die Anschläge der Menschen erlauben'.

inclusae assuescant humanas sonare linguas, mirum quam* a nativo illo nitore degenerent. Adeo modis omnibus laetius est, quod natura condidit, quam quod fucavit ars.

3 Proinde numquam satis laudarim gallum illum Pythagoram, qui, cum unus omnia fuisset, philosophus, vir, mulier, rex, privatus, piscis, equus, rana, opinor etiam spongia, tamen nullum animal iudicavit calamitosius homine, propterea quod cetera omnia naturae finibus essent contenta, solus homo sortis suae limites egredi conaretur; rursum inter homines idiotas multis partibus anteponit doctis ac magnis et Gryllus ille non paulo plus sapuit quam πολύμητις Ὀδυσσεύς, qui maluerit in hara grunnire quam cum illo tot miseris obici casibus. Ab his mihi non dissentire videtur Homerus nugarum pater, qui cum mortales omnes subinde δειλοὺς καὶ μοχθηρούς appellat, tum Ulyssem illum suum sapientis exemplar saepenumero δύστηνον vocat, Paridem nusquam nec Aiacem nec Achillem. Quam ob rem id tandem? Nisi quod ille vafer et artifex nihil non Palladis consilio agebat nimiumque sapiebat a naturae ductu quam longissime recedens?

1 Ut igitur inter mortales ii longissime absunt a felicitate, qui sapientiae student, nimirum hoc ipso bis stulti, quod homines nati cum sint, tamen obliti condicionis suae deorum immortalium vitam affectant et Gigantum exemplo disciplinarum machinis Naturae bellum inferunt, ita quam minime* miseri videntur ii, qui ad brutorum ingenium stultitiamque quam proxime* accedunt neque quidquam ultra hominem moliuntur. **35**

2 Age*, experiamur, num hoc quoque non Stoicis enthymematis, sed crasso* quopiam exemplo queamus ostendere. Ac, per deos immortales, estne quid-

---

34,3 ***gallum illum Pythagoram:*** In dem von Erasmus übersetzten Dialog Lukians *Der Hahn oder der Traum des Mikyllos* tritt der Philosoph Pythagoras, der bekannteste Vertreter der Seelenwanderungslehre in der Antike, in Gestalt eines Hahns auf, der bereits einige Inkarnationen durchlebt hat. – ***multis partibus:*** ‚in vielerlei Hinsicht'. – ***anteponit:*** Subjekt ist weiterhin der Hahn Pythagoras. – ***sapui:*** das u-Perfekt von *sapere* ist in der Spätantike belegt (bspw. Hieronymus, *Epistel* 3,1; Priscian, *Institutiones grammaticae* 10,7 akzeptiert alle drei Formen: *sapui, sapii* und *sapivi*). – **πολύμητις Ὀδυσσεύς:** ‚Odysseus mit den vielen Ideen'; πολύμητις ist ein häufiges Epitheton des Odysseus bei Homer. – ***Homerus nugarum pater:*** Stultitia bricht mit der Idealisierung Homers, indem sie seine Texte als *nugae* bezeichnet: Nicht einmal die Charakterisierung des πολύμητις Ὀδυσσεύς ist ihrer Ansicht nach in sich konsistent. – **δειλοὺς καὶ μοχθηρούς (Akk. Pl.):** ‚elend und armselig'. – ***Ulyssem ... sapientis exemplar:*** Odysseus galt schon in der Antike als Muster eines Weisen, vgl. Horaz, *Epistel* 1,2,17–18: *quid virtus et quid sapientia possit, utile proposuit* [erg. *Homerus*] *nobis exemplar Ulixen.* – **δύστηνος:** ‚unglücklich'.

35,1 ***Gigantum exemplo:*** Die Gigantomachie ist im griechischen Mythos der Aufstand der Giganten gegen die Götter, also letztlich der Versuch, die Weltordnung umzustürzen. Die Giganten türmten Berge aufeinander, um den Olymp zu erreichen; vielleicht besteht hier eine Analogie zu den von Stultitia genannten *disciplinarum machinae.*

35,2 ***enthymema, atis*** **subst. neutr.:** ‚Enthymem', unvollständiger rhetorischer Schluss; hier einfach i. S. v. ‚Schlussfolgerung'. Die weltfremde Abgehobenheit der Stoiker greift Stultitia häufiger an (s. 11,2, 30,2 und 53,4). Der Witz der folgenden Ausführungen besteht

quam felicius isto hominum genere, quos vulgo moriones*, stultos, fatuos ac bliteos appellant, pulcherrimis, ut equidem opinor, cognominibus? Rem dicam prima fronte stultam fortassis atque absurdam, sed tamen unam multo verissimam. Principio vacant mortis metu, non mediocri, per Iovem, malo. Vacant conscientiae carnificina. Non territantur manium fabulamentis. Non expavescunt spectris ac lemuribus, non torquentur metu impendentium malorum, non spe futurorum bonorum distenduntur. In summa, non dilacerantur milibus curarum, quibus haec vita obnoxia est. Non pudescunt*, non verentur, non ambient*, non invident, non amant. Denique si propius etiam ad brutorum animantium insipientiam accesserint, ne peccant quidem auctoribus theologis.

3 Hic mihi iam expendas velim, stultissime sapiens, quot undique sollicitudinibus noctes diesque discrucietur animus tuus, congeras in unum acervum universa vitae tuae incommode – atque ita demum intelleges, quantis malis meos fatuos subduxerim. Adde huc, quod non solum ipsi perpetuo gaudent, ludunt, cantillant, rident, verum etiam ceteris omnibus, quocumque sese verterint, voluptatem, iocum, lusum risumque afferunt, velut in hoc ipsum a deorum indulgentia dati, ut humanae vitae tristitiam exhilararent. Unde fit, ut, cum aliis in alios varius sit affectus, hos omnes ex aequo tamquam suos agnoscant, expetant, pascant, foveant, complectantur, succurrant, si quid acciderit, impune permittant, quidquid vel dixerint vel fecerint. Adeoque nemo illis nocere cupit, ut ferae quoque beluae ab illorum iniuria temperent sensu quodam innocentiae naturali. Sunt enim vere sacri dis, praecipue mihi, ideoque non iniuria hunc honorem omnes illis habent.

1 Quid, quod* summis etiam regibus adeo sunt in deliciis, ut nonnulli sine **36**
his neque prandere nec ingredi nec omnino vel* horam durare possint? Neque vero paulo intervallo hos bliteos suis illis tetricis sophis anteponunt, quos tamen ipsos aliquot honoris gratia solent alere. Cur autem anteponant, nec obscurum arbitror nec mirum videri debet, cum sapientes illi nil nisi triste soleant afferre principibus suaque doctrina freti non vereantur aliquoties auriculas teneras

---

darin, dass Stultitia nachweist, dass die Dummen, deren Verstand dem von Tieren gleichkommt, keine Affekte haben – wie auch der stoische Weise. – ***prima fronte:*** ‚auf den ersten Blick' (*Adag.* 888: *Prima facie. Prima fronte*). – ***fabulamentum:*** neulateinisch, ‚Gerede, Geschwätz' (s. Ramminger s. v. mit zahlreichen Belegstellen); dementsprechend sind *manium fabulamenta* Geschwätz/Geschichtchen über die Totengeister. – ***spectrum:*** ‚Gespenst'. – ***pudesco:*** ‚ich schäme mich'; das persönlich gebrauchte Verb ist in der Antike nur bei Prudentius belegt (s. ThLL). – ***ne peccant quidem auctoribus theologis:*** ‚einigen Theologen zufolge sündigen sie dann nicht einmal'; zur Lehre, dass man ab einem gewissen Grad an Dummheit nicht mehr schuldfähig sein könne, vgl. Miller zur Stelle.

35,3 ***mihi:*** ‚mir zuliebe'. – ***indulgentia:*** ‚Gnade'. – ***cum aliis in alios varius sit affectus:*** ‚obwohl die Einstellung der Menschen zueinander unterschiedlich ist'.

36,1 ***vel horam:*** ‚auch nur eine Stunde lang'. – ***auriculas … vero:*** bis auf die Wortstellung wörtlich Persius, *Satire* 1,107–108; vgl. *Adag.* 1853 *(Obsequium amicos, veritas odium parit)*; vgl. auch den Ausdruck *aurium deliciae* in Vorrede 5.

mordaci radere vero, moriones* autem id praestent, quod unum undecumque principes modis omnibus aucupantur, iocos, risus, cachinnos, delicias.

2 Iam accipite et hanc non aspernandam stultorum dotem, quod soli simplices ac veridici sunt. Quid autem veritate laudatius? Quamquam enim Alcibiadeum apud Platonem proverbium veritatem vino pueritiaeque tribuit, tamen omnis ea laus mihi peculiariter debetur, vel* Euripide teste, cuius exstat illud celebre de nobis dictum, μωρὰ γὰρ μωρὸς λέγει. Fatuus quidquid habet in pectore, id et vultu prae se fert et oratione* promit. At sapientum sunt duae illae linguae, ut idem meminit* Euripides, quarum altera verum dicunt, altera, quae pro tempore iudicarint opportuna. Horum est nigrum in candida vertere et eodem ex ore frigidum pariter et calidum efflare longeque aliud conditum habere in pectore, aliud sermone fingere.

3 Porro in tanta felicitate tamen hoc nomine principes mihi videntur infelicissimi, quod deest, a quo verum audiant, et assentatores pro amicis habere coguntur. „Sed abhorrent a vero principum aures", dixerit aliquis, „et hac ipsa de causa sapientes istos fugitant, quod vereantur, ne quis forte liberior exsistat, qui vera magis quam iucunda loqui audeat." Ita quidem res habet: invisa regibus veritas. Sed tamen hoc ipsum mire in fatuis meis usu venit*, ut non vera modo, verum etiam aperta convicia cum voluptate audiantur, adeo, ut idem dictum, quod si a sapientis ore proficiscatur, capitale fuerat futurum, a morione* profectum incredibilem voluptatem pariat. Habet enim genuinam quandam delectandi vim veritas, si nihil accedat, quod offendat; verum id quidem solis fatuis di dederunt. Iisdem fere de causis hoc hominum genere mulieres gaudere solent impensius, utpote ad voluptatem et nugas natura propensiores. Proinde quidquid cum huiusmodi factitarint, etiamsi nonnumquam

---

36,2 ***Alcibiadeum proverbium:*** ‚das Bonmot des Alkibiades', s. Platon, *Symposion* 217e; *Adag.* 617: *In vino veritas* (exakt diese Form des Sprichworts ist zuerst in den *Adagia* belegt). – **μωρὰ γὰρ μωρὸς λέγει:** ‚denn ein Tor sagt törichte Dinge' (Euripides, *Bakchen* 369; *Adag.* 98: *Stultus stulta loquitur*). – ***idem meminit Euripides:*** Der Bezug dieses Verweises ist unklar. Hektor betont in der heute als pseudoeuripideisch geltenden Tragödie *Rhesos,* dass er kein „doppelzüngiger Mann" sei (διπλοῦς ἀνήρ v. 395), aber nicht im Zusammenhang mit klugen oder törichten Menschen. Auch die Stellen, die Erasmus unter den *Adag.* 1441 *(Lingua iuravit)* und 2012 *(Duplices viros)* aufführt, passen nicht vollkommen. Listrius' Behauptung, Euripides sage, jeder Mensch habe zwei Zungen (Miller führt dazu die *Rhesos*-Stelle und *Andromache* 451–452 an), trifft nicht zu. – ***nigrum in candida vertere:*** Juvenal, *Satire* 3,30. – ***eodem ... efflare:*** Diese Redewendung bezieht sich nach *Adag.* 730 *(Ex eodem ore calidum et frigidum efflare)* auf doppelzüngige Menschen und geht laut Erasmus a.O. auf eine Fabel zurück, in der jemand in die Hände bläst, um sie zu wärmen, und auf eine heiße Speise bläst, um sie zu kühlen – daraufhin kommt sich sein Gesprächspartner auf den Arm genommen vor. – ***longeque ... fingere:*** vgl. Sallust, *Bellum Catilinae* 10,5: *Ambitio multos mortalis falsos fieri subegit, aliud clausum in pectore, aliud in lingua promptum habere.*

36,3 ***hoc nomine:*** ‚deswegen'. – ***ita res habet:*** = *ita se res habet.* – ***huiusmodi:*** erg. *hominibus.* – ***etiamsi nonnumquam serium nimis:*** Listrius deutet dies als Anspielung auf eine Schwangerschaft. – ***iocum ac lusum:*** Die Begriffe könne auch sexuelle Handlungen bezeichnen.

serium nimis, illae tamen iocum ac lusum interpretantur, ut est ingeniosus, praesertim ad praetexenda commissa sua, sexus ille.

Igitur, ut ad fatuorum felicitatem redeam, multa cum iucunditate peracta 37
vita nullo mortis vel metu vel sensu recta in campos Elysios demigrant et illic pias atque otiosas animas lusibus suis delectaturi. Eamus nunc et quemvis etiam sapientem cum huius morionis* sorte conferamus. Finge iam mihi, quod huic opponas, exemplar sapientiae, hominem, qui totam pueritiam atque adolescentiam in perdiscendis disciplinis contriverit et suavissimam vitae partem perpetuis vigiliis, curis, sudoribus perdiderit, ne in reliqua quidem omni vita vel* tantillum voluptatis degustarit, semper parcus, pauper, tristis, tetricus, sibi ipsi iniquus ac durus, aliis gravis et invisus, pallore, macie, valetudine, lippitudine confectus, senio canitieque multo ante diem contracta, ante diem fugiens e vita. Quamquam* quid refert, quando moriatur istiusmodi, qui numquam vixerit? Habetis egregiam illam sapientis imaginem.

1 At hic rursus ogganniunt mihi οἱ ἐκ τῆς στοᾶς βάτραχοι. „Nihil", inquiunt, 38
„miserius insania. Sed insignis stultitia vel insaniae proxima est vel ipsa potius insania. Quid enim aliud est insanire quam errare animo? Sed isti tota errant via." Age*, hunc quoque syllogismum dissipemus Musis bene fortunantibus. Argute quidem isti, verum quemadmodum apud Platonem docet Socrates ex una Venere secta duas et ex uno Cupidine dissecto duos faciens, itidem et istos dialecticos decebat insaniam ab insania distinguere, si modo ipsi sani videri vellent. Neque enim protinus omnis insania calamitosa est. Alioqui* non dixisset Horatius: „An me ludit amabilis insania", neque Plato poetarum vatum et

---

37 ***recta:*** erg. *via* ‚geradewegs'. – ***campi Elysii:*** die ‚elysischen Gefilde'; im antiken Mythos ein paradiesischer Ort im Jenseits. – ***valetudo:*** häufig allg. ‚Gesundheitszustand', hier ‚schlechter Gesundheitszustand'. – ***multo ante diem:*** ‚lange vor der Zeit': Vorstellung, dass Intellektuelle früh altern und früh kahlköpfig werden. – ***istiusmodi:*** erg. *homo.*

38,1 ***oggannire:*** ‚entgegenbellen'. – **οἱ ἐκ τῆς στοᾶς βάτραχοι:** ‚die Frösche aus der Stoa (wörtlich ‚Säulenhalle')'. Listrius schreibt den Vergleich philosophischer Debatten mit dem Gequake von Fröschen u. a. dem Kirchenschriftsteller Origenes zu; vgl. Miller mit einer Analyse der betreffenden (und weiterer) Stellen. – ***isti:*** gemeint sind die Toren. – ***tota errant via:*** ‚sie befinden sich komplett auf dem Holzweg' (*Adag.* 48). – ***syllogismus:*** 1. Prämisse dieses Syllogismus: *Nihil miserius insania.* 2. Prämisse: *Stultitia = insania.* 3. nicht explizite Schlussfolgerung: *Nihil miserius Stultitia.* Die 2. Prämisse wird wiederum durch 2 Prämissen bewiesen: (a) *insanire = errare,* (b) die *stulti* irren sich durch und durch. – Hier wird die spitzfindige Argumentationsweise der stoischen Philosophen parodiert. – ***Musis bene fortunantibus:*** vgl. *Adag.* 2589: *Cum Musis.* – ***Argute quidem isti:*** erg. *concludunt* oder *colligunt.* – ***apud Platonem docet Socrates:*** In Platons *Symposion* (180c–181d) spricht der Dialogteilnehmer Pausanias (also nicht Sokrates) von einer himmlischen und einer gewöhnlichen Aphrodite (die mutterlose Tochter des Uranos und die Tochter von Zeus und der sterblichen Dione); entsprechend gibt es auch eine himmlische und eine gewöhnliche Liebe. – ***An … insania:*** Horaz, *Carmen* 3,4,5–6. – ***neque Plato … collocasset:*** In Platons *Phaidros* unterscheidet Sokrates prophetische, rituelle, erotische und dichterische Ekstase (244a–257b). – ***nec … insanum:*** Vergil, *Aeneis* 6,135: Die Sibylle von Cumae bezeichnet Aeneas' Unterfangen, in die Unterwelt hinabzusteigen, als *insanus labor.*

amantium furorem inter praecipua vitae bona collocasset nec vates illa laborem Aeneae vocasset insanum.

2 Verum est duplex insaniae genus: alterum, quod ab inferis dirae ultrices submittunt, quoties immissis anguibus vel ardorem belli vel inexplebilem auri sitim vel dedecorosum ac nefarium amorem vel parricidium, incestum, sacrilegium aut aliam id genus* pestem aliquam in pectora mortalium invehunt sive cum nocentem et conscium animum furiis ac terriculorum facibus agunt.

3 Est alterum huic longe dissimile, quod videlicet a me proficiscitur, omnium maxime exoptandum. Id accidit, quoties iucundus quidam mentis error simul et anxiis illis curis animum liberat et multiiuga voluptate delibutum reddit. Atqui hunc mentis errorem ceu magnum quoddam deorum munus ad Atticum scribens optat Cicero, nimirum, quo tantorum malorum sensu carere posset.

4 Neque perperam sensit Argivus ille, qui hactenus insaniebat, ut totos dies solus desideret in theatro, ridens, plaudens, gaudens, quod crederet illic miras agi tragoedias, cum nihil omnino ageretur, cum in ceteris vitae officiis probe sese gereret: iucundus amicis, comis in uxorem, posset qui ignoscere servis et signo laesae non insanire lagoenae. Hunc ubi cognatorum opera datis pharmacis morbo levasset sibique iam totus esset redditus, hunc in modum cum amicis expostulans: „Pol, me occidistis, amici, non servastis“, ait, „cui sic extorta voluptas et demptus per vim mentis gratissimus error.“ Et merito quidem: errabant enim ipsi atque elleboro magis opus habebant, qui tam felicem ac iucundam insaniam ceu malum aliquod existimarent potionibus expellendam.

5 Quamquam* illud equidem nondum statui, num quivis sensus aut mentis error insaniae nomine sit appellandus. Neque enim, si cui lippienti mulus asinus esse videatur aut si quis indoctum carmen veluti doctissimum admiretur, is continuo videbitur insanire. Verum si quis non sensu tantum, sed animi

---

38,2 ***dirae ultrices:*** Diese Rachegottheiten sind die Erinnyen (lat. Furien). – ***immissis anguibus:*** Zur Schlange, die, von einer Unterweltsgottheit gesandt, die Gedanken der Menschen vergiftet vgl. Vergil, *Aeneis* 7,341–358. – ***sive:*** hier ‚oder'. – ***conscius:*** hier ‚schuldbewusst'. – ***cum … agunt:*** Die Erinnyen (lat. *Furiae*) treiben als Personifikationen der Gewissensbisse Schwerverbrecher in den Wahnsinn. Wie Cicero interpretiert Erasmus die Fackeln der Furien allegorisch für die inneren Seelenqualen des Schuldigen (s. *Pro Sex. Roscio Amerino* 66–67; *De legibus* 1,40).

38,3 ***quo:*** = *ut eo.* – ***Atqui … posset:*** 58 v. Chr. schreibt Cicero aus der Verbannung an Atticus (*ad Atticum* 3,13,2), er sei entgegen den Gerüchten *(te audire me etiam mentis errore ex dolore affici)* Herr seiner Sinne, wünsche sich aber, dies wäre auch schon früher, im Moment der Gefahr, der Fall gewesen. Es ist unklar, ob es sich um einen Fehler handelt, weil Erasmus beim Verfassen des Texts seine Bücher nicht bei sich hatte (vgl. Einleitung S. 15), oder um ein Verdrehen der Argumentation durch Stultitia.

38,4 ***Argivus ille:*** Die folgende Geschichte wird bei Horaz, *Epistel* 2,2,128–140 erzählt; Stultitia zitiert im Folgenden die Verse 133–134 und 138b–140. – ***desidere, desideo:*** ‚untätig sitzen'. – ***elleborus:*** Nieswurz galt als Heilmittel gegen Wahnsinn. – ***aliqua re opus habere:*** ‚etwas benötigen' (vgl. *opus est mihi aliqua re*).

iudicio fallatur idque praeter usitatum morem ac perpetuo, is demum insaniae censebitur affinis esse, veluti si quis, quotiens asinum audierit rudentem, arbitretur sese miros symphoniacos audire aut si quis pauperculus infimo loco natus Croesum Lydorum regem esse se credat.

6 Sed hoc insaniae genus, si, quemadmodum fere fit, vergat ad voluptatem, non mediocrem delectationem affert tum iis, qui eo tenentur, tum illis, quibus est hoc animadversum nec tamen eodem insaniunt. Nam haec insaniae species multo latius patet, quam vulgus hominum intellegit. Sed vicissim insanus insanum ridet ac mutuam sibi voluptatem invicem ministrant. Neque raro fieri videtis, ut maior insanus vehementius rideat minorem.

1 Verum hoc quisque felicior, quo pluribus desipit modis Stultitia iudice, **39**
modo* in eo genere insaniae maneat, quod nobis est peculiare, quod quidem usque adeo late patet, ut haud sciam, an ex universa mortalium summa quempiam liceat reperire, qui omnibus horis sapiat quique non aliquo insaniae genere teneatur. Quamquam* hoc tantum interest: qui, cucurbitam cum videt, mulierem esse credit, huic 'insano' nomen ponunt, propterea quod perpaucis id usu veniat*. Verum ubi quis uxorem suam, quam cum multis habet communem, eam plus quam Penelopen esse deierat sibique maiorem in modum plaudit feliciter errans, hunc nullus insanum appellat, propterea quod passim maritis hoc accidere videant.

2 Ad hunc ordinem pertinent et isti, qui prae* venatu ferarum omnia contemnunt atque incredibilem animi voluptatem percipere se praedicant, quotiens foedum illum cornuum cantum audierint, quotiens canum eiulatus. Opinor etiam, cum excrementa canum odorantur, illis cinnamomum videri. Deinde quae suavitas, quotiens fera lanianda est? Tauros et verveces humili plebi laniare licet, feram nisi a generoso secari nefas. Is nudo capite, inflexis genibus, gladio ad id destinato (neque enim quovis idem facere fas est), certis gestibus certa membra certo ordine religiose secat. Miratur interim, perinde ut in re nova, circumstans tacita turba, quamvis spectaculum hoc plus milies viderit. Porro cui contigerit e belua nonnihil gustare, is vero existimat sibi non parum nobi-

---

38,5 ***is demum:*** ‚nur der'.

38,6 ***quibus* (Dativus auctoris) *est hoc animadversum:*** ‚die es (das *genus insaniae*) bemerkt haben'. – ***maior insanus ... minorem:*** vgl. Horaz, Satire 2,3,326: *O maior, tandem parcas, insane, minori!* Überhaupt diente diese Satire mit ihren Definitionen verschiedener Arten von *insania* Erasmus hier als Inspiration (Listrius).

39,1 ***an ... sapiat:*** *Adag.* 1329 *(Nemo mortalium omnibus horis sapit).* – ***quamquam hoc tantum interest:*** ‚aber nur das ist der Unterschied'. – ***huic ‚insano' nomen ponunt:*** ‚den nennt man *verrückt*'; fast wörtlich Horaz, *Satire* 2,3,47–48; der Name steht bei den Ausdrücken des Benennens i. d. R. ebenfalls im Dativ. – ***Penelopen:*** griech. Akkusativ.

39,2 ***nefas:*** erg. *est* (mit AcI). – ***religiose:*** ‚gewissenhaft'. – ***Is nudo capite ... secat:*** Stultitia spielt auf die strengen Regeln an, die in der damaligen Zeit beim Zerteilen von Hochwild zu beachten waren (s. Miller mit Lit.). – ***plus* (erg. *quam*) *milies:*** *quam* kann zwischen *plus* und einem Komparativ ausfallen (BS § 367,6c).

litatis accedere. Itaque cum isti assidua ferarum insectatione atque esu nihil aliud assequantur, nisi ut ipsi propemodum in feras degenerent, tamen interea regiam vitam agere se putant.

3 Est his simillimum genus eorum, qui insatiabili aedificandi studio flagrant, nunc rotunda quadratis, nunc quadrata rotundis permutantes. Neque vero finis ullus neque modus, donec ad extremam redactis inopiam nec, ubi habitent, nec, quid edant, supersit. Quid tum postea? Interim* annos aliquot summa cum voluptate peregerunt.

4 Ad quos mihi quidem proxime videntur accedere, qui novis et arcanis artibus rerum species vertere moliuntur ac terra marique quintam quandam essentiam venantur. Hos adeo lactat mellita spes, ut neque laborum neque impensarum umquam pigeat miroque ingenio semper aliquid excogitant, quo sese denuo fallant sibique ipsis gratam faciant imposturam, donec absumptis omnibus non sit, quo iam fornaculam instruant. Non desinunt tamen iucunda somniare somnia ceteros pro viribus ad eandem felicitatem animantes. Cumque iam prorsus omni spe destituuntur, superest tamen una sententia, abunde magnum solatium: „In magnis et voluisse sat est." Ac tum vitae brevitatem incusant, ut quae magnitudini negotii non suffecerit.

5 Porro aleatores nonnihil* addubito num in nostrum collegium sint admittendi. Sed tamen stultum omnino ridiculumque spectaculum est, quotiens videmus nonnullos usque adeo addictos, ut, simul atque strepitum tesserarum audierint, protinus illis cor saliat palpitetque. Deinde cum semper illiciente vincendi spe omnium facultatum naufragium fecerint, in aleae scopulum illisa nave, non paulo formidabiliorem Malea, vixque nudi emerserint, quosvis potius fraudant quam victorem, ne scilicet viri parum graves habeantur. Quid, cum senes iam et caecutientes vitreis etiam oculis lusitant, postremo, cum iam iusta chiragra contudit articulos, vicarium etiam mercede conducunt, qui pro

---

39,3 ***Qui ... permutantes:*** vgl. zur Formulierung Horaz, *Epistel* 1,1,100; dort dient der stetige Umbau als Bild für einen chaotisch denkenden Menschen, der sich ständig widerspricht; auch dies ist *insanire* (Horaz ebd. 101).

39,4 ***quintam quandam essentiam:*** Die Vorstellung von einem fünften Element (neben Luft, Feuer, Wasser und Erde) findet sich zuerst bei Aristoteles *(De Caelo)* und wird später von der Alchemie aufgegriffen: Durch das fünfte Element hoffte man, Gegenstände in Gold zu verwandeln. – ***pro viribus:*** ‚nach Kräften'. – ***In magnis ... est:*** = Properz, *Elegie* 2,10,6 und *Adag.* 1755. – ***ut quae:*** = *quippe quae*, ‚da es (das Leben) ja'.

39,5 ***aleatores:*** Prolepse des Subjekts des indirekten Fragesatzes *(nonnihil addubito, num aleatores ... sint admittendi)*. – ***aleatores ... admittendi:*** Das Würfelspiel kann zu gewalttätigen Ausschreitungen führen, weswegen die Stultitia es am Ende des Absatzes nicht ihrem Bereich, sondern dem der Furien zurechnet. – ***tessera:*** ‚Würfel'. – ***facultates:*** hier ‚Vermögen'. – ***Malea:*** Kap Malea ließ sich nur unter größten Schwierigkeiten umsegeln (*Adag.* 1346). Wortspiel *Malea – alea*. – ***parum graves:*** ‚unzuverlässig', nämlich im Bezahlen ihrer Spielschulden, zu deren Begleichung sie lieber alle anderen Leute betrügen. – ***Quid, cum ... mittat:*** teilweise wörtlich nach Horaz, *Satire* 2,7,15–18. Unter *pyrgus* versteht Listrius einen Würfelbecher *(fritillus)*. – ***iustus:*** hier ‚gehörig'.

se talos in pyrgum mittat? Suavis quidem res, nisi quod hic ludus plerumque solet in rabiem evadere iamque ad Furias, non ad me pertinere.

1 Ceterum illud hominum genus haud dubie totum est nostrae farinae, qui 40
miraculis ac prodigiosis gaudent mendaciis vel audiendis vel narrandis. Nec ulla satietas talium fabularum, cum portentosa quaedam de spectris, de lemuribus, de larvis, de inferis, de id genus* milibus miraculorum commemorantur. Quae quo longius absunt a vero, hoc et creduntur libentius et iucundiore pruritu titillant aures. Atque haec quidem non modo ad levandum horarum taedium mire conducunt, verum etiam ad quaestum pertinent, praecipue sacrificis et contionatoribus*.

2 His rursum affines sunt ii, qui sibi stultam quidem, sed tamen iucundam persuasionem induerunt, futurum, ut, si ligneum aut pictum aliquem Polyphemum Christophorum aspexerint, eo die non sint perituri aut, qui sculptam Barbaram praescriptis verbis salutarit, sit incolumis e proelio rediturus aut, si quis Erasmum certis diebus, certis cereolis certisque preculis* convenerit, brevi sit dives evasurus. Iam vero Georgium etiam Herculem invenerunt, quemadmodum et Hippolytum alterum. Huius equum phaleris ac bullis religiosissime adornatum tantum non adorant ac subinde novo quopiam munusculo demerentur; per huius aeream galeam deierare plane regium habetur.

40,1 ***nostrae farinae* (=*Adag.* 2444):** Genitivus qualitatis, s. Persius, *Satire* 5,115; dt. etwa ‚aus demselben Holz geschnitzt'. – ***miraculis ac prodigiosis:*** Listrius betont, dass erfundene Wundergeschichten *(conficta miracula)*, bspw. über angebliche Reliquien von Heiligen, und Aberglaube *(superstitio)* gemeint seien, nicht christliche Wunder *(miracula)* und die Heiligenverehrung *(cultus divorum)*. Die Auswüchse der letzteren nimmt Stultitia aber durchaus aufs Korn. – ***Nec ulla satietas:*** erg. *est*. – ***spectrum:*** ‚Gespenst'.

40,2 ***ut … evasurus:*** Zu dem *ut*-Satz gehören folgende Prädikate: *sint perituri, sit rediturus* und *sit evasurus*. – ***Polyphemum:*** Die Stultitia macht sich hier über die zeitgenössischen Darstellungen des heiligen Christophorus in riesenhafter Größe lustig, die der des monströsen Kyklopen Polyphem entspricht. Listrius schreibt die oben genannte Überzeugung den Seefahrern zu. – ***eo die … perituri:*** Wer die Statue eines Christophorus erblickte, würde zumindest nicht am selben Tag sterben, so ein verbreiteter Aberglaube (Miller mit Lit.), der sich in Form der Christophorus-Plaketten in Autos bis heute hält. – ***incolumis … rediturus:*** Die heilige Barbara erwirkte angeblich, dass man nicht ohne die letzten Sakramente sterben musste, die auf dem Schlachtfeld schwer zu erteilen waren (Miller mit Lit.). – ***cereolus:*** ‚Kerze'. – ***dives:*** Laut Listrius sind hier die Habgierigen gemeint, die den heiligen Erasmus ausschließlich in der Hoffnung auf Reichtum verehren. – ***Georgium … Herculem:*** ‚Georg als Herkules'. Die Legende der Drachentötung durch den heiligen Georg ist Listrius zufolge nach Herkules' Tötung der Lernäischen Hydra gestaltet. Der heilige Georg wurde vor allem in England verehrt (vgl. das Georgskreuz), wo Erasmus das *Moriae encomium* geschrieben hat. – ***Hippolytum alterum:*** Wie sein mythischer paganer Namensvetter soll der heilige Hippolytos von Pferden zerrissen worden sein (Prudentius, *Peristephanon* 11,86–89). – ***tantum non:*** ‚nur nicht' = ‚beinahe'. – ***demereri:*** ‚für sich zu gewinnen suchen'. – ***per … habetur:*** Subjekt zu *habetur* ist *deierare; regium* ist Prädikatsnomen.

3 Nam quid dicam de iis, qui sibi fictis scelerum condonationibus suavissime blandiuntur ac purgatorii spatia veluti clepsydris metiuntur, saecula, annos, menses, dies, horas, tamquam e tabula mathematica citra* ullum errorem dimetientes, aut de iis, qui magicis quibusdam notulis ac preculis*, quas pius aliquis impostor vel animi causa vel ad quaestum excogitavit, freti nihil sibi non pollicentur, opes, honores, voluptates, saturitates, valetudinem perpetuo prosperam, vitam longaevam, senectam viridem, denique proximum Christo apud superos consessum, quem tamen nolint nisi admodum sero contingere, hoc est: cum huius vitae voluptates invitos eos ac mordicus retinentes tamen deseruerint, tum succedant illae caelitum deliciae. Hic mihi puta* negotiator aliquis aut miles aut iudex abiecto ex tot rapinis unico nummulo universam vitae Lernam semel* expurgatam putat totque periuria, tot libidines, tot ebrietates, tot rixas, tot caedes, tot imposturas, tot perfidias, tot proditiones existimat velut ex pacto redimi et ita redimi, ut iam liceat ad novum scelerum orbem de integro reverti.

4 Quid autem stultius iis, immo quid felicius, qui septem illis sacrorum psalmorum versiculis cottidie recitatis plus quam summam felicitatem sibi promittunt? Atque hos magicos versiculos daemon quispiam, facetus quidem ille, sed futtilis magis quam callidus, divo* Bernardo creditur indicasse, sed arte circumventus miser. Et haec tam stulta, ut me ipsam propemodum pudeat, tamen approbantur

---

40,3 ***condonatio:*** ‚Vergebung' (diese Bedeutung ist antik nicht belegt, vgl. aber *condonare*). Gemeint ist der Ablasshandel, der von Erasmus als Betrug (s. *fictis*) betrachtet wird. – ***purgatorii spatia:*** ‚die Zeit im Purgatorium'. Das Purgatorium oder Fegefeuer war in der Vorstellung des Mittelalters ein Ort der Läuterung. Seit dem ausgehenden 13. Jahrhundert war der Ablass in immer höherem Maße ein Mittel, um die Zeit im Fegefeuer zu verkürzen. – ***animi causa:*** ‚zur Unterhaltung, zum Spaß'. – ***proximum Christo ... consessum:*** Zum Privileg eines Sitzplatzes neben Christus im Jenseits vgl. Matthäus 20,21. – ***cum ... deseruerint:*** Das Subjekt des Nebensatzes ist *voluptates,* das als Objekt zu *retinentes* zu ergänzen ist. – ***mordicus retinere:*** vgl. *Adag.* 322 *(mordicus tenere).* – ***Hīc mihi:*** ungefähr ‚doch allen Ernstes'; Dativus rhetoricus (Dativ der inneren Anteilnahme bei einem Einwand), s. dazu BS § 327,4. – ***rapinae:*** etwa ‚zusammengeraubtes Vermögen'. – ***unico nummulo:*** Mit einem einzigen Münzlein will sich der Sünder freikaufen. – ***Lerna:*** der Sumpf, an dem Herakles die Hydra tötete, hier sinnbildlich für den Abgrund der Sünde (*Adag.* 227). Mit *universa vitae Lerna* ist also das gesamte sündige Leben des Kaufmanns, des Soldaten, des Richters gemeint.

40,4 ***qui septem ... miser:*** Dem heiligen Bernhard von Clairvaux soll ein Teufel erschienen sein und sich mit der geheimen Kenntnis von sieben (in anderen Versionen acht) Versen aus den Psalmen gebrüstet haben, die bei täglicher Rezitation die ewige Seligkeit garantieren sollten. Da er nicht verraten wollte, um welche Verse es sich handelt, nahm sich Bernhard vor, alle Psalmen täglich aufzusagen, woraufhin ihm der Dämon die entsprechenden Verse nannte. – ***sed ... miser:*** ‚aber der arme Kerl wurde durch eine List (des Hl. Bernhard) hereingelegt'. – ***singulos:*** (erg. *Divos*). – ***singula quaedam:*** gemeint sind die Zuständigkeitsbereiche der Heiligen. – ***singulis:*** erg. *Divis.* – ***deipara virgo:*** Maria, die Mutter Jesu. – ***hic ... ille ... hic ... ille:*** hier Indefinitpronomina ‚der eine, ein anderer, noch ein anderer, wieder ein anderer'.

idque non a vulgo modo, verum etiam a religionis professoribus. Quid iam? Nonne eodem fere pertinet, cum singulae regiones suum aliquem peculiarem vindicant divum* cumque in singulos singula quaedam partiuntur, singulis suos quosdam culturae ritus attribuunt, ut hic in dentium cruciatu succurrat, ille parturientibus dexter adsit, alius rem furto sublatam restituat, hic in naufragio prosper affulgeat, ille gregem tueatur – atque item de ceteris? Nam omnia percensere longissimum fuerit. Sunt, qui singuli pluribus in rebus valeant, praecipue deipara virgo, cui vulgus hominum plus prope tribuit quam filio.

1 Verum ab his divis* quid tandem petunt homines nisi quod ad stultitiam attinet? Agedum*, inter tot anathemata, quibus templorum* quorundam parietes omnes ac testudinem ipsam refertam conspicitis, vidistisne umquam, qui stultitiam effugerit, qui vel* pilo sit factus sapientior? Alius enatavit incolumis. Alius ab hoste perfossus vixit. Alius e proelio pugnantibus ceteris non minus feliciter quam fortiter aufugit. Alius in crucem subactus favore divi* cuiuspiam furibus amici decidit, ut nonnullos etiam male divitiis onustos pergeret exonerare. Alius perfracto carcere fugit. Alius irato medico a febre revaluit. Alii potum venenum alvo soluta remedio, non exitio fuit idque non admodum laeta uxore, quae operam et impensam luserit. Alius everso plaustro equos incolumes domum abegit. Alius oppressus ruina vixit. Alius a marito deprehensus elusit. Nullus pro depulsa stultitia gratias agit. Adeo suavis quaedam res est nihil sapere, ut omnia potius deprecentur mortales quam moriam. Sed quid ego hoc superstitionum pelagus ingredior? **41**

Non, mihi si linguae centum sint oraque centum,
ferrea vox, omnes fatuorum evolvere formas,
omnia stultitiae percurrere nomina possim.

2 Usque adeo omnis omnium Christianorum vita istiusmodi delirationibus undique scatet, quas ipsas tamen sacrifici non gravatim et admittunt et alunt non ignari, quantum hinc lucelli soleat accrescere. Inter haec si quis odiosus sapiens exoriatur succinatque id, quod res est: „Non male peribis, si bene vixe-

41,1 ***anathemata:*** Weihgaben, die Gläubige aus Dankbarkeit für glückliche Fügungen in Kirchen aufstellten. – ***testudo:*** hier ‚gewölbte Decke' (vgl. Vergil, *Aeneis* 1,505 mit dem Serviuskommentar z. St.). – ***vidistisne umquam, qui:*** erg. *vidistisne umquam anathemata hominis, qui* – ***vel pilo:*** ‚auch nur um ein Haar *(pilus)*' (Ablativus mensurae). – ***favore … amici:*** *amici* ist Attribut zu *divi cuiuspiam,* der Dativ *furibus* hängt von *amici* ab. – ***irato medico:*** Der Arzt ist verärgert über die Heilung des Kranken, weil damit sein Verdienst entfällt. – ***alii:*** Dativ Singular von *alius.* – ***ludere:*** hier ‚vergeuden'. – ***ruina:*** ‚Einsturz eines Gebäudes'. – ***eludere:*** ‚entkommen'. – ***Non, mihi si … possim:*** beinahe wortgleich Vergil, *Aeneis* 6,625–627, wo die Sibylle von Cumae Aeneas die Frevler und ihre Strafen in der Unterwelt aufzählt (entsprechend *scelerum comprendere* statt *fatuorum evolvere* und *poenarum* statt *stultitiae*).

41,2 ***si:*** die kondizionale Periode wird nach der direkten Rede variiert wiederholt; danach folgt die Apodosis *vide, a quanta … retraxerit.* – ***quod res est:*** wie unser saloppes ‚was Sache ist', also ‚was auch wirklich so ist'. – ***lacrimas … ieiunia:*** erg. *addideris.*

ris. Peccata redimis, si nummulo addideris odium malefactorum, tum lacrimas, vigilias, precationes, ieiunia ac totam vitae rationem commutaris. Divus* hic tibi favebit, si vitam illius aemulaberis." – haec, inquam, atque id genus* alia si sapiens ille obganniat, vide, a quanta felicitate repente mortalium animos in quem tumultum retraxerit!

3 Ad hoc collegium pertinent, qui vivi, qua funeris pompa velint efferri, tam diligenter statuunt, ut nominatim etiam praescribant, quot taedas, quot pullatos, quot cantores, quot luctus histriones velint adesse, perinde quasi futurum sit, ut aliquis huius spectaculi sensus ad ipsos sit rediturus aut ut pudescant* defuncti, nisi cadaver magnifice defodiatur – haud alio studio, quam si aediles creati ludos aut epulum edere studeant.

1 Equidem tametsi propero, tamen haud possum istos silentio praetercur- **42**
rere, qui, cum nihil ab infimo cerdone differant, tamen inani nobilitatis titulo mirum quam* sibi blandiuntur. Alius ad Aeneam, alius ad Brutum, alius ad Arcturum genus suum refert. Ostendunt undique sculptas et pictas maiorum imagines. Numerant proavos atque atavos et antiqua cognomina commemorant, cum ipsi non multum absint a muta statua paene iis ipsis, quae ostentant, signis deteriores. Et tamen hac tam suavi philautia* felicem prorsum vitam agunt.

2 Neque desunt aeque stulti, qui hoc beluarum genus perinde ut deos suspiciunt. Sed quid ego de uno aut altero genere loquor, quasi vero non passim haec philautia* plurimos ubique miris modis felicissimos efficiat: cum hic quavis simia deformior sibi plane Nireus videtur. Alius simulatque tres lineas circino duxerit, prorsum Euclidem sese putat. Hic ὄνος πρὸς λύραν et quo

---

41,3 ***Ad hoc collegium … vivi:*** ‚Zu dieser Gemeinschaft/Art von Toren gehören diejenigen, die schon zu Lebzeiten'. – ***efferri:*** ‚nach draußen getragen werden' i. S. v. ‚beigesetzt werden'. – ***pullatus:*** ‚schwarz gekleidet, trauernd'. – ***luctus histriones:*** wörtlich ‚Schauspieler der Trauer', also Menschen, die für das Klagen bezahlt werden (im alten Rom die *praeficae*). – ***perinde quasi futurum sit, ut:*** ‚gerade so, als ob es geschehen könnte, dass …'. – ***aediles:*** Die Ädile waren im antiken Rom zuständig für die Ausrichtung öffentlicher Spiele und Festivitäten.

42,1 ***praetercurrere:*** ein in der Antike sehr seltenes Wort, das Erasmus aber häufiger verwendet. – ***Aeneam … Brutum … Arcturum:*** Aeneas, der mythische Gründervater der Römer, galt als Vorfahr eines Brutus, den britannische Chroniken als ersten König Britanniens nennen; darüber hinaus hielt man Brutus auch für den Vorfahren des mythischen Königs Artus (Arcturus), von dem sich das zu Erasmus' Zeit regierende Haus Tudor herleitete. – ***signa:*** hier = *statuae*.

42,2 ***belua:*** hier etwa ‚Dummkopf'. – ***cum hic:*** der Nebensatz leitet das erste Beispiel ein: ‚wenn zum Beispiel einer'. – ***Nireus:*** nach Achill der schönste Grieche vor Troia (*Ilias* 2,673–674). – ***Euclides:*** Euklid von Alexandria galt als *der* Mathematiker der Antike schlechthin.– ***Hic:*** ‚ein anderer', erg. *est.* – ***ὄνος πρὸς λύραν:*** = *Asinus ad lyram* (Adag. 335). – ***quo deterius … marito:*** wörtlich identisch mit Juvenal, *Satire* 3,90b–91 (dort *qua* statt *quo*); das erste *quo* ist Ablativus comparationis und bezieht sich auf ein zu ergänzendes *is* (‚und ist ein solcher'); zu *ille* ist *maritus* zu ergänzen, das als Ablativ *marito* in den Relativsatz gezogen wurde.

deterius nec* ille sonat, quo mordetur gallina marito, tamen alterum Hermogenem esse se credit.

3 Est autem illud longe suavissimum insaniae genus, quo nonnulli, quidquid ulli suorum dotis adest, eo non aliter atque suo gloriantur. Qualis erat ille bis beatus apud Senecam dives, qui narraturus historiolam quampiam servos ad manum habebat, qui nomina suggererent, non dubitaturus vel* in pugilum certamen descendere, homo alioqui* adeo imbecillus, ut vix viveret, hac re fretus, quod multos haberet domi servos egregie robustos.

4 Porro de artium professoribus quid attinet* commemorare? Quando peculiaris est horum omnium philautia* adeo, ut reperias citius, qui velit agello paterno quam ingenio cedere, verum praecipue histrionum, cantorum, oratorum ac poetarum, quorum quo quisque est indoctior, hoc sibi placet insolentius, hoc sese magis iactat ac dilatat. Et inveniunt similes labra lactucas, immo, quo quidquam est ineptius, hoc plures admiratores nanciscitur, ut pessima quaeque semper plurimis arrident, propterea quod maxima pars hominum, ut diximus, stultitiae obnoxia est. Proinde si quis est imperitior, et sibi ipsi multo iucundior est et pluribus admirationi. Quid est, quod is veram eruditionem malit, primum magno constaturam*, deinde reddituram et putidiorem et timidiorem, postremo multo paucioribus placituram?

1 Iam vero video Naturam ut singulis mortalibus suam, ita singulis natio- 43
nibus ac paene civitatibus communem quandam insevisse philautiam* atque

---

42,3 ***quidquid dotis* (Gen. part.):** ‚was auch immer an Begabung'. – ***quo ... eo:*** *quo* ist Ablativus causae (diese Art des Wahnsinns bewirkt, dass man sich auch mit Vorzügen anderer brüsten kann), *eo* hängt (wie *suo*) von *gloriantur* ab und bezieht sich auf *quidquid*. – ***ille ... dives:*** In *Epistel* 27,5–8 berichtet Seneca von einem reichen Mann namens Calvisius Sabinus, der gerne die klassischen Autoren zitiert, sich jedoch aufgrund seines schlechten Gedächtnisses von seinen Sklaven die Namen vorsagen lässt; ein Spötter meint, der schwache alte Mann könne doch auch in den Ring steigen; schließlich seien seine Sklaven sehr kräftig (dieses Detail der Anekdote verändert Stultitia).

42,4 ***Quando ... adeo:*** ‚Für sie alle ist ja (*quando* leitet einen kausalen Hauptsatz ein) die Selbstliebe charakteristisch'. – ***agello paterno ingenio:*** Ablativus separativus, abhängig von *cedere*. – ***histrionum ... poetarum:*** Die Genitive hängen wie *horum* von *peculiaris* ab. – ***Et ... lactucas:*** s. *Adag.* 971: *Similes habent labra lactucas.* Dass die Lippen eines Menschen dem Salat entsprechen, den er zu sich nimmt, führt Erasmus auf das Bild des Esels zurück, der Disteln frisst, weil sein Maul unempfindlich ist. Das Sprichwort bedeutet also, dass die Menschen das finden, was zu ihnen passt, also jeder Unbegabte auch einen Dummen, der ihn bewundert. – ***Quid est, quod:*** ‚Was kann es für einen Grund geben, dass'. – ***putidus:*** hier ‚unzufrieden mit sich'.

43,1 ***insevisse:*** von *inserere* i.S.v ‚einsäen'. – ***Britanni:*** Hier sind wohl nur die Engländer gemeint, da gleich die Schotten separat genannt werden. – ***forma:*** ‚schöne Gestalt, schöner Wuchs, gutes Aussehen'. – ***lautae mensae:*** ‚reichliche, köstliche Speisen'. In *Adag.* 1168 zitiert Erasmus das Sprichwort *Tam satur est quam Anglus* (‚Er ist so satt wie ein Engländer'). – ***aliquid proprie sibi vindicare:*** ‚etwas als ausschließliches Eigentum für sich einfordern'. – ***regiae affinitatis titulo:*** vielleicht ‚durch den Anspruch auf die Ehre der Verwandtschaft mit dem Königshaus'; der Bezug ist hier unklar. Eventuell spielt Stultitia darauf an, dass Margaret, die Schwester Heinrichs VIII., mit Jacob IV. von Schottland verheiratet war. – ***dialecticae***

hinc fieri, ut Britanni praeter alia formam, musicam et lautas mensas proprie sibi vindicent, Scoti nobilitate et regiae affinitatis titulo neque non dialecticis argutiis sibi blandiantur, Galli morum civilitatem sibi sumant, Parisienses theologicae scientiae laudem omnibus prope submotis sibi peculiariter arrogent, Itali bonas litteras et eloquentiam asserant atque hoc nomine sibi suavissime blandiantur omnes, quod soli mortalium barbari non sint.

2 Quo quidem in genere felicitatis Romani primas tenent* ac veterem illam Romam adhuc iucundissime somniant. Veneti nobilitatis opinione sunt felices. Graeci tamquam disciplinarum auctores veteribus illis laudatorum heroum titulis sese venditant. Turcae totaque illa vere barbarorum colluvies etiam religionis laudem sibi vindicat Christianos perinde ut superstitiosos irridens. At multo etiam suavius Iudaei etiamnum Messiam suum constanter exspectant ac Mosen suum hodieque mordicus tenent. Hispani bellicam gloriam nulli concedunt. Germani corporum proceritate et magiae cognitione sibi placent.

1 Ac ne singula persequar, videtis, opinor, quantum 44
ubique voluptatis pariat singulis et universis mortalibus Philautia*, cui prope par est Assentatio soror. Nihil enim aliud philautia*, quam cum quis ipse sibi palpatur. Idem si alteri facias, κολακία* fuerit. At hodie res quaedam infamis est adulatio, sed apud eos, qui rerum vocabulis magis quam rebus ipsis commoventur. Existimant cum adulatione fidem male cohaerere, quod multo secus sese habere vel* brutorum animantium

---

argutiae: ‚logische Spitzfindigkeiten/Klügeleien'; die mittelalterliche Scholastik wurde maßgeblich durch Johannes Duns Scotus geprägt, der in der *Moria* häufig Zielscheibe des Spotts der Stultitia ist. – ***morum civilitas:*** ‚Umgangsformen, Manieren'. – ***sibi sumere:*** ‚für sich in Anspruch nehmen'. – ***Parisienses:*** Die Universität Paris war seit dem 13. Jh. eine der bedeutendsten Universitäten und eine Hochburg der Scholastik. – ***omnibus:*** Gemeint sind andere theologische Schulen. – ***Itali ... asserant:*** Anspielung auf die Renaissance, die im 14. Jh. von Italien ihren Ausgang nahm. Mit *bonae litterae* sind die klassischen Werke der Antike und Nachahmungen in ihrem Geiste gemeint. – ***hoc nomine:*** ‚aus diesem Grunde'.

43,2 ***titulus:*** hier ‚Name'; zu denken ist bei den ‚antiken Heroen' vor allem an die Geistesgrößen (Miller). – ***se venditare:*** hier ‚sich anpreisen, sich brüsten'. – ***vere barbarorum colluvies:*** Während sich die einzelnen christlichen Völker anmaßend als einzige Nicht-Barbaren inszenieren, wie Stultitia gerade ausgeführt hatte, sind die einzigen wahren Barbaren in den Augen der Stultitia (und des Erasmus?) die Nicht-Christen. – ***Mosen:*** griechischer Akkusativ zu *Moses*. – ***hodieque:*** ‚auch heute noch'. – ***mordicus tenere:*** = *Adag.* 322. Die Juden haben sich aus Sicht der Stultitia (und vielleicht auch des Erasmus, s. aber Miller) zu Unrecht noch nicht von Moses ab- und Christus zugewandt. – ***magia:*** Verschiedene deutsche Theologen befassten sich mit Magie, z. B. Johannes Trithemius.

44,1 ***quis:*** = *aliquis*. – ***homini magis amicus:*** Eichhörnchen waren zu Erasmus' Zeit beliebte Haustiere, vgl. Holbeins Bildnis der *Dame mit einem Eichhörnchen und einem Star*. – ***ad aliquid conducere:*** ‚nützlich sein für'.

exemplis poterant admoneri. Quid enim cane adulantius? At rursum quid fidelius? Quid sciuro blandius? At hoc quid est homini magis amicum – nisi forte vel asperi leones vel immites tigres vel irritabiles pardi magis ad vitam hominum conducere videntur.

2 Quamquam* est omnino perniciosa quaedam adulatio, qua nonnulli perfidiosi et irrisores miseros in perniciem adigunt. Verum haec mea ab ingenii benignitate candoreque quodam proficiscitur multoque virtuti vicinior est quam ea, quae huic opponitur, asperitas ac morositas inconcinna, ut ait Horatius, gravisque. Haec deiectiores animos erigit, demulcet tristes, exstimulat languentes, expergefacit stupidos, aegrotos levat, feroces mollit, amores conciliat, conciliatos retinet. Pueritiam ad capessenda studia litterarum allicit, senes exhilarat, principes citra* offensam sub imagine laudis et admonet et docet. In summa: facit, ut quisque sibi ipse sit iucundior et carior, quae quidem felicitatis pars est vel* praecipua. Quid autem officiosius, quam cum mutuum muli scabunt? Ut ne dicam interim* hanc esse magnam illius laudatae eloquentiae partem, maiorem medicinae, maximam poeticae, denique hanc esse totius humanae consuetudinis mel et condimentum.

1 „Sed falli", inquiunt, „miserum est". Immo non falli miserrimum. Nimium 45
enim desipiunt, qui in rebus ipsis felicitatem hominis sitam esse existimant. Ex opinionibus ea pendet: Nam rerum humanarum tanta est obscuritas varietasque, ut nihil dilucide sciri possit, quemadmodum recte dictum est ab Academicis meis inter philosophos quam minimum* insolentibus. Aut si quid sciri potest, id non raro officit etiam vitae iucunditati. Postremo sic sculptus est hominis animus, ut longe magis fucis quam veris capiatur. Cuius rei si quis experimentum expositum et obvium quaerat, contiones* ac templa* petat, in quibus si quid serium narratur, dormitant, oscitant, nauseant omnes. Quod

---

44,2 ***haec mea:*** erg. *adulatio*. – ***asperitas ... gravisque:*** vgl. Horaz, *Epistel* 1,18,6: *asperitas agrestis et inconcinna gravisque*. – ***Pueritiam ... allicit:*** Erasmus sprach sich dezidiert für eine angstfreie Pädagogik ohne brutale Strafmaßnahmen aus, vgl. etwa *De pueris statim instituendis* (1529) und Listrius z. St. – ***mutuum* (Adv.) *muli scabunt:*** ‚Maulesel kratzen sich (erg. mit den Zähnen) gegenseitig' (*Adag.* 696, Titel einer Varro-Satire), das Sprichwort bezieht sich eigentlich darauf, dass sich Menschen, die niemand lobt, gegenseitig loben. – ***interim:*** hier ‚manchmal'. – ***hanc:*** = *adulationem*. – ***Ut ne dicam ... poeticae:*** Vgl. zum Verhältnis von Schmeichelei einerseits und Rhetorik, Medizin und Dichtung andererseits Platon, *Gorgias* 464b–466a und 501e–503 und 33,1. – ***humana consuetudo:*** ‚Umgang der Menschen miteinander, menschliche Gesellschaft'.

45,1 ***Nimium ... pendet:*** Stultitia dreht effektvoll das Credo der Stoiker um, dass alles Unglück der Menschen von ihren falschen Anschauungen komme. – ***ab Academicis meis:*** Gemeint ist die skeptische Akademie, die sich in letzter Konsequenz jedes endgültige Urteil versagte und somit von Stultitia nicht zu Unrecht als die am wenigsten anmaßenden Philosophen bezeichnet wird. – ***experimentum:*** ‚Erfahrungsbeweis'. – ***declamator ... volebam:*** *declamator* klingt deutlich freundlicher als ‚Schreihals'. – ***anilis fabella:*** Der Ausdruck kommt auch vor bei Horaz, *Satire* 2,6,77–78; Cicero, *De natura deorum* 3,12. – ***fabulosior et poeticus:*** Um die drei genannten Heiligen rankten sich viele legendarische Erzählungen. – ***Verum ... loci* (Gen. poss.):** ‚Aber das gehört nicht hierher.'

si clamator ille (lapsa sum, *declamator* dicere volebam) ita, ut saepe faciunt, anilem aliquam fabellam exordiatur, expergiscuntur, eriguntur, inhiant omnes. Item si quis sit divus* fabulosior et poeticus (quod si exemplum requiris, finge huius generis Georgium aut Christophorum aut Barbaram), videbitis hunc longe religiosius coli quam Petrum aut Paulum aut ipsum etiam Christum. Verum haec non huius sunt loci.

2 Iam quanto minoris constat* haec felicitatis accessio? Quandoquidem* res ipsas aliquoties magno negotio pares oportet, vel* levissimas uti grammaticen. At opinio facillime sumitur. Quae tamen tantundem aut amplius etiam ad felicitatem conducat. Age*, si quis putribus vescatur salsamentis, quorum alius nec* odorem ferre possit, et tamen huic ambrosiam sapiant, quaeso*, quid interest ad felicitatem? Contra*, si acipenser alicui nauseam sapiat, quid referet ad vitae beatitudinem? Si cui sit uxor egregie deformis, quae tamen marito vel* cum ipsa Venere certare posse videatur, nonne perinde fuerit, ac si vere formosa foret? Si quis tabulam minio lutoque male oblitam suspectet ac demiretur persuasum habens Apellis aut Zeuxidis esse picturam, nonne felicior etiam fuerit eo, qui eorum artificum manum magno emerit* fortassis minus ex eo spectaculo voluptatis percepturus?

3 Novi ego quendam mei nominis, qui novae nuptae gemmas aliquot adulterinas dono dedit persuadens, ut erat facundus nugator, eas non modo veras ac nativas esse, verum etiam singulari atque inaestimabili pretio. Quaeso*, quid intererat puellae, cum vitro non minus iucunde pasceret et oculos et animum, nugas perinde ut eximium aliquem thesaurum conditas apud sese servaret? Maritus interim* et sumptum effugiebat et uxoris errore fruebatur nec eam tamen sibi minus habebat devinctam, quam si magno empta* donasset.

45,2 ***quanto* (Abl. mensurae) *minoris* (Gen. pretii) *constat:*** ‚um wieviel billiger ist'. – ***magno negotio:*** ‚mit großem Aufwand'. – ***pares:*** 2. Ps. Konj. Präs. von *parare* ('sich verschaffen'). – ***grammaticen:*** griechischer Akkusativ. – ***quid interest ad felicitatem:*** ‚Was macht das für einen Unterschied für die Glückseligkeit?' – ***acipenser:*** ein Luxusfisch, vielleicht der Stör (so auch Kirsch s. v.). – ***aliquid sapere:*** ‚nach etwas schmecken'. – ***quid … beatitudinem:*** ‚was wird das für eine Bedeutung haben für ein glückliches Leben?' – ***oblitus:*** PPP von *oblinere*. – ***aliquid persuasum* (PPP) *habere:*** ‚von etwas überzeugt sein'; die Funktion von *aliquid* (Akkusativobjekt) übernimmt hier der AcI. – ***eorum … manum:*** ‚eine Hand dieser Künstler' i. S. v. ‚eines ihrer echten Gemälde' (vgl. zu dieser Metonymie Martial, *Epigramme* 4,39,3). – ***voluptatis:*** hängt von *minus* ab.

45,3 ***Novi quendam mei nominis:*** Listrius bezieht diese Anspielung auf Thomas Morus und seine erste Frau Joan Colt, die Erasmus wiederholt als ungebildet dargestellt hat (Chambers 1935, 94–97, cap. 1,12; 1946, 115–117). – ***ut est* mit Prädikatsnomen:** ‚da er x ist'. – ***quid intererat puellae* (Genitiv):** ‚was machte es für die junge Frau für einen Unterschied'. – ***nugae:*** hier ‚Tand, wertlose Dinge'.

4 Num quid interesse censetis inter eos, qui in specu illo Platonico variarum rerum umbras ac simulacra demirantur, modo* nihil desiderent neque minus sibi placeant, et sapientem illum, qui specum egressus veras res aspicit? Quod si Micyllo Lucianico dives illud et aureum somnium perpetuo somniare licuisset, nihil erat, cur aliam optaret felicitatem. Aut nihil igitur interest aut, si quid interest, potior etiam stultorum condicio. Primum, quod iis sua felicitas minimo constat*, id est, sola persuasiuncula; deinde, quod ea fruuntur cum plurimis communiter. Porro nullius boni iucunda sine socio possessio. Quis enim nescit, quanta sapientum paucitas, si modo quisquam inveniatur? Quamquam* ex tot saeculis Graeci septem omnino numerant. Quos mehercle si quis accuratius excutiat*, dispeream, si vel* semisapientem inveniet, immo, si vel* trientem viri sapientis.

1 Proinde, cum inter multas Bacchi laudes illud habeatur, ut est, primarium, **46**
quod animi curas eluat idque ad exiguum modo tempus (nam simulatque villum edormieris, protinus albis, ut aiunt, quadrigis recurrunt animi molestiae), quanto meum beneficium cum plenius, tum praesentius, quae perpetua quadam ebrietate mentem gaudiis, deliciis, tripudiis expleo idque nullo negotio? Neque quemquam omnino mortalem mei muneris expertem esse sino, cum reliquae numinum dotes aliae ad alios perveniant.

2 Non ubivis nascitur generosum et lene merum, quod curas abigat, quod cum spe divite manet. Paucis contigit formae gratia, Veneris munus, pauciori-

---

45,4 ***Num ... qui:*** ‚Glaubt ihr etwa, dass es irgendeinen Unterschied gibt zwischen jenen, die ...' – ***in specu illo Platonico:*** Anspielung auf Platons Höhlengleichnis (*Politeia* 7,514a–517c) über die mangelhafte Erkenntnisfähigkeit des Menschen, der anstelle der Wirklichkeit nur die Schatten der Dinge außerhalb seiner Höhle sehen kann, die das Licht von außen an die Höhlenwand wirft. Als einer dieser Troglodyten die Höhle verlässt und die Welt sieht, wie sie wirklich ist, glauben ihm seine Gefährten bei seiner Rückkehr kein Wort und töten ihn. – ***Micyllus:*** Protagonist in Lukians von Erasmus übersetztem Dialog *Der Hahn oder der Traum des Mikyllos,* der von dem Hahn Pythagoras (s. 34,3) aus seinen Träumen vom Reichtum aufgeweckt wird. – ***persuasiuncula:*** Deminutiv von *persuasio:* ‚etwas Überzeugungskraft, ein wenig Einbildung' (mlat., nlat.); *sola persuasiuncula* ist Ablativus pretii wie *minimo.* – ***si modo quisquam inveniatur:*** ‚wenn überhaupt einer gefunden werden sollte'. – ***septem:*** die Sieben Weisen. – ***semisapiens:*** Das Wort scheint vor dieser Stelle nicht belegt zu sein; es ist aber ein regulär gebildetes Kompositum (vgl. etwa *semisaucius*).

46,1 ***ut est:*** ‚wie es ja auch der Fall ist'. – ***quod ... eluat:*** Dionysos-Bacchus hatte den kultischen Beinamen Lyaios, der oft als Sorgenlöser gedeutet wurde. Zum Wein als Sorgensedierer vgl. etwa die Sentenz *Nunc vino pellite curas!* (Horaz, *Carmen* 1,7,31). – ***villum:*** von *vinulum,* dem Deminutiv von *vinum* (mit Synkope und Assimilation): ‚kleiner Rausch' (*edormiscam hoc villi,* Terenz, *Adelphen* 786). – ***albis ... quadrigis:*** ‚auf einem Gespann mit vier weißen Pferden', d.h. ‚mit unglaublicher Schnelligkeit', vgl. dazu *Adag.* 320–321 und zur Junktur *albis quadrigis* Plautus, *Asinaria* 279. – ***praesens:*** ‚gegenwärtig' i.S.v. ‚wirksam'. – ***aliae ad alios perveniunt:*** ‚die einen Gaben kommen zu diesen, die anderen zu jenen', ein sog. Einteilungssatz (s. BS § 96,4).

46,2 ***generosum ... manet:*** Horaz, *Epistel* 1,15,18b–19 (v. 19 wörtlich übernommen); *manet* kommt von *manare.* – ***Mercurii donum:*** Zu Merkur als dem Stifter der Rednergabe vgl. Horaz, *Carmen* 1,10,1–3. – ***dextro Hercule:*** ‚indem Herkules gnädig war, durch die Gna-

bus eloquentia, Mercurii donum. Non ita multis obtigerunt opes dextro Hercule. Imperium non cuivis concedit Iuppiter Homericus, saepenumero Mavors neutris favet copiis. Complures ab Apollinis tripode tristes discedunt. Saepe fulminat Saturnius. Phoebus aliquando iaculis pestem immittit. Neptunus plures exstinguit quam servat – ut ⟨ne⟩ interim* Veioves istos, Plutones, Atas, Poenas, Febres atque id genus* non deos, sed carnifices commemorem. Ego sum una illa Stultitia, quae omnes ex aequo tam parata beneficentia complector.

1 Nec vota moror nec irascor exposcens piamina, si quid caerimoniarum fuerit praetermissum. Nec caelum terrae misceo, si quis reliquis invitatis dis me domi relinquat nec admittat ad nidorem illum victimarum. Nam ceterorum deorum tanta in his est morositas, ut prope maius sit operae pretium atque adeo* tutius illos neglegere quam colere, quemadmodum sunt et homines nonnulli tam difficiles et ad laedendum irritabiles, ut praestiterit eos prorsum alienissimos habere quam familiares. 47

2 „At nemo“, inquiunt, „Stultitiae sacrificat neque templum statuit.“ Equidem demiror, ut dixi, nonnihil* hanc ingratitudinem. Verum hoc quoque pro mea facilitate boni consulo, quamquam ne haec quidem desiderare possum.

---

de des Herkules‘, wörtlich Persius, *Satire* 2,11–12: jemand bittet in seinem stillen Gebet Herkules darum, ihn einen Topf Silber finden zu lassen. – ***Iuppiter Homericus:*** In der *Ilias* (2,203–206) formuliert Odysseus den Gedanken, dass nur einer König von Zeus' Gnaden sein könne. – ***Mavors* (ein anderer Name für Mars) *... copiis:*** vgl. *Adag.* 663 und 3649 *(Mars communis).* – ***Complures ... discedunt:*** ‚Enttäuscht gehen viele wieder von Apolls Orakel in Delphi nach Hause‘ – weil sie keine Weissagung erhalten haben, mit der sie etwas anfangen könnten. – ***Saepe fulminat Saturnius:*** ‚Oftmals schleudert Jupiter (weil er erzürnt ist) seine Blitze auf Menschen‘; *Saturnius* heißt Jupiter als Sohn des Saturn/Kronos. – ***Phoebus ... pestem immittit:*** In der *Ilias* bringen Apollons Geschosse die Pest über das griechische Heer (1,8–10.43–52). – ***Neptunus ... servat:*** Anspielung auf Schiffbrüche. – ***ut ⟨ne⟩ interim ... commemorem:*** ‚um aber gar nicht erst zu erwähnen, ganz zu schweigen von‘. Zur Ausdrucksweise vgl. *ut ne dicam interim* in 23,1 und 44,2. – ***Veiovis:*** römischer Gott mit unklarer Funktion; Erasmus scheint ihn nach Gellius (*Noctes Atticae* 5,12,8–11) als den bösartigen, schadenden Gegengott zum helfenden Jupiter aufzufassen (wegen der Ableitung des Stammes *Iov-* von *iuvare* und aufgrund der privativen Vorsilbe *ve-*, vgl. z. B. *vesanus*). Die Pluralformen hier und im Folgenden bedeuten ‚finstere Mächte wie‘. – ***Atē:*** Göttin der Verblendung, s. Homer, *Ilias* 19,90–96 und 126–131, zu Erasmus' Zeit auch als Göttin des Schadens und des Verderbens aufgefasst (Kirsch). – ***Poenas, Febres:*** vgl. zu diesen Personifikationen bspw. Lucan, *Bellum civile* 6,695; Plinius, *Naturalis historia* 2,5,16. – ***paratus:*** ‚zur Verfügung stehend, schnell zu bekommen‘.

47,1 ***aliquid non morari:*** ‚von etwas nichts wissen wollen‘. – ***piamen:*** ‚Versöhnungsgabe‘. – ***caelum terrae miscere:*** etwa ‚alles durcheinanderbringen‘, vgl. *Adag.* 281 *(Mare caelo miscere).* – ***Nam ... colere:*** Wenn man bei der Verehrung der pedantischen Götter etwas falsch macht, ist das schlimmer, als wenn man sie ganz vernachlässigt. – ***operae pretium:*** ‚Lohn der Mühe‘.

47,2 ***pro mea facilitate:*** ‚entsprechend meiner Umgänglichkeit‘. – ***boni consulere:*** ‚gut aufnehmen‘. – ***tusculum ... molam ... hircum ... suem:*** typische Opfergaben in der Antike. – ***ubique gentium:*** ‚überall auf der Welt‘. – ***eum cultum ... solet:*** Gemeint ist die Imitation, die von christlichen Theologen als ‚Nachfolge‘ Christi empfohlen wird. – ***Dianae ... humano sanguine litatur:*** Als die griechische Flotte in Aulis wegen einer anhaltenden Flaute nicht

Quid enim est, cur tusculum aut molam aut hircum aut suem requiram, cum mihi mortales omnes ubique gentium eum cultum persolvant, qui vel* a theologis maxime probari solet? Nisi forte Dianae debeam invidere, quod illi humano sanguine litatur.

3 Ego me tum religiosissime coli puto, cum passim, ut faciunt omnes, animo complectuntur, moribus exprimunt*, vita repraesentant. Qui quidem divorum* cultus nec* apud Christianos admodum frequens est. Quanta turba eorum, qui deiparae virgini cereolum affigunt idque in meridie, cum nihil est opus? Rursum quam pauci, qui eandem vitae castimonia, modestia, caelestium rerum amore studeant aemulari? Nam is demum verus est cultus longeque caelitibus gratissimus. Praeterea cur templum desiderem, cum orbis hic universus templum mihi sit, ni fallor, pulcherrimum? Neque vero desunt mystae*, nisi ubi desunt homines. Nec iam usque adeo stulta sum, ut saxeas ac coloribus fucatas imagines requiram, quae cultui nostro nonnumquam officiunt, cum a stupidis et pinguibus* istis signa pro divis* ipsis adorantur.

4 Nobis interim* usu venit*, quod solet iis, qui a vicariis suis extruduntur. Mihi tot statuas erectas puto, quot sunt mortales vivam mei imaginem prae se ferentes, etiamsi nolint. Itaque nihil est, quod reliquis dis invideam, si aliis in angulis terrarum alii colantur idque statis diebus: quemadmodum Rhodi Phoebus, in Cypro Venus, Argis Iuno, Athenis Minerva, in Olympo Iuppiter,

---

weitersegeln konnte, forderte Artemis das Blut der Iphigenie (s. das Drama des Euripides *Iphigenie in Aulis*). Bei den Taurern wurden der Göttin angeblich Menschenopfer dargebracht (s. die Iphigenie bei den Taurern-Dramen von Euripides und Goethe).

47,3 ***complectuntur … exprimunt … repraesentant:*** Subjekt sind die Menschen, Objekt ist die Stultitia. – ***deiparae virgini:*** ‚für Maria', die Mutter Jesu. – ***cereolus:*** ‚Kerze'. – ***affigunt:*** Gemeint ist das Aufstellen der Kerzen vor einer Marienfigur, s. die Abb. oben. – ***cum nihil est opus:*** ‚wenn es völlig unnötig ist' (weil es am Mittag ohnehin hell ist). – ***eandem:*** ‚sie', die heilige Jungfrau. – ***cultui nostro … Nobis:*** Damit meint die Stultitia die Götter im Allgemeinen, nicht nur sich, vgl. dagegen bspw. *mihi.*

47,4 ***nihil est, quod … invideam:*** ‚es gibt keinen Grund dafür, … zu beneiden'. – ***status:*** PPP von *sistere:* ‚festgesetzt, bestimmt'. – ***Phoebus … Priapus:*** Mit *Phoebus* ist der Sonnengott Helios gemeint, den die Kolossalstatue auf Rhodos darstellte (eines der Sieben Weltwunder). Die meergeborene Aphrodite stieg bei Zypern an Land, die Insel war daher ein bedeutender Kultort. Die einstmals bedeutende Stadt Argos war eine von Heras bevorzugten Städten. Athene war die Schutzgöttin Athens. Tarent war eine Gründung von Taras, einem Sohn Neptuns, der Schutzpatron der Stadt war. Aphrodite gebar dem Dionysos den Priap in Lampsakos.

Tarenti Neptunus, Lampsaci Priapus, modo* mihi communiter orbis omnis longe potiores victimas assidue praebeat.

1 Atque si cui videor haec audacius quam verius dicere, agedum*, paulisper ipsas hominum vitas inspiciamus, quo palam fiat et, quantum mihi debeant, et, quanti me faciant maximi pariter ac minimi. At non quorumlibet vitam recensebimus, nam id quidem perlongum, verum insignium tantum, unde reliquos facile sit aestimare. Quid enim attinet* de vulgo plebeculaque commemorare, quae citra* controversiam tota mea est? Tot enim undique stultitiae formis abundat, tot in dies novas comminiscitur, ut nec* mille Democriti ad tantos risus suffecerint – quamquam illis ipsis Democritis rursum alio Democrito foret opus. Quin etiam incredibile sit dictu, quos risus, quos ludos, quas delicias homunculi cottidie praebeant superis. Nam hi quidem horas illas sobrias et antemeridianas iurgiosis consultationibus ac votis audiendis impertiunt. Ceterum ubi iam nectare madent neque libet quidquam serium agere, tum, qua parte caelum quam maxime* prominet, ibi consident ac pronis frontibus, quid agitent homines, speculantur. Nec est aliud spectaculum illis suavius. Deum immortalem!* Quod theatrum est illud, quam varius stultorum tumultus! Nam ipsa nonnumquam in deorum poeticorum ordinibus considere soleo. **48**

2 Hic deperit in mulierculam, et quo minus adamatur, hoc amat impotentius. Ille dotem ducit, non uxorem. Ille sponsam suam prostituit. Alius zelo-

---

48,1 ***quo (= ut eo) palam fiat:*** ‚damit dadurch deutlich wird'. – ***quanti* (Gen. pretii) *me faciant maximi pariter ac minimi:*** ‚wie sehr mich die bedeutendsten ebenso wie die unbedeutendsten schätzen'. – ***id … perlongum:*** erg. *est*: ‚das würde viel zu lange dauern' (BS § 30,8 Anm.; § 106,2b). – ***in dies:*** = *cottidie*. – ***mille Democriti:*** ‚zahllose Demokrite'. – ***quamquam … opus:*** Dieser weitere Demokrit würde seinerseits sozusagen auf einer Metaebene über das Lachen der anderen Demokrite lachen. – ***consultatio:*** ‚Nachfrage, Bitte um einen Rat', in Verbindung mit *iurgiosa*: ‚Beschwerde, Klage'. – ***ubi iam nectare madent:*** Zur berauschenden Wirkung des Götternektars s. 1,1, 7,2 und 15,4. – ***qua … prominet:*** Erasmus scheint sich eine Art Balkon vorzustellen. – ***pronis frontibus:*** ‚mit nach vorne geneigter Stirn', vielleicht nach Cyprianus Gallus, *Genesis* 921. – ***Deum immortalem* (Acc. exclam.) *… tumultus:*** ‚Beim unsterblichen Gott! Was für ein Schauspiel ist das, wie bunt ist das chaotische Treiben der Toren!' – ***in … ordinibus:*** ‚in den Reihen der Götter, die bei den Dichtern vorkommen'. Stultitia sitzt zuweilen bei den Göttern, um sich von oben am törichten Treiben der Menschen zu ergötzen – so, wie es der Satiriker Menippos von Gadara in Lukians Dialog *Ikaromenippos* tut, dem dieses Kapitel viel verdankt, an dessen Ende Menippos auch explizit genannt wird.

48,2 ***hic, ille, alius:*** Diese Pronomina führen hier als Indefinitpronomina Beispiele ein: ‚einer, ein anderer, wieder ein anderer usw.' – ***Hic deperit in mulierculam:*** ‚der eine vergeht aus Liebe zu einem Frauchen' (zu *deperire* mit *in* und dem Akkusativ vgl. 31,4 mit Anm.); *hic* und *ille* werden im Folgenden nicht als Demonstrativ-, sondern als Indefinitpronomina verwendet. – ***quo … impotentius:*** ‚je weniger er geliebt wird, desto unbeherrschter/maßloser liebt er'. – ***Ille dotem ducit* (erg. *in matrimonium*):** ‚ein anderer heiratet die Mitgift'. – ***Argus:*** hundertäugiges Monstrum des antiken Mythos, Inbegriff unfehlbaren Sehens. – ***papae:*** Interjektion, etwa ‚meine Güte!' – ***conducere:*** hier ‚mieten'. – ***Ille … tumulum:*** vgl. *Adag.* 810: *Flere ad novercae tumulum.* Damit ist gemeint, dass jemand Trauer heuchelt, sich aber in Wirklichkeit freut. – ***Hic … donat:*** eine ähnliche Formulierung wie bei Horaz, *Epistel* 1,15,32.

typus velut Argus observat. Hic in luctu (papae!) quam stulta dicit facitque conductis etiam velut histrionibus, qui luctus fabulam peragant? Ille flet ad novercae tumulum. Hic, quidquid undecumque potest corradere, id totum ventriculo donat paulo post fortiter esuriturus. Hic somno et otio nihil putat felicius. Sunt, qui alienis obeundis negotiis sedulo tumultuantur, sua neglegunt.

3 Est, qui versuris atque aere alieno divitem se esse putat mox decocturus. Alius nihil arbitratur felicius, quam si ipse pauper heredem locupletet. Hic ob exiguum idque incertum lucellum per omnia maria volitat undis ac ventis vitam committens nulla pecunia reparabilem. Ille mavult bello divitias quaerere quam tutum otium exigere domi. Sunt, qui captandis orbis senibus putant quam commodissime ad opes perveniri neque desunt, qui idem malint deamandis beatis aniculis aucupari. Quorum utrique tum demum egregiam de se voluptatem dis spectatoribus praebent, cum ab iis ipsis, quos captant, arte deluduntur.

4 Est omnium stultissimum ac sordidissimum negotiatorum genus, quippe qui rem omnium sordidissimam tractent idque sordidissimis rationibus, qui cum passim mentiantur, peierent, furentur, fraudent, imponant, tamen omnium primos sese faciunt, propterea quod digitos habeant auro revinctos. Nec desunt adulatores fraterculi* qui mirentur istos ac venerabiles palam appellent, nimirum, ut ad ipsos aliqua male partorum portiuncula redeat. Alibi videas Pythagoricos quosdam, quibus usque adeo omnia videntur esse communia, ut, quidquid usquam incustoditum nacti fuerint, id velut hereditate obvenerit, aequo animo tollant. Sunt, qui votis tantum divites sunt et iucunda quaedam sibi fingunt somnia idque ad felicitatem satis esse putant. Nonnulli foris divites haberi gaudent, domi gnaviter esuriunt.

5 Hic festinat, quidquid habet, profundere, ille per fas nefasque congerit. Hic candidatus ambit* populares honores, ille ad focum semet oblectat. Bona

---

48,3 ***versura:*** ‚geliehenes Geld'. – ***decoquere:*** ‚Bankrott machen'. – ***ipse pauper:*** ‚während er selbst wie ein Hungerleider lebt'. – ***exigere:*** hier ‚verleben'. – ***captandis orbis senibus:*** ‚indem sie bei kinderlosen alten Männern Erbschleicherei betreiben'; die *ars captandi* ist die Erbschleicherei, vgl. dazu v. a. Horaz, *Satire* 2,5. – ***beatus:*** PPP von *beare:* ‚betucht'. – ***Quorum … deluduntur:*** Zum betrogenen *captator,* der beim Blick in das Testament erfährt, dass er gar nichts geerbt hat, vgl. Horaz, *Satire* 2,5,55–69.

48,4 ***sordidus:*** ‚schmutzig' mit der Konnotation ‚habgierig'. Listrius zitiert in seinem Kommentar Cicero und mehrere Kirchenlehrer, die den Beruf des (profitgierigen) Kaufmanns verurteilten. – ***imponere:*** hier = *decipere.* – ***istos:*** die *negotiatores.* – ***male parta:*** ‚auf unrechte Weise erworbenes Gut', Anspielung auf das Sprichwort *male parta male dilabuntur* (*Adag.* 682). – ***redire:*** hier ‚als Einkünfte zuteilwerden'. – ***Pythagoricos … communia:*** vgl. die auf Pythagoras zurückgeführte Maxime *Amicorum communia omnia,* ‚Freunde teilen alles' (*Adag.* 1). Erasmus bezeichnet hier Diebe scherzhaft als Pythagoreer. – ***velut:*** hier = *velut si.*

48,5 ***per fas nefasque:*** ‚auf rechte und unrechte Art und Weise'. – ***ille … oblectat:*** etwa ‚ein anderer sitzt gemütlich am warmen Ofen'. – ***Bona pars:*** = *magna pars,* vgl. Horaz, *Ars poetica* 297; *Satire* 1,1,61. – ***lites numquam finiendas:*** ‚Gerichtshändel, die niemals beendet werden' (Gerundiv als Partizip Passiv). – ***hinc atque hinc:*** ‚auf der einen wie auf der anderen Seite' (von den beiden Parteien vor Gericht gesagt). – ***Bona pars … contendunt:*** Constructio ad sensum, vgl. *Pars in frusta secant* (Vergil, *Aeneis* 1,212). – ***contendere, ut:***

pars lites numquam finiendas agitat et hinc atque hinc certatim contendunt, ut prorogatorem iudicem et collusorem ditent advocatum. Hic rebus novandis studet, ille magnum quiddam molitur. Est, qui Hierosolymam, Romam aut divum* Jacobum adeat, ubi nihil est illi negotii domi relictis cum uxore liberis.

6 In summa: si mortalium innumerabiles tumultus e luna, quemadmodum Menippus olim, despicias, putes te muscarum aut culicum videre turbam inter se rixantium, bellantium, insidiantium, rapientium, ludentium, lascivientium, nascentium, cadentium, morientium. Neque satis credi potest, quos motus, quas tragoedias ciat tantulum animalculum tamque mox periturum. Nam aliquoties vel levis belli seu pestilentiae procella multa simul milia rapit ac dissipat.

49–60: Die intellektuellen, weltlichen und kirchlichen Eliten und ihre Realitätsblindheit

49: Die Grammatik(lehr)er

1 Sed ipsa stultissima sim planeque digna, quam multis cachinnis rideat Democritus, si pergam popularium stultitiarum et insaniarum formas enumerare. **49**
Ad eos accingar, qui sapientiae speciem inter mortales tenent et aureum illum ramum, ut aiunt, aucupantur. Inter quos grammatici primas tenent*, genus hominum profecto, quo nihil calamitosius, nihil afflictius, nihil aeque deis

---

‚sich darum bemühen, dass'. Der Ausdruck ist ironisch gemeint: Das einzige, was die beiden Prozessparteien gewinnen, ist, dass der Richter den Prozess immer wieder hinauszögert und der Anwalt ihn dabei nach Kräften unterstützt (*collusor* ‚Mitspieler' von jemandem, der eine unerlaubte Abmachung vor Gericht eingeht), um sich zu bereichern *(ditare)*. – ***divum Jacobum adeat:*** Gemeint ist eine Pilgerreise nach Santiago de Compostela. Erasmus ereifert sich häufiger über die aus seiner Sicht für einen Christen unnötigen Pilgerreisen, bspw. in den *Colloquia familiaria* (Colloquium m.d.T. *Peregrinatio* ‚Pilgerreise').

48,6 ***rixantium ... morientium:*** enge Imitation von Lukian, *Ikaromenippos* 15. – ***animalculum:*** ‚kleines, erbärmliches Lebewesen, Tierchen' (nlat., häufig bei Erasmus). – ***vel ... seu:*** ‚entweder – oder'.

49,1 ***dignus sum, qui* mit Konjunktiv, bspw. *ridear:*** ‚ich verdiene es, ausgelacht zu werden'. – ***ad aliquem accingi:*** ‚sich jemandem zuwenden'. Erasmus erweitert hier den Gebrauch der medialen Ausdrucksweisen *se accingere/accingi* (eigentlich ‚sich gürten, insbes. für einen Kampf'), die mit *ad aliquid* (nicht *aliquem*) bedeuten können ‚sich vorbereiten für, streben nach, an etwas herangehen'. – ***aureum illum ramum, ut aiunt, aucupantur:*** Obwohl der Einschub *ut aiunt* auf eine Redewendung deutet, findet sich in Erasmus' *Adagia* kein passender Eintrag. Aeneas muss einen goldenen Zweig pflücken, um in die Unterwelt hinabsteigen zu können (Vergil, *Aeneis* 6,137–148; 185–211). Der Zweig wurde vom spätantiken Vergilkommentator Fulgentius als ‚Streben nach Wissen und Bildung' sowie als *scientia* allegorisiert; für Erasmus ist Gold ein Symbol für *sapientia* (*Enchiridion militis Christiani* cap. 4; *Institutio principis Christiani,* cap. 1 *(Nativitas et educatio principis),* p. 146, 308–309 Herding). – ***deis invisum:*** feste Wendung, vgl. etwa Tacitus, *Historien* 5,3,1 (auch mit *genus hominum*). – ***dulci quodam genere insaniae:*** vielleicht nach Horaz, *Carmen* 3,4,5–6: *An me ludit amabilis insania?* (zitiert in 38,1). – **πέντε κατάραις (Dativ Plural),**

invisum foret, nisi ego miserrimae professionis incommoda dulci quodam insaniae genere mitigarem. Neque enim πέντε κατάραις, id est quinque tantum diris obnoxii sunt isti, quemadmodum indicat epigramma Graecum, verum sescentis*, ut qui semper famelici sordidique in ludis illis suis – in ludis dixi? – immo in φροντιστηρίοις vel pistrinis potius ac carnificinis inter puerorum greges consenescant laboribus, obsurdescant clamoribus, foetore paedoreque contabescant.

2 Tamen meo beneficio fit, ut sibi primi mortalium esse videantur. Adeo sibi placent, dum pavidam turbam minaci vultu voceque territant, dum ferulis, virgis lorisque conscindunt miseros dumque modis omnibus suo arbitratu saeviunt asinum illum Cumanum imitantes. Interim* sordes illae merae munditiae

---

id est quinque tantum diris obnoxii: ‚nur fünf Flüchen ausgesetzt, verfallen'; *quinque dirae* ist die Übersetzung von πέντε κατάραι. – ***epigramma Graecum:*** Der spätantike Dichter Palladas hat in einem Epigramm die ersten fünf Verse der *Ilias* als Verfluchung der Grammatiker gedeutet und ihren Inhalt daher als πέντε κατάραι (v. 7, vgl. v. 1) bezeichnet (*Anthologia Palatina* 9,173). Der Anfang der Grammatik bestehe nämlich aus „vernichtendem Zorn" (*Ilias* 1,1–2), „zahllosen Schmerzen" (*Ilias* 1,2), dem Umstand, dass viele Seelen in den Hades geschickt werden und ihre Körper den Hunden und Vögeln zum Opfer fallen (*Ilias* 1,4–5) sowie aus dem Zorn des Zeus (in *Ilias* 1,5 ist nur vom Ratschluss des Zeus die Rede, vgl. zum „Zorn" oben den Ausdruck *deis invisum*). Im Schlussdistichon werden die fünf Flüche mit den fünf Kasus des Griechischen parallelisiert. Die *enarratio poetarum* (‚Auslegung der Dichter') war ein Teil des Grammatikunterrichts seit der Antike. – ***ut qui:*** = *quippe qui* (‚die ja'). – ***in ludis dixi:*** Ironischerweise bedeutet *ludus* sowohl ‚Schule' als auch ‚Spiel, Scherz' – obwohl das Leben der Schulmeister auf den ersten Blick alles andere als fröhlich ist, wie Stultitia gleich ausführen wird. – **φροντιστήριον:** von φροντίζειν abgeleitetes Substantiv (zur Bedeutung s. u.). Wie der Plural zeigt, versteht Erasmus das Wort hier wohl weniger i.S. des sophistischen *think tank* in den *Wolken* des Aristophanes (v. 94, v. 128), sondern verwendet es i. S. v. ‚Studierzimmer' (vgl. Lukian, *Nero* 1) oder ‚Hörsaal'. Zudem führt er das Wort hier nicht auf die Bedeutung ‚denken', sondern auf die Bedeutung ‚sich Sorgen machen' zurück (also etwa ‚Sorgenraum'), vgl. auch Listrius, der das Wort mit *sollicitudinis locus* glossiert. – ***pistrinum:*** ‚Mühle', hier als Ort körperlicher Strafmaßnahmen zu verstehen; vgl. vor allem Plautuskomödien und die Redewendung *in eodem pistrino vivere* (Cicero, *De oratore* 2,144). – ***carnificina:*** antik nur i. S. v. ‚Folter, Hinrichtung, Amt des Folterknechts/Henkers' belegt. Erasmus versteht das Wort in Analogie zu *officina* als Bezeichnung des Ortes i. S. v. ‚Folterkammer' (erg. *in* vor *pistrinis* und *carnificinis*). – ***foetore paedoreque:*** Vielleicht ist gemeint, dass die Schullehrer in heruntergekommenen Schulgebäuden und vor ungewaschenen Schülern lehren müssen, oder der Ausdruck ist in übertragenem Sinn zu verstehen als Bezeichnung der intellektuell wenig anspruchsvollen Aufgaben desjenigen, der Schüler in den Anfangsgründen des Lateinischen unterweisen muss, und/oder als Bezeichnung entlegener grammatikalischer Themen (vgl. etwa Sueton, *Augustus* 86,1: *reconditorum verborum foetoribus*).

49,2 ***asinum illum Cumanum:*** vgl. *Adag.* 266 *(Induitis me leonis exuvium)* und 612 *(Asinus apud Cumanos)*. Die Redewendung zielt auf jemanden, dem unverdiente Ehren zuteilwerden oder der sich zu viel auf seine Stellung einbildet. Sie geht zurück auf eine bei Lukian erzählte Fabel (*Der Fischer oder die Auferstandenen* 32): Ein in Kyme (laut Erasmus *Adag.* 266 nicht Cumae in Italien, sondern ein Ort an der Westküste Kleinasiens) lebender Esel findet ein Löwenfell, legt es an und geriert sich fortan wie ein Löwe, sodass er die Einwohner der Stadt, die noch nie einen Löwen gesehen haben, in Angst und Schrecken versetzen

videntur, paedor amaracinum olet, miserrima illa servitus regnum esse putatur, adeo, ut tyrannidem suam nolint cum Phalaridis aut Dionysii imperio commutare. Sed longe etiam feliciores sunt nova quadam doctrinae persuasione. Siquidem* cum plerique mera deliramenta pueris inculcent, tamen, di boni, quem non illi Palaemonem, quem non Donatum prae* se contemnunt? Idque nescioquibus praestigiis mire efficiunt, ut stultis materculis et idiotis patribus tales videantur, quales ipsi se faciunt.

3 Iam adde et hoc voluptatis genus, quoties istorum aliquis Anchisae matrem aut voculam vulgo incognitam in putri quapiam charta deprehenderit, puta* *bubsequam, bovinatorem* aut *manticulatorem,* aut si quis vetusti saxi fragmentum mutilis notatum litteris alicubi effoderit: O Iuppiter, quae tum exsultatio, qui triumphi, quae encomia, perinde quasi vel Africam devicerint vel Babylonas ceperint! Quid autem, cum frigidissimos* et insulsissimos versiculos suos

---

kann. – ***paedor amaracinum olet:*** vgl. *Adag.* 338: *Nihil cum amaracino sui* („Ein Schwein hat nichts mit erlesenem Parfum am Hut"); Erasmus sagt dort, dass die besten *unguenta* als *amaracina* bezeichnet wurden. – ***nova quadam doctrinae persuasione:*** ‚aufgrund einer neuen Überzeugung von ihrer Bildung, aufgrund ihres bisher nicht vorhandenen Bildungsstolzes'. Im Gegensatz zur Antike und zum Mittelalter glauben die zeitgenössischen *grammatici,* sie seien die *primi mortalium.* – ***Siquidem cum:*** ‚Denn obwohl'. – ***mera deliramenta:*** ‚reiner Wahnsinn', gemeint sind abgehobene, spitzfindige grammatikalische Lehrinhalte. – ***inculcare:*** ‚eintrichtern, einbläuen'. – ***quem … contemnunt:*** ‚welchen Palaemon, welchen Donat verachten sie nicht im Vergleich zu sich?' Der *grammaticus* Quintus Remmius Palaemon (1. Jh. n. Chr.) war der Verfasser einer heute verlorenen, aber in der Antike weithin benutzten *Ars grammatica* und galt daher als *grammaticus* par excellence. Im Jahr 1503 wurde von dem Humanisten Johannes Jovianus Pontanus eine von ihm entdeckte, aber heute für unecht gehaltene *Ars grammatica* unter dem Namen des Palaemon zusammen mit anderen *Artes* herausgegeben. Dieser kurze Traktat erlebte in der ersten Hälfte des 16. Jahrhunderts weitere Auflagen (s. dazu Heinrich Keil, GLK 5,525, 528–529, Edition 533–547). Aelius Donatus war ein *grammaticus* des 4. Jahrhunderts, Verfasser einer *Ars minor* und einer *Ars maior.* Diese beiden Werke waren bis ins 18. Jahrhundert die Standardwerke im Lateinunterricht. – ***Idque:*** weist auf den *ut*-Satz voraus (‚und das bewirken sie, dass sie nämlich'). – ***stultis materculis et idiotis patribus:*** gemeint sind die Eltern der Schüler. – ***idiota:*** hier adjektivisch: ‚ungebildet'. – ***quales se ipsi faciunt:*** ‚zu was sie sich selbst machen, wie sie sich selbst darstellen'.

49,3 ***Anchisae matrem:*** Nach Apollodor, *Bibliotheke* 3,12,2 heißt die Mutter des Anchises Themiste. Es handelt sich dabei um entlegenes Spezialwissen, wie der *grammaticus* bei Juvenal die Amme des Anchises kennt (*Satire* 7,231–234). Der *grammaticus* ist nicht nur für die sprachliche, sondern auch für die mythologische und historische Ausbildung zuständig. – ***in putri quapiam charta:*** ‚in irgendeinem vergilbten, von Motten zerfressenen Schriftstück'. ***bu(b) sequa*** **(mask.):** ‚Rinderhirt', mehrfach bei Apuleius belegt, der Erasmus (und auch anderen Humanisten) nicht als nachahmenswerter Autor galt. – ***bovinator:*** ‚einer, der Ausflüchte sucht, ein wankelmütiger Mensch'. Aus Gellius, *Noctes Atticae* 11,7,7–9 geht hervor, dass das Wort im 2. Jh. n. Chr. als entlegener Archaismus galt. – ***manticulator:*** ‚Dieb, Betrüger' (abgeleitet von *mantica* ‚Rucksack'). – ***notare:*** hier ‚mit Schriftzeichen versehen, beschriften'. – ***Babylonas:*** griech. Akkusativ Plural von *Babylon, -onis* fem.: ‚Städte wie Babylon'. – ***frigidissimi et insulsissimi versiculi:*** ‚sehr schwache und abgeschmackte Verse'. – ***Maronis animam … credunt:*** Ennius hatte behauptet, der Geist Homers sei in ihn übergegangen (*Annales* frg. 1,5 Vahlen; Persius, *Satire* 6,10–11). Mit *Maro* ist Vergil gemeint.

passim ostentant neque desunt, qui mirentur? Iam plane Maronis animam in suum pectus demigrasse credunt.

4 At nihil omnium suavius, quam cum ipsi inter sese mutua talione laudant ac mirantur vicissimque scabunt. Quod si quis alius verbulo* lapsus sit idque forte fortuna hic oculatior deprehenderit, Ἡράκλεις, quae protinus tragoediae, quae digladiationes, quae convicia, quae invectivae! Male propitios habeam omnes grammaticos, si quid mentior.

5 Novi quendam πολυτεχνότατον, Graecum, Latinum, mathematicum, philosophum, medicum, καὶ ταῦτα βασιλικόν, iam sexagenarium, qui ceteris rebus omissis annis plus viginti se torquet ac discruciat in grammatica prorsus felicem se fore ratus, si tam diu liceat vivere, donec certo statuat, quomodo distinguendae sint octo partes orationis*, quod hactenus nemo Graecorum

---

49,4 *talio:* Die Lexika geben nur die Bedeutung ‚Talionsstrafe' an, Erasmus verwendet das Wort hier aber eindeutig i. S. v. *beneficium*. – ***vicissimque scabunt:*** etwa ‚und sie kraulen sich gegenseitig', Anspielung auf das am Ende von 44,2 zitierte Sprichwort *Mutuum muli scabunt*. – ***forte fortuna:*** zwei synonyme, asyndetisch gereihte Ablative: ‚zufällig'. – ***oculatus:*** ‚mit Augen versehen, scharfsichtig'; mit *hic oculatior* ist ein exemplarisch vorschwebender *grammaticus* gemeint: ‚dieser ganz scharf sehende Grammatiker'. – **Ἡράκλεις:** Vokativ von Ἡρακλῆς i.S. eines Ausrufs: ‚beim Herakles!' – ***digladiationes:*** ‚Kämpfe auf Leben und Tod'; das Deponens *digladiari* ist zwar mehrfach bei Cicero belegt, aber das Substantiv erst im Mittelalter. – ***invectiva:*** ‚Beschimpfung, Schimpftirade'. – ***Male propitios habeam omnes Granmmaticos:*** wörtlich ‚Möge ich alle Grammatiker als Ungnädige haben!', also ‚Mögen alle Grammatiker mir zürnen!' Das Adverb *male* dient hier umgangssprachlich als Negation.

49,5 ***Novi quendam:*** vielleicht der englische Grammatiker Thomas Linacre (um 1460–1524), der Leibarzt des englischen Königs Heinrich VIII., Übersetzer medizinischer Werke und Verfasser einer ausgiebig benutzten Grammatik (*De emendata structura Latini sermonis*, erschienen 1524; Miller 46 Fußn. 138). Als Linacres Patient und Freund Erasmus diese Passage im Jahr 1516 hinzufügte, konnte man Linacre in der Tat *cum grano salis* als *sexagenarius* bezeichnen. Da seine große Grammatik noch nicht erschienen war, passt auch die Darstellung als zögerlicher *grammaticus*. – **πολύτεχνος:** ‚in vielen Künsten, Wissenschaften bewandert'. – ***Graecus, Latinus:*** hier ‚jemand, der Griechisch und Latein beherrscht'. – **καὶ ταῦτα βασιλικός:** wörtlich ‚und darin (ταῦτα als Accusativus Graecus) als ein Königlicher', d. h. ‚und in diesen Wissenschaften herausragend'. – ***octo partes orationis:*** Die antike Grammatik beschrieb eine Einzelsprache vor allem nach den Wortarten, den sog. *partes orationis* (wörtlich ‚Satzteile'). Kanonisch waren folgende acht: Nomen (Substantiv und Adjektiv), Verb, Pronomen, Partizip, Adverb, *coniunctio* (Konjunktion und Subjunktion), Präposition, Interjektion. Nahezu allen Grammatiken des Mittelalters und der frühen Neuzeit liegt diese Gliederung zugrunde. – ***ad plenum:*** ‚vollständig' (Vergil, *Georgica* 2,244; Horaz, *Carmen* 1,17,15; Seneca, *Epistel* 71,18). – ***perinde quasi res sit bello quoque vindicanda, si quis ...:*** „als ob es eine Sache wäre, die man geradezu mit einem Krieg einfordern müsste, wenn jemand ...". Der Grammatiker, der eine neue Klassifikation einführt, ist wahrhaftig bereit, einen Krieg zu führen, um sie durchzusetzen. – ***si quis ... pertinentem:*** ‚falls jemand die *coniunctio* zu einem Wort macht, das zum Rechtsgebiet der Adverbien gehört', d. h. ‚wenn ein Grammatiker die Konjunktion den Adverbien zuordnet'. In der Tat lassen sich bspw. *nam* und *enim* als Konjunktionen oder als kausale Adverbien klassifizieren – was eigentlich kein Kriegsgrund sein sollte. – ***hac gratia:*** ‚deswegen', auf den vorigen Satz verweisend (sog. anaphorischer Gebrauch). – ***cum:*** ‚obwohl'. – ***grammaticae:*** erg. *artes*: ‚Lehrbücher der Grammatik'. – ***Aldus meus:*** der venezianische Drucker

aut Latinorum ad plenum praestare valuit – perinde quasi res sit bello quoque* vindicanda, si quis coniunctionem faciat dictionem ad adverbiorum ius pertinentem. Et hac gratia, cum totidem sint grammaticae quot grammatici, immo plures (quandoquidem* Aldus meus unus plus quinquies grammaticam dedit), hic nullam omnino quantumvis barbare aut moleste scriptam praetermittit, quam non evolvat excutiatque* nemini non invidens, si quid quantumlibet inepte moliatur in hoc genere, misere timens, ne quis forte gloriam hanc praeripiat et pereant tot annorum labores.

6 Utrum insaniam hanc vocare mavultis an stultitiam? Nam mea quidem haud magni refert, modo* fateamini meo beneficio fieri, ut animal omnium alioqui* longe miserrimum eo felicitatis evehatur, ut sortem suam neque* cum Persarum regibus cupiat permutare.

50: Die Dichter, Redelehrer und Schriftsteller

1 Minus mihi debent poetae, tametsi vel* ex professo meae sunt factionis, **50**
quippe liberum genus, ut habet proverbium, quorum omne studium non alio pertinet quam ad demulcendas stultorum aures idque meris nugamentis ac ridiculis fabulis. Et tamen, his freti, dictu mirum, ut, cum sibi polliceantur immortalitatem et dis parem vitam tum aliis eandem promittant. Huic ordini

---

Aldus Manutius der Ältere, den Erasmus hier durch *meus* als einen Vertreter der *Stultitia* bezeichnet. Julius Caesar Scaliger hat diese Bemerkung als Pietätlosigkeit aufgefasst (zumal Erasmus einige seiner Werke bei Manutius verlegen ließ), allerdings lässt Erasmus die Stultitia auch ihn selbst als *meus* bezeichnen (s. 63,7). Vgl. zu dieser Stelle hier auch CE 2,378–379. – ***plus* (erg. quam) *quinquies:*** laut CE 2,379 viermal, nämlich 1493, 1501, 1508 und 1514. Zur Konstruktion s. zu *plus milies* in 39,2. – ***dare:*** hier ‚herausgeben, veröffentlichen'. – ***hic:*** der *quidam,* den Stultitia kennt. – ***nullam:*** erg. *grammaticam.* – ***molestus:*** hier ‚pedantisch, spitzfindig'. – ***nemo non:*** ‚jeder'.

49,6 ***meā haud magni refert:*** ‚mir ist das nicht allzu wichtig'. – ***ut sortem ... permutare:*** „so dass er nicht einmal mit den Perserkönigen tauschen möchte". Zum sprichwörtlichen Glück der persischen Könige vgl. etwa Horaz, *Carmen* 3,9,4: *Persarum vigui rege beatior.*

50,1 ***Minus mihi debent poetae:*** „die Dichter schulden mir weniger (erg. als die Grammatiker)", d. h. sie sind der Dummheit weniger unterworfen, sind vernünftiger. – ***ex professo:*** ‚vorsätzlich, ausdrücklich'. – ***liberum genus, ut habet proverbium:*** vgl. *Adag.* 2048: *Liberi poetae et pictores.* Der Ausdruck *liberum genus* ist eine Übersetzung von φῦλον ἐλεύθερον (Lukian, *Lob des Demosthenes* 11, auch dort mit Bezug auf die Dichter): Den Dichtern ist der freie Umgang mit der Wahrheit gestattet, sodass sie fiktive Geschichten und Personen kreieren dürfen (vgl. Horaz, *Ars poetica* 9–10); denn sie werden nach eigener Aussage (s. *ex professo*) von einem göttlichen Wahnsinn getrieben und sind daher von der Vernunft nicht lenkbar (*Adag.* 2048, Listrius). – ***aures demulcere:*** Die Junktur wird verwendet bei Gellius, *Noctes Atticae* 16,19,6. – ***nugamentum:*** von *nugae:* ‚Unsinn, nichtsnutziges Zeug'. – ***immortalitatem:*** Die Behauptung, dass große Dichtung dem Dichter Unsterblichkeit verleihe, findet sich oft bei römischen Dichtern, vgl. etwa Horaz, *Carmen* 2,20; 3,30; Ovid, *Amores* 1,15; *Metamorphosen* 15,871–879. Und schon griechische Dichter hatten den von ihnen besungenen Menschen Unsterblichkeit in Aussicht gestellt, vgl. etwa Horaz, *Carmen* 4,8; 4,9. – ***Et ... promittant:*** ‚Und trotzdem ist es seltsam, wie sie (die Dichter) im Vertrauen darauf

prae ceteris familiares φιλαυτία* καὶ κολακία* nec ab ullo mortalium genere color neque simplicius neque constantius.

2 Porro rhetores*, quamquam nonnihil* illi quidem praevaricantur colluduntque cum philosophis, tamen hos quoque nostrae factionis esse cum alia multa tum illud imprimis arguit, quod praeter alias nugas tam accurate tam multa de iocandi ratione conscripserunt (atque adeo* stultitiam ipsam inter facetiarum species numerat, quisquis is fuit, qui ad Herennium dicendi artem conscripsit) quodque apud Quintilianum, huius ordinis longe principem, caput est de risu vel* *Iliade* prolixius: tantum denique stultitiae tribuunt, ut saepenumero, quod nullis argumentis dilui possit, risu tamen eludatur, nisi si quis hoc arbitretur ad stultitiam non pertinere ridiculis dictis excitare cachinnos idque arte.

3 Huius farinae sunt et isti, qui libris edendis famam immortalem aucupantur. Hi cum omnes mihi plurimum debent, tum praecipue, qui meras nugas chartis illinunt. Nam qui erudite ad paucorum doctorum iudicium scribunt quique nec Persium nec Laelium iudicem recusant, mihi quidem miserandi magis quam beati videntur, ut qui sese perpetuo torqueant: addunt, mutant,

---

sowohl sich Unsterblichkeit und ein gottgleiches Leben versprechen als auch anderen diese verheißen.' Der Hauptsatz besteht nur aus *et tamen dictu mirum* (erg. *est*), wovon der mit *ut* (,wie') eingeleitete indirekte Fragesatz abhängt, zu dem das proleptisch herausgezogene *his freti* (bezogen auf die *poetae* als Subjekt des Satzes) gehört. – ***cum – tum:*** ,sowohl – als auch besonders'. – **φιλαυτία καὶ κολακία:** ,Selbstliebe und Schmeichelei'. Die Selbstliebe der Dichter zeigt sich in der Feier ihrer angeblich unsterblichen Gedichte, ihre Schmeichelei in den Lobliedern auf Herrscher. – ***nec ... neque ... neque:*** im Lateinischen nicht auffällig, im Deutschen nur eine Verneinung: ,noch werde ich von keinem Menschenschlag aufrichtiger und dauerhafter verehrt.'

50,2 ***praevaricari, colludere:*** Beide Begriffe bezeichnen unerlaubte geheime Absprachen der beiden Parteien in einem Gerichtsprozess. Die Rhetoren paktieren sozusagen hinter dem Rücken der Stultitia mit den Philosophen. – ***rhetores ... philosophis:*** zu den Verbindungen zwischen Rhetorik und Philosophie vgl. Cicero, *De oratore* 1,68–69; 2,36–37.152–156.274; Quintilian, *Institutio oratoria* 10,1,35; 12,2,4–28. – ***arguere* mit AcI:** hier ,überführen, verraten, zu erkennen geben'. – ***tamen ... conscripserunt:*** Zu denken ist v. a. an die Abhandlungen über den Humor bei Cicero, *De oratore* 2,217–222.235–291 und bei Quintilian, *Institutio oratoria* 6,3. – ***quisquis ... conscripsit:*** Seitdem am Ende des 15. Jh. die Unechtheit der unter dem Namen Ciceros überlieferten Herenniusrhetorik bewiesen wurde, wird über die Identität des Verfassers spekuliert. Stultitia verweist hier auf *Rhetorica ad Herennium* 1,6,10. – ***apud Quintilianum:*** vgl. die Beispiele bei Quintilian, *Institutio oratoria* 6,3,8–10.100. – ***caput ... vel Iliade prolixius:*** „ein Kapitel, das sogar weitschweifiger ist als die *Ilias*", s. *Adag.* 3451.

50,3 ***Huius farinae* (Gen. qual.) *sunt et isti:*** ,von diesem Schlage sind auch diejenigen'. – ***nugas chartis illinunt:*** Der ,kritzelnde' Dichter wird auch bei Horaz verspottet: *et quodcumque semel chartis illeverit* (*Satire* 1,4,36). – ***nec Persium nec Laelium iudicem recusant:*** Der Satiriker Lucilius (2. Jh. v. Chr.) wollte weder von den allzu Gelehrten noch von den völlig Ungebildeten gelesen werden, zu ersteren zählte er einen Persius. Ein gewisser Laelius stand diesem ein wenig an Bildung nach und verkörperte für ihn den Idealleser (frg. 502–593 Marx = 673–674 Christes/Garbugino, überliefert bei Cicero, *De oratore* 2,25); *aliquem iudicem recusare:* ,jemanden als Schiedsrichter/Kunstrichter ablehnen'. – ***ut qui:*** = *quippe qui* (,die ja'). – ***reponere:*** hier ,an einen anderen Ort versetzen'. – ***repetere:*** hier ,einen Ausdruck wieder aufnehmen, den man bereits gestrichen hatte'. – ***recudere:*** ,wieder/neu

adimunt, reponunt, repetunt, recudunt, ostendunt, nonum in annum premunt nec umquam sibi satisfaciunt ac futile praemium (nempe laudem eamque perpaucorum) tanti emunt*: tot vigiliis, somnique rerum omnium dulcissimi tanta iactura, tot sudoribus, tot crucibus. Adde nunc valetudinis dispendium, formae perniciem, lippitudinem aut etiam caecitatem, paupertatem, invidiam, voluptatum abstinentiam, senectutem praeproperam, mortem praematuram et si qua sunt alia eiusmodi. Tantis malis sapiens ille redimendum existimat, ut ab uno aut altero lippo probetur.

4 At meus ille scriptor quanto delirat felicius, dum nulla lucubratione, verum, utcumque visum est animo, quidquid in calamum incidit vel somnia sua statim litteris prodit, levi dumtaxat chartarum iactura, non ignarus futurum, ut, quo nugaciores nugas scripserit, hoc a pluribus (id est stultis et indoctis omnibus) probetur. Quid enim est negotii tres illos doctos, si tamen ea legerint, contemnere? Aut quid valebit tam paucorum sapientum calculus in tam immensa reclamantium turba? Sed magis etiam sapiunt, qui aliena pro suis edunt et alieno magnoque partam labore gloriam verbis in se transmovent, hoc videlicet freti, quod arbitrentur futurum, ut, etiam si maxime coarguantur plagii, tamen aliquanti temporis usuram sint interim* lucri facturi.

5 Videre est operae pretium, quam hi sibi placeant, cum vulgo laudantur, cum digito ostenduntur in turba, οὗτός ἐστιν ὁ δεινὸς ἐκεῖνος, cum apud biblio-

---

schmieden', kein antikes Wort, seit dem Mittelalter i. S. v. ‚neu gestalten' belegt (hier gemeint), in der Neuzeit auch i. S. v. ‚(wieder) drucken' verwendet (Ramminger s. v.). Erasmus gebraucht *recudere* häufiger. – ***ostendunt, nonum in annum premunt:*** Die Schriftsteller zeigen *(ostendunt)* ihre Entwürfe nur wenigen Auserwählten, halten sie dann aber Ewigkeiten unter Verschluss (*premunt*, vgl. unser ‚unterdrücken'), statt ihr Werk herauszugeben. Die Stultitia paraphrasiert hier Horaz, *Ars poetica* 386–390 (dort ist ebenfalls von neun Jahren die Rede). – ***tot vigiliis ... tot crucibus* (*crux* = Qual):** Ablativi pretii als Appositionen zum Genitivus pretii *tanti*. – ***tantis malis redimendum existimat, ut ... probetur:*** ‚er glaubt, dass er den Umstand, gebilligt zu werden, mit so großen Nachteilen erkaufen muss'; der *ut*-Satz ist das Subjekt zu *redimendum*.

50,4 ***At ... felicius:*** ‚Aber um wieviel glückseliger spinnt dieser mein Autor (d. h. der törichte Unterhaltungsschriftsteller)'. – ***quidquid ... prodit:*** ‚alles, was ihm gerade in die Feder kommt, oder (oder ‚sogar') seine Spinnereien, vertraut er dem Papier an'. – ***levi dumtaxat chartarum iactura:*** Weil Autoren dieses Schlages keinen Wert auf eine mühsame Überarbeitung legen, benötigen sie wenig Papier. – ***non ignarus futurum, ut:*** ‚wohl wissend, dass es so kommen wird, dass'. – ***tres illos doctos:*** die wenigen potentiellen Kritiker. Zu ‚drei' als Zahl für eine kleine Menge vgl. 56,1 mit Anm. – ***si tamen:*** = *si modo* (‚wenn überhaupt'). – ***calculus:*** hier ‚Stimmstein, Stimme'. – ***alieno ... transmovent:*** Dieser Teilsatz entspricht fast wörtlich Terenz, *Eunuchus* 399–400. – ***plăgium:*** ‚Plagiat'; *plagium* ist in der Antike nur i. S. v. ‚Menschenraub' belegt, aber schon Martial bezeichnet einen Plagiator als *plagiarius* (*Epigramme* 1,52,9); *plagii* ist Genitivus criminis zu *coarguantur*. – ***aliquid lucri facere:*** ‚etwas als Gewinn machen, etwas gewinnen'.

50,5 ***operae pretium est* (mit Infinitiv):** ‚es lohnt sich'. – ***quam:*** ‚wie sehr' (Einleitung eines indirekten Fragesatzes). – ***hi:*** Damit sind wieder alle Schriftsteller gemeint, nicht nur die Plagiatoren unter ihnen. – ***digito ostenduntur:*** vgl. Horaz, *Carmen* 4,3,22 (an dieser Stelle geht es auch um Dichter) und *Adag.* 943 *(Monstrari digito)*. – **οὗτός ἐστιν ὁ δεινὸς**

polas prostant, cum in omnium paginarum frontibus leguntur tria nomina, praesertim peregrina ac magicis illis similia. Quae, per Deum immortalem*, quid aliud sunt quam nomina? Deinde quam a paucis cognoscenda, si mundi vastitatem respicias, tum a quanto paucioribus laudanda, ut sunt etiam indoctorum diversa palata. Quid, quod* ea ipsa nomina non raro confinguntur aut e priscorum libris adoptantur? Cum alius sese Telemachum, alius Sthenelum aut Laertem, quidam se Rhubritenum Skordatum Superioristam, hic Polycratem, ille Thrasymachum sese nominari gaudet: ut nihil iam referat, etiam si chamaeleonti aut cucurbitae sive, quemadmodum solent philosophi loqui, alpha aut beta librum inscribas.

6 Illud autem lepidissimum, cum mutuis epistolis, carminibus, encomiis sese vicissim laudant, stulti stultos, indoctos indocti. Hic illius suffragio discedit Alcaeus, ille huius Callimachus: ille huic est M. Tullio superior, hic illi Pla-

---

ἐκεῖνος: ‚das/der dort ist jener außergewöhnliche Mann' (wohl kein Zitat). – ***apud bibliopolas prostare:*** ‚bei Buchhändlern zum Verkauf stehen/verkauft werden'. – ***paginae frons:*** ‚Kolumnentitel'. – ***tria nomina:*** In republikanischer Zeit bestand der Name eines freien Bürgers i. d. R. aus Praenomen, Nomen gentile und Cognomen *(Gaius Iulius Caesar)*. Erasmus spielt hier auf die Manier mancher Humanisten an, sich mehrere pompöse Namen zu geben. – ***nomina ... peregrina, magicis illis similia:*** Dabei ist laut Listrius an nicht-christliche *(Hercules, Hannibal)* sowie an arabische und hebräische Namen zu denken. Weiter unten führt Stultitia griechische Namen aus Mythos und Geschichte als Beispiele an. – ***Deinde ... cognoscenda ... laudanda:*** ‚Zweitens: von wie wenigen werden sie zur Kenntnis genommen ... drittens: wie viel weniger Leute loben sie'. Die Gerundive fungieren hier als Passiv-Partizipien. – ***ut sunt etiam indoctorum diversa palata:*** „da sogar ungebildete Menschen verschiedene Geschmäcker haben", vgl. zum Ausdruck Horaz, *Epistel* 2,2,62. – ***Telemachum ... Thrasymachum:*** Laut Listrius wollte Erasmus niemanden verletzen und hat daher Namen gewählt, die sich bisher noch kein Humanist gegeben hatte. Auffällig ist, dass vier der fünf Namen die Bedeutungen ‚Kraft, Stärke' *(Polykrates, Sthenelos)* bzw. ‚Kampf' *(Telemachos, Thrasymachos)* im Namen tragen. – ***Telemachus:*** der ‚Fernkämpfer', der Sohn des Odysseus. – ***Sthenelus:*** der berühmteste Namensträger ist der König von Argos, der am Zug gegen Theben und am Trojanischen Krieg teilnahm. – ***Laertes:*** der Vater des Odysseus. – ***Rhubritenus ... Superiorista:*** vielleicht Rother von Sgordatz, ein Grammatiklehrer in den höheren Klassen. – ***Polycrates ... Thrasymachus:*** der ‚Vielherrscher' und der ‚mutige Kämpfer', zwei attische Rhetoren. – ***ut ... inscribas:*** wörtlich ‚so dass es schon gleichgültig ist (was man auf den Titel schreibt) – auch wenn (i. S. v. ob) man ein Buch einem Chamäleon oder einem Kürbis zuschreibt oder aber (wie es die Philosophen zu tun pflegen) als ‚A' oder ‚B' betitelt'.

50,6 ***Hic ... Callimachus:*** ‚der eine geht aus einem dichterischen Vergleich nach dem Urteil des anderen als ein Alkaios hervor, der andere nach dem Urteil des ersten als ein Kallimachos'; fast wörtlich nach Horaz, *Epistel* 2,2,99–100. Alkaios (um 600 v. Chr.) und Kallimachos (3. Jh. v. Chr.) waren berühmte griechische Dichter. – ***ille ... doctior:*** ‚Der eine hält den anderen für bedeutender als Cicero, der andere jenen für gelehrter als Platon'; *huic* und *illi* sind Dative des Urteils. – ***scinditur ... vulgus:*** ein Hexameter, wörtlich Vergil, *Aeneis* 2,39. Dort geht es um die Trojaner, die beratschlagen, was mit dem Danaergeschenk, dem hölzernen Pferd, geschehen soll. – ***Rident ... stultissima:*** ‚Die Weisen lachen über diese Verhaltensweisen, weil sie ganz dumm seien – wie sie es ja auch wirklich sind.' – ***Scipiones:*** Die beiden (nicht miteinander verwandten) Scipionen, Scipio Africanus der Ältere und Scipio Aemilianus der Jüngere, triumphierten 201 (nach dem 2. Punischen Krieg)

tone doctior. Nonnumquam etiam antagonistam quaerunt, cuius aemulatione famam augeant. Hic scinditur incertum studia in contraria vulgus, donec uterque dux re bene gesta victor discedit, uterque triumphum agit. Rident haec sapientes, ut, veluti sunt, stultissima. Quis enim negat? Sed interim* meo beneficio suavem vitam agunt, ne cum Scipionibus quidem suos triumphos commutaturi. Quamquam* docti quoque interim*, dum haec magna cum animi voluptate rident et aliena fruuntur insania, non paulum mihi debent et ipsi, quod infitiari* non possunt, nisi sint omnium ingratissimi.

51: Die Juristen und die Logiker

1 Inter eruditos iure consulti sibi vel* primum vindicant locum neque quisquam alius aeque sibi placet. Dum Sisyphi saxum assidue volvunt ac sescentas* leges eodem spiritu contexunt (nihil refert quam ad rem pertinentes) dumque glossematis glossemata, opiniones opinionibus cumulant[es], efficiunt, ut studium illud omnium difficillimum esse videatur. Quidquid enim laboriosum, idem protinus et praeclarum existimant. 51

2 Adiungamus his dialecticos ac sophistas*, hominum genus quovis aere Dodonaeo loquacius, ut quorum unusquivis cum vicenis delectis mulieri-

---

bzw. 146 v. Chr. (im 3. Punischen Krieg) über die Karthager. – ***aliena fruuntur insania:*** Im Gegensatz zu cap. 28, wo *aliena insania frui* bedeutet ‚fremden Wahnsinn/den Wahnsinn anderer ausnutzen' bedeutet *frui* hier ‚sich ergötzen' (ohne das Objekt des Ergötzens zu benützen); diese Verwendung findet sich in der Antike offenbar nur ein einziges Mal, nämlich bei Cicero, *In Pisonem* 99. Vgl. *suo sapiente fruantur* am Anfang von 30,3 und die Erläuterungen zu *Adag.* 1239: *Optimum aliena insania frui.*

51,1 ***iure consultus:*** ‚Jurist'. – ***dum:*** ‚indem; dadurch, dass'. – ***Sisyphi saxum assidue volvunt:*** Sisyphus, der König von Korinth, war für seine Verschlagenheit bekannt, wurde aber schließlich von den Göttern für seine Freveltaten in den Tartarus verbannt, wo er ewig einen Felsbrocken einen Berg hinaufwälzen muss, der auf dem Gipfel stets wieder nach unten rollt (s. auch *Adag.* 2625: *Sisyphi artes*). Listrius deutet die mythologische Anspielung so, dass die Juristen die juristischen Laien von einem Gesetz zum nächsten schicken und dadurch mit einem *Sisyphius labor* plagen. – ***eodem spiritu:*** ‚in einem Atemzug'. – ***nihil … pertinentes:*** ‚es ist gleichgültig, worauf sich die Gesetze beziehen'. – ***glossematis glossemata:*** Das griechische Fremdwort *glossema* bezeichnete in der Antike ein unverständliches Wort, dann auch eben dieses Wort zusammen mit seiner Erklärung; die allgemeine Bedeutung ‚Erklärung, Kommentar' ist erst nachantik belegt. Gemeint sind die Kommentare zum *Corpus Iustinianum.* Die Umständlichkeit und die mangelhafte Sprache der nachantiken Juristen waren beliebte Angriffsziele der Humanisten. – ***cumulant[es]:*** Das Partizip ist ungrammatisch, da in dem *dum*-Satz ein finites Verb stehen muss. – ***Quidquid enim laboriosum:*** erg. *est.*

51,2 ***aere Dodonaeo loquacius:*** „geschwätziger als Bronze (gemeint ist ein bronzenes Becken) aus Dodona", d.h. als das Zeusorakel in Dodona im heutigen Epirus, zu Erklärungsversuchen zu dieser Redewendung vgl. *Adag.* 7 *(Dodonaeum aes).* – ***ut quorum:*** ‚da ja von ihnen'; *quorum* hängt von *unusquivis* ab; *ut* steht hier wie *quippe* kausal beim Relativum. – ***unusquivis:*** ‚irgendein beliebiger', gebildet nach *unusquisque,* vgl. Cicero, *Brutus* 320 *(quivis unus).* – ***viceni:*** eigentlich ‚je zwanzig', hier i. S. v. *viginti* verwendet. – ***feliciores tamen futuri:*** Constructio ad sensum zum semantisch pluralischen Ausdruck *unusquivis;* das Parti-

bus garrulitate decertare possit, feliciores tamen futuri, si tantum linguaces essent, non etiam rixosi adeo, ut de lana caprina pertinacissime digladientur et nimium altercando plerumque veritatem amittant. Hos tamen sua philautia* beatos reddit, dum tribus instructi syllogismis incunctanter audent quavis de re cum quovis manum conserere. Ceterum pertinacia reddit invictos, etiamsi Stentorem opponas.

52: Die Philosophen

1 Sub hos prodeunt philosophi barba pallioque verendi, qui se solos sapere praedicant, reliquos omnes mortales umbras volitare. Quam vero suaviter delirant, cum innumerabiles aedificant mundos, dum solem, dum lunam, stellas, orbes tamquam pollice filove metiuntur, dum fulminum, ventorum, eclipsium ac ceterarum inexplicabilium rerum causas reddunt, nihil usquam haesitantes, perinde quasi Naturae rerum architectrici fuerint a secretis quasive e deorum consilio nobis advenerint: quos interim* Natura cum suis coniecturis mag- 52

---

cipium coniunctum hat irreale Bedeutung: „sie wären aber glücklicher". – ***de lana caprina digladiari:*** ‚um Ziegenwolle, d. h. um Kleinig-/Nichtigkeiten streiten', s. dazu Vorrede 4 mit Anm. – ***nimium altercando plerumque veritas amittant:*** nach einer Sentenz des Mimendichters Publilius Syrus: *Nimium altercando veritas amittitur* (überliefert bei Gellius, *Noctes Atticae* 17,14,4; Macrobius, *Saturnalia* 2,7,11 = Publilius Syrus N 40 Beckby). – ***tribus ... syllogismis:*** *tres* als Bezeichnung für eine kleine Menge, s. etwa *tribus verbis* in 56,1. – ***incunctanter* (Adv.):** ‚ohne zu zögern'. – ***etiamsi Stentorem opponas:*** vgl. *Adag.* 1237 *(Stentore clamosior).* Der griechische Krieger Stentor konnte laut Homer mit seiner ehernen Stimme 50 Männer übertönen; vgl. im Deutschen ‚Stentorstimme' (*Ilias* 5,785–786; Juvenal, *Satire* 13,112).

52,1 ***sub hos:*** ‚unmittelbar nach diesen'. – ***barba pallioque verendi:*** ein boshafter Ausdruck, man hätte *sapientia verendi* o. ä. erwartet. Bart und Mantel galten in der Antike als Kennzeichen des Philosophen und damit auch als Merkmale eines Menschen, der außer diesen beiden Attributen nichts Philosophisches an sich hatte, vgl. *Adag.* 195 (*Barbae tenus sapientes* ‚nur bis zum Bart Weise') und die Abb. zu 11,2 auf S. 55. – ***umbras volitare:*** ‚als Schatten herumfliegen', Anspielung auf Homer, *Odyssee* 10,494–495: Proserpina verleiht dem toten Teiresias die Gabe, alleine Verstand zu haben, während die anderen als Schatten durch die Luft schweben, vgl. *Adag.* 1253 *(Solus sapit).* – ***orbes:*** ‚Himmelssphären'. – ***tamquam pollice filove:*** ‚gleichsam mit Daumen oder Faden', d. h. ‚mit der Genauigkeit einer Daumen- oder sogar Fadenbreite'; eine Parallele für diese Wendung ließ sich nicht finden. – ***alicui esse a secretis:*** ‚jemandem als Privatsekretär dienen', eine spätantike Ausdrucksweise (vgl. *ab epistulis* ‚Leiter der kaiserlichen Kanzlei'), griech. ἀσηκρῆτις. Der lateinische Ausdruck ist in der Antike nicht belegt, muss aber die Grundlage für das griechische Wort gewesen sein. – ***nobis:*** Dativ des Ziels, belegt ist bei *advenire* ausschließlich *ad* mit dem Akkusativ. – ***cum suis coniecturis:*** Das Reflexivpronomen bezieht sich nicht auf das Subjekt, sondern auf das Objekt *quos,* die Naturphilosophen, vgl. dazu BS § 82,5a. – ***nihil ... comperti:*** Anstelle der attributiven Konstruktion *nihil compertum* hängt *comperti* als Genitivus partitivus von *nihil* ab (i. S. v. ‚nichts wirklich Gewusstes, Sicheres'), vgl. dazu BS § 295. – ***Nam nihil ... digladiatio:*** zu konstruieren ist: ‚Denn auch der Umstand, dass es unter ihnen unentwirrbare Streitereien über einzelne Detailfragen gibt, ist ein hinreichend schlagender Beweis dafür, dass sie nichts wissen.' Zu *inexplicabilis digladiatio* vgl. *inexplicabilis pugna* bei Quintilian, *Institutio oratoria* 8,6,1, ebenfalls von Streitereien unter Gelehrten. Zu *digladiatio* s. die Anm. in 49,4.

nifice ridet. Nam nihil apud illos esse comperti vel* illud satis magnum est argumentum, quod singulis de rebus inexplicabilis inter ipsos est digladiatio.

2 Ii cum nihil omnino sciant, tamen omnia se scire profitentur; cumque se ipsos ignorent neque fossam aliquoties aut saxum obvium videant (vel quia lippiunt plerique vel quia peregrinantur animi) tamen ideas, universalia, formas separatas, primas materias, quidditates, ecceitates, formalitates, instantia videre se praedicant, res adeo tenues, ut neque* Lynceus, opinor, possit perspicere. Tum vero praecipue profanum vulgus aspernantur, quoties triquetris et tetragonis, circulis, atque huiusmodi picturis mathematicis aliis super alias inductis et in labyrinthi speciem confusis, praeterea litteris velut in acie dispositis ac subinde alio atque alio repetitis ordine tenebras offundunt imperitioribus. Neque desunt ex hoc genere, qui futura quoque praedicant consultis astris ac miracula plus quam magica polliceantur, et inveniunt homines fortunati, qui haec quoque credant.

53: Die Theologen

1 Porro theologos silentio transire fortasse praestiterit καὶ ταύτην Καμάριναν 53
οὐ κινεῖν nec hanc anagyrim tangere, utpote genus hominum mire superciliosum atque irritabile, ne forte turmatim sescentis* conclusionibus adoriantur

---

52,2 ***cumque … ignorent:*** Da sich die Naturphilosophen nur um die Erkenntnis der Natur bemühen, kennen sie sich selbst nicht. – ***neque fossam … videant:*** Im ersten Teil spielt Erasmus wohl auf die berühmte Anekdote von Thales an, der bei der Betrachtung des Himmels in einen Brunnen gefallen sein soll. Zur zweiten Anekdote vgl. Listrius und Miller. – ***peregrinantur animi:*** zur Formulierung vgl. Horaz, *Epistel* 1,12,13. Gemeint ist, dass ein Mensch mit seinen Gedanken ganz woanders ist. – ***ideae, universalia, quidditates:*** Diese drei Ausdrücke bezeichnen die Substanz eines Gegenstands: *ideae* spielt auf die platonische Ideenlehre an, *universalia* auf den mittelalterlichen Universalienstreit; *quidditas* (‚Washeit') ist eine Wortschöpfung der Scholastik. – ***forma separata, prima materia:*** Nach aristotelischer Lehre besteht jedes Ding aus *Eidos* (*forma,* Form, Substanz) und *Hyle* (*materia,* Materie). Die *prima materia* ist dementsprechend Materie ohne ‚Formung', *forma separata* reine Form ohne Körper, also ungefähr identisch mit der platonischen Idee und der Universalie. – ***ecceitas* (von *ecce,* Synonym: *haecceitas*):** von Duns Scotus geprägte Bezeichnung für die individuellen Eigenschaften einer Sache. – ***formalitas:*** kein antikes Wort, sondern ein scholastischer Terminus technicus, der die aristotelische *forma* (s. die Anm. zu *forma separata, prima materia*), die Wesenheit eines Dings, bezeichnet. – ***instantia:*** s. zu 53,4 – ***Lynceus:*** s. Register und *Adag.* 1054 (*Lynceo perspicacior*). – ***profanum vulgus:*** Horaz, *Carmen* 3,1,1. – ***triquetra*** und ***triquetrum:*** ‚Dreieck'. – ***aliis … confusis:*** ‚wobei sie die einen mathematischen Figuren über die anderen zeichnen und so nach Art eines Labyrinths in ein Chaos verwandeln'. – ***litteris … dispositis:*** ‚nachdem sie sie Buchstaben wie in einer Schlachtreihe angeordnet haben'. – ***consultis astris:*** ‚nachdem sie die Sterne befragt haben', *aliquem consulere* ‚jemanden um Rat fragen'.

53,1 **καὶ ταύτην Καμάριναν οὐ κινεῖν:** ‚und diese Kamarina nicht antasten' i. S. v. ‚keine schlafenden Hunde wecken' (diesen Sinn hat auch die folgende Wendung). Die Bewohner der Stadt Kamarina auf Sizilien waren von Apoll durch einen Orakelspruch davor gewarnt worden, den nahegelegenen gleichnamigen Sumpf trockenzulegen. Wegen der schädli-

et ad palinodiam adigant, quod si recusem, protinus haereticam* clamitent. Nam ilico solent hoc terrere fulmine, si cui sunt parum propitii.

2 Sane quamquam non alii sunt, qui minus libenter agnoscant meam in se beneficentiam, tamen hi quoque non mediocribus nominibus obstricti sunt, dum felices sua philautia*, perinde quasi ipsi tertium incolant caelum, ita reliquos mortales omnes ut humi reptantes pecudes e sublimi despiciunt ac prope commiserantur, dum tanto magistralium* definitionum, conclusionum, corol-

---

chen Ausdünstungen des Sumpfes schlugen sie aber die Warnung in den Wind und mussten miterleben, wie ihre Feinde nun über das trockene Gelände gegen die Stadt vorrücken und sie erobern konnten. In *Adag.* 64 glossiert Erasmus die Wendung *Camarinam movere* mit *sibi ipsi malum accersere.* Über diese Grundbedeutung hinaus werden die Theologen mit einem Sumpf voller übler Ausdünstungen verglichen, den man lieber in Ruhe lässt. – ***hanc anagyrim tangere:*** Die Theologen werden mit einem übelriechenden Kraut verglichen, dessen Genuss Brechreiz hervorruft, dem Stinkstrauch *(Anagyris foetida).* Auch diese Wendung glossiert Erasmus in den *Adag.* 65 mit ‚sich selbst schaden', fügt aber hinzu, dass es von Leuten gesagt werde, die sich schaden, indem sie einen anderen reizen. – ***genus hominum … irritabile:*** vgl. *genus irritabile vatum* bei Horaz, *Epistel* 2,2,102. – ***palinodia:*** ‚Widerruf' (παλινῳδία); vgl. *Adag.* 859 *(Palinodiam canere).* – ***quod si recusem:*** ‚wenn ich das (nämlich den Widerruf) verweigern würde'. –

53,2 ***Sane quamquam non alii sunt:*** ‚obwohl es schlechthin keine anderen Leute gibt'; *sane quamquam* ist in der Antike nur bei Augustinus, *De spiritu et littera* 36 belegt. – ***non mediocribus nominibus obstricti sunt:*** ‚sie haben bei mir keine geringen Schulden'; *nomen* bezeichnet hier den Schuldposten. – ***dum … dum … dum:*** hier ‚da ja'; zum *dum*-Satz gehören auch *tot exuberant* und *tot … scatent.* – ***tertium … caelum:*** Diesen Ausdruck verwendet Paulus im 2. Korintherbrief (12,2–4). Den „dritten Himmel" identifizierte man in der Exegese oft mit dem „neuen Himmel", den Jesus Christus mit 144.000 Auserwählten bewohnt (2. Petrusbrief 3,13). Die Theologen halten sich laut Stultitia für ‚das auserwählte Volk'. – ***humi reptantes:*** wörtlich Gellius, *Noctes Atticae* 10,12,2. – ***propositiones explicitae et implicitae:*** ‚explizite und implizite Aussagen' (mlat.). – **κρησφύγετον:** ‚Rückzugs-, Zufluchtsort' (die Form im Text ist ein Dativ Plural, den Erasmus anstelle des im Griechischen nicht existierenden Ablativs verwendet). – ***Vulcaniis vinculis:*** Hephaistos hatte seine Frau Aphrodite in flagranti beim Ehebruch mit Ares ertappt und die beiden Ehebrecher auf dem Ehebett in Fesseln geschlagen und den Göttern als Schaustück präsentiert (*Odyssee* 8,266–366). *Vulcanium vinculum* führt Erasmus in den *Adag.* 1772 als Ausdruck für Fesseln an, aus denen man sich nicht befreien kann. – ***sic … quin:*** ‚so … dass nicht'. – ***distinctiones:*** hier ‚feine semantische Differenzierungen'. – ***Tenedia bipennis:*** Nach *Adag.* 829 bezieht sich die Wendung auf zu streng strafende Richter oder Leute, die einen Disput schnell beilegen können. – ***melius:*** erg. *secet.* – ***nuper … vocibus:*** ein bevorzugtes Angriffsziel der Humanisten: die neologistischen Wortungetüme der Scholastik. Beispiele hatte Erasmus mit *quidditas* und *ecceitas* in 52,2 vorgeführt. – ***qua … ratione:*** Im Folgenden werden Quisquilienfragen und Absurditäten aufgezählt, die im Mittelalter und zu Erasmus' Zeit ernsthaft diskutiert wurden. Die meisten der folgenden Fragen finden sich in *dem* Sentenzenkommentar des Mittelalters, jenem des *Magister sententiarum* Petrus Lombardus (12. Jh.). – ***qua ratione … mundus:*** Nahezu wortgleich die 12. *Distinctio* bei Petrus Lombardus, *Sententiae* 2. – ***per quos canales … derivata sit:*** wörtlich ‚durch welche Röhren/Kanäle die Erbsünde auf die Nachwelt geleitet wurde'. Listrius bemerkt, dass die früheren Theologen einfach *geglaubt* haben, dass die Sünde seit Adam weiter „geflossen sei" *(defluxisse),* jetzt denke man aber in sophistischen Klügeleien auch darüber nach, *auf welche Weise* sie denn geflossen sein könnte, anstatt die *mysteria* Christi zu verehren.

lariorum*, propositionum explicitarum et implicitarum agmine saepti sunt, tot exuberant κρησφυγέτοις, ut nec* Vulcaniis vinculis sic possint irretiri, quin elabantur distinctionibus, quibus nodos omnes adeo facile secant, ut non Tenedia bipennis melius, tot nuper excogitatis vocabulis ac prodigiosis vocibus scatent, praeterea dum arcana mysteria suo explicant arbitratu: qua ratione conditus ac digestus sit mundus, per quos canales labes illa peccati in posteritatem derivata sit, quibus modis, qua mensura, quantulo tempore in virginis utero sit absolutus Christus, quemadmodum in synaxi* accidentia subsistant sine domicilio.

3 Sed haec protrita. Illa demum magnis et illuminatis, ut vocant, theologis digna putant, ad haec, si quando incidunt, expergiscuntur: Num quod instans in generatione divina? Num plures in Christo filiationes? Num possibilis propositio ‘Pater Deus odit filium’? Num Deus potuerit suppositare mulierem, num Diabolum, num asinum, num cucurbitam, num silicem? Tum quemad-

---

Vgl. auch Petrus Lombardus, *Sententiae* 2, *Distinctio* 31,1–2: *Quomodo peccatum originale a patribus transeat in filios, an secundum animam an secundum carnem* („Wie die Erbsünde von den Vätern auf die Söhne übergeht, ob gemäß der Seele oder gemäß dem Fleische"). – ***sit absolutus:*** ‚herangewachsen ist'. – ***quibus modis … Christus:*** vgl. zu diesen Fragestellungen Erasmus' *Kommentar zum Lukasevangelium* 2,24 (ASD VI.5, p. 482) und bspw. Petrus Lombardus, *Sententiae* 3, *Distinctio* 2,3. – ***quemadmodum … domicilio:*** vgl. Erasmus, *Epistel* 1092 (an Nicolas Everard) und 1095 (Pirckheimer an Erasmus). Die Frage lautet, wie es möglich sein kann, dass in der Wandlung (Transsubstantiatio) die Akzidentien (nämlich das sichtbare Brot und der sichtbare Wein) ohne Substanz (das ist mit dem metaphorischen *domicilium* gemeint) existieren können, da sich ja das Wesen (die Substanz) von Brot und Wein zum Wesen Christi wandelt. Vgl. etwa Petrus Lombardus, *Sententiae* 4, *Distinctio* 12,1.

53,3 ***protritus:*** ‚abgedroschen, allgemein bekannt, abgenutzt' (PPP von *proterere*). – ***illuminatis, ut vocant, theologis:*** Über diese (nicht offizielle) Bezeichnung machen sich auch die Dunkelmännerbriefe lustig, vgl. 1,30 Anrede *(Profundissimo necnon illuminatissimo Magistro Ortvino Gratio theologo);* 1,11, Z. 28–29.65 Stokes. Laut Listrius gilt ein *illuminatus theologus* allgemein mehr als der Papst und das Kardinalskollegium. – ***haec … illa … haec:*** Das erste *haec* bezieht sich auf die vorhergehenden, *illa* und das zweite *haec* auf die folgenden Fragen. – ***incĭdo:*** hier ‚auftreten, begegnen, aufkommen'. – ***Num quod … divina:*** ‚ob etwas Gegenwärtiges in der Zeugung Gottes ist'. Vgl. Thomas von Aquin, *Sentenzenkommentar* 1, dist. 9, quaest. 2, art. 2. Thomas beantwortet diese Frage mit ‚Nein', da die Aussage, dass der Gottessohn geboren werde *(nasci)*, eine Unvollkommenheit impliziere, die mit dem Gottesbegriff unvereinbar sei. – ***plures … filiationes:*** Es ging um die Frage, ob Christus sowohl der Sohn Gottes als auch Mariens ist. – ***possibilis … filium:*** Auf diese Frage geht Erasmus in seinen Anmerkungen zum *1. Timotheusbrief* 1,6 ein (ASD VI.4, p. 116). Das Adjektiv *possibilis* verschmähten die Humanisten als ‚barbarisch'; denn Quintilian lehnt es als Lehnübersetzung für das griechische δυνατόν explizit ab, da es sich um „ein unschönes Wort" handele (*dura appellatio, Institutio oratoria* 3,8,25). – ***Num Deus … silicem:*** Das in der Antike nicht belegte Verb *suppositare* bedeutet ‚sich verwandeln in, ein Wesen annehmen' (s. auch Listrius); *suppositum* entspricht als Lehnübersetzung dem griechischen Begriff ὑπόστασις. Die Frage lautet also, ob Gott eine andere Gestalt als die eines Mannes hätte annehmen können. Vgl. zu diesem Fragetypus Petrus Lombardus, *Sententiae* 3, *Distinctio* 12,5 („Ob Gott ein Mensch weiblichen Geschlechts hätte werden können" – die Frage wird verneint: das männliche Geschlecht sei das ehrenvollere); Erasmus, *Epistel* 108 (an John Colet), 41–44; Godefroid de Fontaines: *Quodlibeta*, hg. J. Hoffmans,

modum cucurbita fuerit contionatura*, editura miracula, figenda cruci? Et: quid consecrasset Petrus, si consecrasset eo tempore, quo corpus Christi pendebat in cruce? Et num eodem tempore Christus homo dici potuerit et num post resurrectionem edere aut bibere fas sit futurum, iam nunc famem sitimque praecaventes.

4 Sunt innumerabiles λεπτολεσχίαι his quoque* multo subtiliores de notionibus, relationibus, instantibus, de formalitatibus, de quidditatibus, ecceitatibus, quas nemo possit oculis assequi, nisi tam Lynceus, ut ea quoque per altissimas tenebras videat, quae nusquam sunt. Adde nunc his γνώμας illas adeo

---

Louvain 1924, 208–210: *utrum persona divina posset assumere naturam irrationalem.* Erasmus kannte solche Fragen aus seiner Zeit am Collège de Montaigu in Paris, wo der angesehene Theologe John Major darüber spekulierte, ob Gott die Gestalt eines Rindes oder eines Esels annehmen könne (Miller). Die Annahme der Gestalt eines Teufels, Kürbisses oder Steins scheint aber Erasmus' Zutat zu sein. – ***Tum … cruci:*** ‚Des Weiteren: wie dieser Kürbis geredet und Wunder gewirkt hätte, wie er ans Kreuz geschlagen worden wäre'. Das Gerundiv dient hier als Partizip des Passivs. – ***quid consecrasset … cruce:*** Mit *consecrare* ist hier die liturgische Weihe von Brot und Wein bei der Eucharistie gemeint. Es geht um das Problem, ob Petrus das Abendmahl, bei dem durch die Wandlung der Leib Christi anwesend ist, an jenen Tagen hätte vollziehen können, als Christus ans Kreuz geschlagen war. – ***num eodem … potuerit:*** Mit *eodem tempore* ist unter Rückbezug auf den vorherigen Satz die Zeit gemeint, als der Leib Christi ans Kreuz geschlagen war; vgl. Petrus Lombardus, *Sententiae* 3, *Distinctio* 22,1 *(Si Christus in morte fuit homo).* – ***fas est:*** hier abgeschwächt i. S. v. ‚es ist möglich'. – ***num post … praecaventes:*** Nach Thomas von Aquin gibt es bei der Wiederauferstehung keine animalischen Tätigkeiten mehr, wozu auch das Essen und das Trinken gehören (*Sentenzenkommentar* 4, dist. 44, quaest. 1, art. 3, *quaestiuncula* 4); *iam nunc … praecaventes* ist als Participium coniunctum zu *expergiscuntur* zu ziehen, von dem gewissermaßen all diese Fragen abhängen: ‚sie werden wach, um folgende Fragen zu stellen usw., und (erg. sie fragen), ob man nach der Wiederauferstehung essen und trinken könne – da sie ja jetzt schon für den Hunger und den Durst Vorsorge treffen/Hunger und Durst vorbeugen wollen'.

53,4 **λεπτολεσχίαι:** ‚Kleinigkeiten, Erbsenzählereien', abgeleitet von λεπτός und λέσχη (Kleinigkeit, Bagatelle), in der Antike nicht belegt, aber im *Thesaurus Linguae Graecae* von Henricus Stephanus aufgeführt. – ***notio:*** ‚Begriff'. – ***relatio:*** ‚Beziehung', das πρός τι, eine der aristotelischen Kategorien. – ***instans* (neutr.):** ‚der Augenblick', ein von Duns Scotus geprägter Begriff. – ***de formalitatibus, de quidditatibus, ecceitatibus:*** s. 52,2. – ***nisi tam Lynceus* (erg. *est* oder *sit*):** *tam* bei einem Substantiv als Prädikatsnomen ist in der Antike selten belegt (s. HSz 640). – **γνώμας *illas adeo* παραδόξους (Akk. Pl.):** ‚diese bekannten Aussagen, die so der landläufigen Meinung widersprechen'; ‚paradox' bedeutet hier und ursprünglich nicht ‚paradox', sondern ‚wider die allgemeine Meinung'. – ***oraculum:*** hier ‚Lehrsatz, Weisheitsspruch'. – ***Stoicorum … vocant:*** zu den stoischen Paradoxen s. Anm. zu *Atqui nullis … servus est* in 29,3 und die Aufzählung in 30,3. – ***circumforaneus:*** hier übertragen gebraucht: ‚gewöhnlich, alltäglich'. – ***dies Dominicus:*** ‚Tag des Herrn, Sonntag'. – ***levius … consuere:*** Die Begründung für diese seltsame moralische Bewertung bestand darin, dass ein Mord eine unmittelbare Sünde gegen Menschen, die Missachtung des Sonntags aber eine unmittelbare Sünde gegen Gott sei. – ***potius esse committendum, ut:*** ‚es sei eher zu verantworten, dass; man dürfe es eher zulassen/dahin kommen lassen, dass'. – ***cum … suo:*** ‚mit allem Drum und Dran, wie man so sagt'. Erasmus hat diese Formulierung aus Cicero, *Pro Sestio* 59; er bemerkt in *Adag.* 3275 dazu, dass dieser Ausdruck wie eine Redewendung klinge. – ***quantumlibet leve mendaciolum:*** ‚eine noch so kleine Lüge'.

παραδόξους, ut illa Stoicorum oracula, quae paradoxa vocant, crassissima* prae* his videantur et circumforanea, velut: levius esse crimen homines mille iugulare quam semel in die Dominico calceum pauperi consuere et: potius esse committendum, ut universus orbis pereat una cum victu et vestitu, quod aiunt, suo, quam unicum quantumlibet leve mendaciolum dicere.

5 Iam has subtilissimas subtilitates subtiliores etiam reddunt tot scholasticorum* viae, ut citius e labyrinthis temet explices quam ex involucris Realium, Nominalium, Thomistarum, Albertistarum, Occanistarum, Scotistarum, et nondum omnes dixi sectas, sed praecipuas dumtaxat. In quibus omnibus tantum est eruditionis, tantum difficultatis, ut existimem ipsis apostolis alio spiritu opus fore, si cogantur hisce de rebus cum hoc novo theologorum genere conserere manus. Paulus fidem praestare potuit, at idem cum ait: „Fides est substantia rerum sperandarum, argumentum non apparentium", parum magistraliter* definivit. Idem ut caritatem optime praestitit, ita parum dialectice vel dividit vel finit in priore ad Corinthios epistola, cap. 13. Ac pie quidem illi consecrabant synaxim*, et tamen rogati de termino a quo et termino ad quem, de transsubstantiatione*, de modo, quo corpus idem sit in diversis locis, de differentia, qua corpus Christi est in caelo, qua fuit in cruce, qua in sacramento* synaxeos*, quo puncto fiat transsubstantiatio*, cum oratio*, per quam ea fit, ut

---

53,5 ***temet:*** *te + met* (verstärkende Partikel). – ***se explicare:*** ‚sich herauswinden, sich befreien, wieder hinausfinden'. – ***Reales, Nominales:*** die Realisten und die Nominalisten, die beiden Parteien im Universalienstreit; erstere (wie Albertus Magnus, Thomas von Aquin und Bonaventura) vertraten die Auffassung, dass den Allgemeinbegriffen *(universalia)* Realität zukomme, während letztere (wie Wilhelm von Ockham) sie nur als Begriffe (i. S. v. Wörter) betrachteten. – ***Thomistae, Albertistae, Occanistae, Scotistae:*** die Anhänger von Thomas von Aquin, Albertus Magnus, Wilhelm von Ockham bzw. Johannes Duns Scotus. Diese untereinander zerstrittenen Schulen gab es auch zu Erasmus' Zeit. – ***alio spiritu:*** *Sophistico videlicet* (Listrius). – ***fidem praestare:*** eigentlich ‚die Treue bewahren', hier aber ‚den Glauben in Wort und Tat wahren'; vgl. *caritatem praestare* im nächsten Satz. – ***at idem cum ait ... definivit:*** ‚aber als/indem derselbe/er (Paulus) sagte: ..., definierte er ...' – ***Fides ... apparentium:*** ‚Der Glaube ist der Inbegriff/die Grundlage für alles, was wir erhoffen, und der Beweis/das Unterpfand für alles, was man nicht sieht' (*Hebräerbrief* 11,1). – ***parum magistraliter*** **(‚zu wenig schulmäßig')** ***definivit:*** Diese Kritik an der paulinischen Definition wurde wirklich geübt, vgl. dazu Listrius und Miller. – ***in priore ... cap. 13:*** Im *1. Korintherbrief* 13,4–8 charakterisiert Paulus die Liebe mit einer Beschreibung, die den an eine dialektische Definition gestellten Ansprüchen, die nach *Genus proximum* und *differentia specifica* vorgehen sollte, nicht genügen (daher *parum dialectice vel dividit vel finit*). – ***illi:*** die Apostel. – ***terminus a quo, terminus ad quem:*** Terminus post quem und terminus ante quem als die zeitlichen Grenzen, innerhalb deren sich ein Ereignis abgespielt haben muss. Die theologische Frage, auf die Stultitia anspielt, lautet, wann die Wandlung genau beginnt und wann sie endet. – ***synaxeos:*** griech. Genitiv von *synaxis*. – ***quo puncto*** **(erg.** ***temporis*****):** ‚zu welchem Zeitpunkt'. – ***oratio, per quam ea*** **(erg.** ***transsubstantiatio*****)** ***fit:*** das Hochgebet (Konsekrations- oder Wandlungsworte). – ***discretus*** **(PPP von** ***discerno*****):** ‚abgetrennt'. – ***Scotidae:*** scherzhaftes Patronymikon zur Bezeichnung der Anhänger (‚Söhne') des Duns Scotus, vgl. *Atrides* (‚Sohn des Atreus'). Listrius verweist auf *Stoicidae* (‚Söhne der Stoiker', Juvenal, *Satire* 2,65).

quantitas discreta sit in fluxu, non pari, sicut opinor, respondissent acumine, quo Scotidae disserunt haec ac definiunt.

6 Noverant illi Iesu matrem, sed quis eorum tam philosophice demonstravit, quomodo fuerit ab Adae macula praeservata, quam nostri theologi? Petrus accepit claves et accepit ab eo, qui non committat indigno, et tamen, an intellexerit, nescio, certe nusquam attigit subtilitatem, quomodo scientiae clavem habeat is quoque*, qui scientiam non habeat. Baptizabant illi passim et tamen nusquam docuerunt, quae sit causa formalis, materialis, efficiens et finalis baptismi, nec characteris delebilis et indelebilis apud hos ulla mentio. Adorabant quidem illi, sed in spiritu nihil aliud sequentes quam illud evangelicum „spiritus est Deus, et eos, qui adorant eum, in spiritu et veritate oportet adorare."

7 Verum haud apparet eis tum fuisse revelatum una eademque adoratione adorandam imagunculam carbone delineatam in pariete ut Christum ipsum,

---

53,6 *Adae:* Hebräische Namen bleiben im Lateinischen in der Regel undekliniert; der Genitiv *Adae* von *Adam* ist aber in der Bibel belegt. – ***quomodo ... praeservata:*** ‚wie sie bewahrt wurde vor der Sünde Adams'. Erasmus spielt hier auf eine damals hochaktuelle Auseinandersetzung an, nämlich ob Maria frei von Erbsünde gewesen sei. – ***ab eo, qui non committat indigno:*** ‚von Christus, der die Schlüssel keinem Unwürdigen anvertrauen würde'. – ***Petrus accepit ... non habeat:*** Petrus erhielt von Jesus die Schlüssel zum Himmelreich (*Matthäus* 16,19). In der Scholastik ging es um die von dieser Textstelle ausgehende Frage, ob jemand Entscheidungsgewalt über etwas haben kann, was er nicht versteht, bezogen v. a. auf den Vollzug eines Sakraments durch einen Priester. S. dazu Petrus Lombardus, *Sentenzenkommentar* 4, Dist. 18, wo die beiden Schlüssel als Symbole für das Wissen um Unterscheidungen und die Fähigkeit/Macht zu urteilen gedeutet werden. – ***causa formalis, materialis, efficiens et finalis:*** Die vier aristotelischen Ursachen eines jeden Dings (*Physik* I 1,184a10–14; II 3, 194b23–35): die Formursache (das unveränderbare Wesen), die Materialursache (das Material), die bewirkende Ursache und der Zweck, die Funktionsbestimmung. Zu scholastischen Anwendungen der Lehre von den vier Ursachen auf die Taufe vgl. Miller. – ***characteris ... indelebilis:*** Listrius weist darauf hin, dass die Taufe den scholastischen Theologen *(neoterici Theologi)* zufolge wie die Firmung und die Weihe zu den nicht wiederholbaren Sakramenten gehört, durch die einem Menschen ein unauslöschbares Zeichen (mit den Worten der Stultitia ein *character indelebilis*) eingeprägt werde, dass aber von diesen Zeichen weder die Bibel noch die Kirchenväter sprächen. Zu weitergehenden Erklärungen vgl. etwa Thomas von Aquin, *Summa theologiae* III, quaest. 63, art. 1–6; *Sentenzenkommentar* IV, dist. 4, quaest. 1, art. 1–4. – ***Adorabant quidem illi:*** erg. *Deum*. – ***spiritus est ... adorare:*** *Johannes* 4,24.

53,7 ***imagunculam ... pariete:*** vgl. Plinius, *Naturalis historia* 35,36,89: *arrepto carbone extincto e foculo imaginem in pariete delineavit* [erg. *Apelles*]. Aus der Anspielung wird deutlich, dass es um ein spontan entstandenes Graffiti geht. Gemeint ist eine Abbildung Christi. – ***haud apparet ...:*** Von *apparet* hängt ein AcI ab, dessen Subjekt der AcI *imagunculam adorandam* erg. *esse* ist. – ***eadem adoratione ut* (statt *atque*):** ‚mit derselben Verehrung wie'. Listrius behauptet, dass die scholastischen Theologen lehren würden, dass man die Darstellung genauso verehren müsse wie das Dargestellte, sodass selbst schnell hingeworfene Kritzeleien verehrungswürdig wären. – ***duobus ... porrectis digitis:*** Gemeint ist der Segensgestus, das Ausstrecken von Zeige- und Mittelfinger, wobei sich ersterer leicht über den letzteren legt, so dass ein Kreuz angedeutet wird (s. Listrius und die Abb. auf S. 121). – ***umbo:*** Laut Listrius ist damit der Heiligenschein, die Gloriole gemeint; Erasmus wählt den Begriff vermutlich wegen der Ähnlichkeit mit einem Schild(buckel). – ***tres habeat notas:*** die drei

si modo duobus sit porrectis digitis, intonsa coma et in umbone, qui adhaeret occipitio, tres habeat notas. Quis enim haec percipiat, nisi triginta sex annos totos in physicis et ultramundanis Aristotelis et Scoticis contriverit? Identidem inculcant apostoli gratiam, at idem nusquam distinguunt, quid intersit inter gratiam gratis datam et gratiam gratificantem. Hortantur ad bona opera nec discernunt opus operans et opus operatum. Passim inculcant caritatem nec secernunt infusam ab acquisita nec explicant, accidensne sit an substantia, creata res an increata. Detestantur peccatum, at emoriar, si potuerunt scientifice definire, quid sit illud, quod peccatum vocamus, nisi forte Scotistarum spiritu fuerunt edocti.

8 Nec enim adduci possum, ut credam Paulum, e cuius unius eruditione licet omnes aestimare, toties damnaturum fuisse quaestiones, disceptationes, genea-

---

Strahlenbündel, die vom Scheitel und den beiden Schläfen ausgehen (s. Listrius und die Abb. oben). – ***ultramundanus:*** Das Wort (‚jenseits der Welt liegend, außerweltlich') ist in der Antike belegt, Stultitia verwendet es wohl als spöttische Quasi-Übersetzung von ‚Metaphysik'. – ***in … Scoticis:*** ‚in/mit den Schriften des Aristoteles und der Skotisten über Physik und Außerweltliches'. – ***Identidem … gratiam:*** ‚Immer wieder reden die Apostel von Gnade'. So bezeichnet es Paulus als seine Aufgabe, die frohe Botschaft von der Gnade Gottes zu verkünden (*Apostelgeschichte* 20,24); er habe die Gnade von Jesus Christus erhalten (*Römerbrief* 1,5; 12,3). – ***quid intersit … gratificantem:*** vgl. allgemein zu den Unterscheidungen der Arten von Gnade Petrus Lombardus, *Sententiae* 2,26. – ***opus, opus operans et opus operatum:*** Diese Unterscheidung betrifft die Gültigkeit der Sakramente. Zu Erasmus' Zeit galt ein Sakrament als gültig, wenn es vollzogen wurde *(ex opere operato),* unabhängig von der Einstellung des Sakramentenspenders und -empfängers (*ex opere operante* oder *operantis*). – ***Passim inculcant caritatem:*** In der *Querela Pacis* beweist Erasmus ausführlich, dass der Kern der Lehre Jesu und der Apostel die Liebe ist; die prominenteste neutestamentliche Stelle außerhalb der Evangelien ist das oben zitierte Hohelied der Liebe im 1. *Korintherbrief,* cap. 13. – ***infusam … increata:*** vgl. zu derartigen Fragen Alexander von Hales, *Comm. in Sent.* I, dist. 17, 1951, p. 179–180. – ***emoriar:*** ‚ich will sterben, des Todes sein' (Konjunktiv Präsens als Optativ). – ***scientificus:*** ‚wissenschaftlich' (mlat.).

53,8 ***omnes:*** erg. *apostolos.* – ***Paulum … damnaturum fuisse:*** Irrealis in der Abhängigkeit: ‚dass Paulus verurteilt hätte'. – ***quaestiones, disputationes, genealogias:*** Darüber mokiert sich Paulus bspw. im 1. *Timotheusbrief* 1,4; 2,8; *Titusbrief* 3,9. Das griechische Wort *genealogia* bedeutet eigentlich ‚Geschlechtsregister, Geschlechterreihe', aber diese Bedeutung passt hier nicht. Erasmus versteht den Begriff offenbar i. S. v. ‚Herunterbeten logischer Gattungen'. – ***λογομαχία:*** *contentio, rixa* (*De copia* I p. 50 Knott), wörtlich ‚Wortgefecht'. Stultitia spielt auf den 1. *Timotheusbrief* 6,4 an. – ***aliquid percalluisse*** **(Perfekt von *percallesco* mit resultativer Bedeutung):** ‚etwas gut verstehen'. – ***rusticanus, crassus:*** Synonyme i. S. v. ‚nach Art der einfachen Leute'. – ***Chrysippēus:*** ‚nach Art des Chrysipp'. Stultitia spielt hier auf Chrysipps Neigung zu logischen Spitzfindigkeiten an (vgl. Listrius). – ***conferre:*** hier ‚vergleichen'. – ***homines modestissimi:*** Mit diesem ironischen Ausdruck sind die scholastischen Theologen gemeint. – ***indolatus:*** eigentlich ‚unbearbeitet' (von einem Material), hier ‚nicht ausgefeilt'. Die metaphorische Bedeutung ist in der Antike nicht belegt. – ***hoc videlicet honoris*** **(Gen. Part.**

logias et, ut ipse vocat, λογομαχίας, si eas percalluisset argutias, praesertim cum omnes illius temporis contentiones pugnaeque rusticanae fuerint et crassae*, si cum Magistrorum Nostrorum* plus quam Chrysippeis subtilitatibus conferantur. Quamquam* homines modestissimi, si quid forte scriptum sit ab apostolis indolatius parumque magistraliter*, non damnant quidem, sed commode interpretantur hoc videlicet honoris partim antiquitati, partim apostolico nomini deferentes. Et hercle parum aequum erat res tantas ab illis requirere, de quibus ex praeceptore suo ne verbum quidem umquam audissent. Idem si eveniat in Chrysostomo, Basilio, Hieronymo, tum sat habent ascribere: „Non tenetur."

9 Et illi quidem confutarunt ethnicos* philosophos ac Iudaeos suapte natura pertinacissimos, sed vita magis ac miraculis quam syllogismis, tum eos, quorum nemo fuerit idoneus vel* unicum Scoti *Quodlibetum* ingenio consequi. Nunc quis ethnicus*, quis haereticus non continuo cedat tot tenuissimis subtilitatibus, nisi tam crassus*, ut non assequatur, aut tam impudens, ut exsibilet, aut iisdem instructus laqueis, ut iam par sit pugna, perinde quasi magum cum mago committas aut si gladio fortunato pugnet aliquis cum eo, cui gladius sit fortunatus. Tum enim nihil aliud quam tela Penelopes retexeretur.

10 Ac meo quidem iudicio saperent Christiani, si pro pinguibus* istis militum cohortibus, per quas iam olim ancipiti Marte belligerantur, clamosissi-

---

abh. von *hoc*): ‚zumindest diese/so viel Ehre'. – ***parum aequum erat:*** ‚es wäre nicht angemessen gewesen'. – ***res tantas ... ex praecpetore:*** Die Apostel haben nie so bedeutende Gedanken (ironisch zu verstehen) aus dem Munde ihres Lehrers Jesus Christus vernommen. – ***in* mit Ablativ:** hier ‚im Falle von'. Bei den drei Genannten (Johannes von Antiochia gen. Chrysostomos, Basilios der Große und Hieronymus) handelt es sich um angesehene Kirchenlehrer der Spätantike. – ***Non tenetur:*** ‚Es wird nicht aufrechterhalten, akzeptiert', eine scholastische Formel.

53,9 ***illi:*** die Apostel. – ***suapte:*** *sua* mit dem der Verstärkung dienenden enklitischen Suffix *-pte*. – ***tum eos, quorum nemo:*** ‚außerdem solche Leute, von denen keiner'. – ***Scoti Quodlibetum:*** Ein *Quodlibet* (wörtlich ‚was beliebt') war im Mittelalter eine philosophische oder theologische Diskussion über ein beliebiges Thema. Zu *quodlibet* wurde der Plural *quodlibeta* gebildet, von dem wiederum der neue Singular *quodlibetum* abgeleitet wurde. Stultitia spielt hier auf das *Quodlibet* (anderer Titel: *Quaestiones Quodlibetales*) des Duns Scotus an. – ***laquei:*** die Fallstricke und Schlingen der spitzfindigen logischen Debattierkunst, zumal die Trugschlüsse. – ***aliquem cum aliquo committere:*** hier ‚gegeneinander in den Kampf schicken, aufeinanderhetzen'. – ***gladius fortunatus:*** Laut Listrius sollen manche zeitgenössischen Fürsten ein Glücksschwert besitzen, das sie unverwundbar macht – es sei denn, der Gegner besitzt ebenfalls ein Glücksschwert. In den *Adagia* gibt es keinen Eintrag. – ***Tum enim nihil aliud quam:*** **nach *aliud* erg. *ageretur:*** ‚dann würde nämlich nichts anderes erreicht werden, als dass'. ***Penelopes*** **(griech. Genitiv)** ***telam retexere*** **(=*Adag.* 342):** ‚sich vergeblich Mühe machen; das wieder einreißen, was man selbst oder ein anderer aufgebaut hat', hier ist ein fruchtloses argumentatives Pingpongspiel zwischen gleich starken Gegnern gemeint. Penelope, die Ehefrau des Odysseus, hatte den Freiern versprochen, sich für einen von ihnen zu entscheiden, sobald sie ihre Webarbeit fertiggestellt hätte. Sie trennte aber das, was sie am Tage gewebt hatte, nachts heimlich wieder auf (Homer, *Odyssee* 2,104–105).

53,10 ***pro:*** ‚anstelle von'. – ***ancipiti Marte:*** ‚mit ungewissem Ausgang' (*Adag.* 2828, 3649). – ***ut ... tenebras:*** ‚dass sie (die Scholastiker) ihm nicht diese Spitzfindigkeiten als die allergrößte Dunkelheit über die Augen gössen'.

mos Scotistas et pertinacissimos Occanistas et invictos Albertistas una cum tota sophistarum* manu mitterent in Turcas et Saracenos. Spectarent, opinor, et conflictum omnium lepidissimum et victoriam non ante visam. Quis enim usque adeo frigidus, quem istorum non inflamment acumina? Quis tam stupidus, ut tales non excitent aculei? Quis tam oculatus, ut haec illi non maximas offundant tenebras?

11 Verum haec omnia videor vobis propemodum ioco dicere. Nec mirum sane, cum sint et inter ipsos theologos melioribus instituti litteris, qui ad has frivolas, ut putant, theologorum argutias nauseent. Sunt, qui velut sacrilegii genus exsecrentur summamque ducant impietatem de rebus tam arcanis et adorandis magis quam explicandis tam illoto ore loqui, tam profanis ethnicorum* argutiis disputare, tam arroganter definire ac divinae theologiae maiestatem tam frigidis*, immo sordidis verbis simul et sententiis conspurcare.

12 At interim* ipsi felicissime sibi placent, immo plaudunt, adeo, ut his suavissimis naeniis nocte dieque occupatis ne tantulum quidem otii supersit, ut

---

53,11 ***summamque ducant impietatem:*** ‚und es für die größte Gottlosigkeit halten'. Die Objekte zu *exsecrentur* und *ducant* sind die folgenden Infinitive. – ***illoto ore:*** wohl in doppeltem Sinne zu verstehen, einerseits i. S. v. ‚mit ungewaschenem, dreckigem Maul' (vgl. gleich *sordidis verbis*), andererseits bedeutet *illotis manibus/pedibus,* dass man etwas unvorbereitet, inkompetent angeht (s. *Adag.* 855: *Illotis manibus*). – ***tam … disputare:*** In der Abhandlung *Dulce bellum inexpertis* disqualifiziert Erasmus die Dialektik als etwas typisch Heidnisches. – ***sordida verba:*** Damit sind die Neologismen der Scholastiker gemeint, die die Humanisten als eine Verunreinigung der lateinischen Sprache auffassten.

53,12 ***his … occupatis:*** *occupatis* (‚Beschäftigte') ist Dativ der Person, abhängig von *supersit; his suavissimis naeniis* ist Ablativus instrumentalis, abhängig von *occupatis.* – ***ruituram:*** PFA von *ruere,* hier mit irrealem Sinn. – ***tibicen:*** hier ‚Pfeiler, Stütze'. – ***Atlas … poetas:*** vgl. etwa Vergil, *Aeneis* 4,247; Ovid, *Metamorphosen* 4,661–662. – ***dum:*** hier und im Folgenden ‚wenn'. – ***cereae:*** Die Vorstellung, dass einige Theologen den Bibeltext behandelten, als sei er formbar wie Wachs, gab es bereits vor Erasmus, vgl. Miller mit Literatur. – ***pontificia decreta:*** ‚päpstliche Dekrete'. – ***dumque … trahunt:*** Das Objekt zu *trahunt* muss aus dem *quid* des *si*-Satzes gewonnen werden: ‚und wenn sie, gleichsam wie Zensoren/Richter der ganzen Welt, etwas zum Widerruf zwingen'. – ***ad amussim:*** ‚passgenau'. – ***Haec … est:*** ‚Diese Aussage ist ein Stein des Anstoßes'. Das Adjektiv *scandalosus* ist antik nicht belegt, sondern erst im Mittelalter. Das aus dem Griechischen entlehnte Substantiv *scandalum* hingegen begegnet bereits in der Antike (vgl. ‚Skandal'). Listrius bezeichnet die Ableitung *scandalosus* als albern. – ***reverentialis:*** ‚ehrfurchtsvoll', auch dieses Adjektiv ist nicht antik, sondern erst im Mittelalter nachzuweisen. Stultitia parodiert hier den scholastischen Stil (s. auch Listrius), indem sie für ihn typische *sordida verba* verwendet. – ***Haec … olet:*** ‚Diese Aussage riecht nach Häresie.' Listrius zufolge handelt es sich um übliche Aussagen der Scholastiker, die Stultitia witzig verdreht hat, indem sie *sapit* durch *olet* und im folgenden Satz *sonat* durch *tinnit* ersetzt habe. – ***Thomas:*** Thomas von Aquin. – **ἀριστοτελικῶς:** ‚nach der Manier des Aristoteles'. Erasmus skizziert das, was er als Sündenfall der christlichen Theologie des Mittelalters auffasst, im *Dulce bellum inexpertis* so, dass die Scholastiker die Lehre Christi durch die Philosophie des Aristoteles ersetzt hätten. – ***baccalauriorum calculus:*** ‚die Stimme der Baccalaurei'. Der *baccalaureus/-laurius* (wovon das Wort *Bachelor* kommt) war der niedrigste akademische Grad. Stultitia wertet hier also die von ihr angegriffenen Theologen polemisch ab.

evangelium aut Paulinas epistolas vel* semel liceat evolvere. Atque interim, dum haec nugantur in scholis, existimant sese universam ecclesiam* alioqui* ruituram non aliter syllogismorum fulcire tibicinibus, quam Atlas caelum humeris sustinet apud poetas. Iam illud quantae felicitatis esse putatis, dum arcanas litteras*, perinde quasi cereae sint, pro libidine formant ac reformant, dum conclusiones suas, quibus iam aliquot scholastici* subscripserunt, plus quam Solonis leges videri postulant et vel* pontificiis decretis anteponendas dumque veluti censores orbis ad palinodiam trahunt, si quid usquam cum explicitis et implicitis illorum conclusionibus non ad amussim quadrarit, ac non secus atque ex oraculo pronuntiant: „Haec propositio scandalosa est. Haec parum reverentialis. Haec haeresim olet. Haec male tinnit", ut iam nec baptismus nec evangelium nec Paulus aut Petrus nec sanctus Hieronymus aut Augustinus, immo nec* ipse Thomas ἀριστοτελικῶς Christianum efficiat, nisi baccalauriorum calculus accesserit – tanta est in iudicando subtilitas.

13 Quis enim sensurus erat eum Christianum non esse, qui diceret has duas orationes*, 'matula putes' et 'matula putet', item 'ollae fervere', et 'ollam fervere' pariter esse congruas, nisi sapientes illi docuissent? Quis tantis errorum tenebris liberasset ecclesiam*, quos ne lecturus quidem umquam quisquam fuerat, nisi magnis sigillis isti prodidissent? Verum an non felicissimi, dum haec agunt? Praeterea dum inferorum res omnes sic examussim depingunt, tamquam in ea re publica complures annos sint versati? Praeterea dum pro arbitrio novos orbes fabricantur addito denique latissimo illo pulcherrimoque, ne scilicet deesset, ubi felices animae commode vel spatiari vel convivium agitare vel etiam pila ludere possent.

53,13 ***putere, puteo:*** ‚stinken'. Während *matula* (‚der Nachttopf stinkt') *putet* ein ganz normaler Satz ist, bereiteten Sätze wie der erste (‚du Nachttopf stinkst') der logizistischen mittelalterlichen Grammatik Schwierigkeiten, da Substantiven axiomatisch die dritte Person zugeordnet wurde. Stultitia macht sich hier parodierend über die Gelehrten lustig, da das Problem gemeinhin mit Sätzen höherer Dignität veranschaulicht wurde, nämlich *Socrates curris* vs. *Socrates currit*. – ***ollae … fervere:*** *fervere* dürfte in beiden Fällen als Infinitiv zu verstehen sein, als dessen Subjekt man offenbar den Akkusativ als Normalfall angesetzt hat. Im ersten Syntagma (das wohl als historischer Infinitiv oder als NcI aufzufassen ist) steht aber der Nominativ, das zweite Syntagma ist ein AcI. Auch hier wählt Stultitia Beispiele aus der küchenlateinischen Sphäre. Der Ausdruck *olla male fervet* bedeutet sprichwörtlich ‚die Dinge stehen schlecht/gehen schief' (Petron. 38,13), vgl. *Adag.* 423 *(Ollae amicitia)* über pragmatische Freundschaften: *Fervet olla, vivit amicitia.* – ***nisi … prodidissent:*** Die Theologen pflegten die Liste der als häretisch gebrandmarkten Aussagen mit dem Siegel *(sigillum)* ihrer Universität zu versehen (Listrius). – ***in ea re publica:*** Damit ist die Hölle gemeint, die Erasmus zuvor klassisch mit *inferi* (eigentlich ‚Bewohner der Unterwelt') umschrieben hatte. – ***pro arbitrio:*** ‚nach Belieben', seit Tertullian belegt, häufig bei den Kirchenvätern. – ***orbes:*** ‚Himmelssphären'. – ***pilā ludere:*** ‚Ball spielen'. – ***addito … possent:*** das Empyreum, die höchste Himmelssphäre, der Aufenthaltsort Gottes, der Engel und der Seligen.

14 His atque id genus* bis mille nugis horum capita adeo distenta differtaque sunt, ut arbitrer nec* Iovis cerebrum aeque gravidum fuisse, cum ille Palladem parturiens Vulcani securim imploraret. Quare nolite mirari, si videtis caput illorum tot fasciis tam diligenter obvinctum in publicis disputationibus, alioquin* enim plane dissilirent. Illud ipsa quoque nonnumquam ridere soleo, cum ita demum maxime sibi videntur theologi, si quam maxime barbare spurceque loquantur; cumque adeo balbutiunt, ut a nemine nisi balbo possint intellegi, acumen appellant, quod vulgus non assequatur. Negant enim e dignitate sacrarum litterarum* esse, si grammaticorum legibus parere cogantur. Mira vero maiestas theologorum, si solis illis fas est mendose loqui, quamquam hoc ipsum habent cum multis cerdonibus commune.

15 Postremo iam dis proximos sese ducunt, quoties quasi religiose *Magistri Nostri** salutantur, in quo quidem nomine tale quiddam subesse putant, quale est apud Iudaeos τετραγράμματον. Itaque nefas aiunt esse MAGISTER NOSTER* secus quam maiusculis scribere litteris. Quod si quis praepostere *Noster Magister* dixerit, is semel* omnem theologici nominis perverterit maiestatem.

54: Die Mönche

1 Ad horum felicitatem proxime accedunt ii, qui se vulgo religiosos* ac monachos appellant utroque falsissimo cognomine, cum et bona pars istorum longissime absit a religione et nulli magis omnibus locis sint obvii. Iis non video quid possit esse miserius, nisi ego multis modis succurrerem. Etenim cum hoc 54

53,14 ***cum … imploraret:*** zur Geburt der Athene aus dem Kopf des Zeus vgl. 7,2. – ***caput … obvinctum:*** Nicht der Doktorhut ist gemeint (gegen Miller), sondern der Chaperon, eine Art Turban, wie ihn Holbein in zwei Zeichnungen darstellt. – ***obvincio:*** ‚umwickeln'. Das Wort lässt sich in keinem Lexikon nachweisen, wird aber von Erasmus mehrfach verwendet. – ***cum … theologi:*** ‚wenn sie sich nur dann ganz besonders als Theologen fühlen'. Es geht nun um den humanistischen Topos vom barbarischen Latein der Theologen, der *barbaries Theologorum* (Marginalie in einigen Drucken des *Moriae encomium,* bspw. Basel 1551, p. 230).

53,15 ***dis … ducunt:*** ‚sie glauben, dass sie den Göttern ganz nahe sind'. – **τετραγράμματον:** ‚Tetragramm, ein aus vier Buchstaben bestehendes Wort', insbes. der aus vier Buchstaben bestehende Name Gottes, nämlich *JHWH* (es gibt im Hebräischen keine Vokalbuchstaben) für *Jahwe* (hier gemeint). – ***praepostere* (Adv.):** ‚verkehrt, in der falschen Reihenfolge'. – ***Itaque … maiestatem:*** Diese Manier der theologischen *magistri* wird auch im ersten Dunkelmännerbrief (Absender: Langschneyderus) verspottet: *magisternoster* heiße der *doctor in theologia* und es handele sich um ein Wort, während die Anrede *noster magister* aus zwei Wörtern bestehe und für jeden beliebigen *magister* verwendet werde.

54,1 ***utroque … obvii:*** Die zweite Bezeichnung trifft nicht zu, da μοναχός ‚allein lebend' bedeutet (Listrius glossiert mit *solitarius* ‚einsam, ungesellig'), die Mönche aber überall anzutreffen sind. – ***Iis:*** Ablativus comparationis zu *miserius,* proleptisch aus dem von *video* abhängigen indirekten Fragesatz herausgezogen. – ***ut fortuitum … persuasum sit:*** Vgl. zu dieser abergläubischen Vorstellung Walther II.1, 6769 *(Dum videas monachum, cruce te signare memento!).* – ***persuasum sit:*** erg. *omnibus.*

hominum genus omnes sic exsecrentur, ut fortuitum etiam occursum ominosum esse persuasum sit, tamen ipsi sibi magnifice blandiuntur.

2 Primum summam existimant pietatem, si usque adeo nihil attigerint litterarum, ut ne legere quidem possint. Deinde cum psalmos suos, numeratos quidem illos, at non intellectos, asininis vocibus in templis* derudunt, tum vero se putant divorum* aures multa voluptate demulcere. Et sunt ex his nonnulli, qui sordes ac mendicitatem magno vendunt* proque foribus magno mugitu panem efflagitant, immo in nullis diversoriis, vehiculis, navibus non obturbant, non mediocri profecto reliquorum mendicorum iactura. Atque ad eum modum homines suavissimi sordibus, inscitia, rusticitate, impudentia, apostolos, ut aiunt, nobis referunt.

3 Quid autem iucundius, quam quod omnia faciunt ex praescripto, quasi mathematicis utentes rationibus, quas praeterire piaculum sit: quot nodos habeat calceus, quo colore lingula, vestis quot discriminibus varieganda, qua

---

54,2 ***Deinde ... demulcere:*** Über verständnislos die Psalmen herunterleiernde Mönche macht sich Erasmus auch im *Enchiridion* lustig (vgl. 40,4; 54,5). – ***derudere:*** Das Verb ist in der Antike nicht belegt und auch für Mittelalter und Neuzeit nicht nachweisbar. Vielleicht hat es Erasmus selbst gebildet; *rudere* bezeichnet den Eselslaut, und das Präfix ist wohl nach *decantare* (‚herunterleiern') gewählt. – ***magno vendere:*** wörtlich ‚teuer verkaufen'; gemeint ist entweder, dass sie ihre (vielleicht nur erheuchelte) Armut penetrant zur Schau stellen (Listrius), oder aber, dass sie mit ihrer Bettelei gut verdienen. – ***pro foribus:*** ‚vor den Türen'. – ***vehiculum:*** wohl eine Kutsche für mehrere Fahrgäste. – ***apostolos ... referunt:*** ‚sie bieten uns, wie sie behaupten, ein getreues Abbild der Apostel'.

54,3 ***piaculum est* mit Infinitiv:** ‚es ist ein Verbrechen, eine Sünde, es zu tun'. – ***quo colore lingula* (Schuhriemen):** So tragen bspw. die franziskanischen Observanten braune, die Dominikaner schwarze Schuhe. – ***vestis ... varieganda:*** Die Dominikaner tragen eine weiße Tracht mit einem schwarzen Übermantel, die Franziskaner einen braunen Habit mit einem weißen Cingulum, die Benediktiner Schwarz, die aus dem Benediktinerorden hervorgegangenen Orden der Cluniazenser und Zisterzienser hingegen Weiß. – ***culmus:*** ‚Halm'. Erasmus verwendet das Wort offenbar als eine Maßeinheit, was nicht belegt zu sein scheint. – ***qua materia ... cingulum:*** So tragen etwa die Dominikaner einen Ledergürtel, die Franziskaner hingegen eine weiße Kordel. – ***cucullus:*** ‚Mönchskutte mit Kapuze, Kapuze'. – ***culmis latum ... digitis latum:*** Beim Adjektiv *latus* ist der Akkusativ der Ausdehnung üblich, aber auch der Ablativ ist bei antiken Fachschriftstellern belegt. – ***capillitium:*** hier ‚Tonsur, Haarkranz'. – ***aliquid/aliquem nauci* (Gen pretii von *naucum* ‚Nussschale') *(non) facere:*** ‚etwas/jemanden für wertlos halten'. – ***omnia miris tragoediis miscere:*** etwa ‚Zeter und Mordio schreien' (s. 20,2). – ***Ex his ... religiosos:*** ‚Man kann unter diesen einige so streng Religiöse sehen'; mit *quosdam* korrespondieren *alios* und *alios*. – ***ut ... Milesia:*** ‚dass sie als Obergewand nur grobe Kleidung und als Untergewand nur feine Kleidung verwenden'. Eine *vestis Cilicina* (‚aus Kilikien') war ein grobes, schlichtes, aus Ziegenhaar gefertigtes Gewand, eine *vestis Milesia* (‚aus Milet') hingegen ein kostbares, weiches Kleidungsstück. Gemeint ist, dass sich diese Mönche nach außen hin asketisch geben, in Wirklichkeit aber hautfreundliche Kleidung tragen. – ***contra:*** hier abgeschwächt ‚wiederum', nach Ausweis des ThLL offenbar nicht antik. – ***qui ... lanei:*** wörtlich ‚die an der Oberfläche aus Leinen sind, inwendig aber aus Wolle'; gemeint ist grobes Leinen und weiche Wolle. – ***aconítum:*** ‚Eisenhut (eine hochgiftige Pflanzenart)', hier allgemein ‚tödliches Gift'. *Adag.* 766 bezeichnet Erasmus *aconitum* als das gefährlichste Gift überhaupt. – ***qui ... horreant:*** Gemeint sind die Mönche der Bettelorden; die vier großen Bettelorden waren die Franziskaner, die

materia quotque culmis latum cingulum, qua specie et quot modiorum capax cucullus, quot digitis latum capillitium, quot dormiendum horas. Atque haec quidem aequalitas in tanta corporum et ingeniorum varietate quam sit inaequalis, quis non perspicit? Et tamen his nugis non alios modo prae* se nauci faciunt, verum invicem alii alios contemnunt atque homines apostolicam caritatem professi ob aliter cinctam vestem, ob colorem paulo fusciorem omnia miris tragoediis miscent. Ex his videas quosdam adeo rigide religiosos, ut summa veste non nisi Cilicina utantur, intima Milesia, alios contra*, qui superne linei sint, intime lanei; rursum alios, qui pecuniae contactum ceu aconitum horreant nec a vino interim* nec a mulierum contactu temperantes. Denique mirum omnibus studium, ne quid in ratione vitae conveniat. Nec illud studio est, ut Christo similes sint, sed ut inter se dissimiles.

4 Porro magna felicitatis pars est in cognomentis, dum hi funigeros appellari se gaudent et inter hos alii Coletas, alii Minores, alii Minimos, alii Bullistas; rursum hi Benedictinos, illi Bernardinos; hi Brigidenses, illi Augustinenses;

Dominikaner, die Augustiner-Eremiten und die Karmeliten. – ***Denique … conveniat:*** ‚In einem Wort: alle bemühen sich in ganz wundersamer Weise darum, dass in ihrer Lebensführung nichts zusammenpasst.' – ***Nec … est:*** ‚Nicht einmal darum bemühen sie sich'. – *studio:* Dativus finalis, vgl. Ambrosius, *De Noe* 13,42 *(illud quoque studio est quaerere, quae causa est, cur eqs.);* Diomedes, *Ars grammatica* 1, p. 313 Keil (*studio habeo hanc rem* in einer Aufzählung von Ausdrücken mit einem Dativus finalis). – ***illud:*** verweist auf den *ut*-Satz.

54,4 ***in cognomentis:*** Die folgenden Bezeichnungen nennt Listrius in seinem Kommentar *portentosa nomina* (‚monströse Namen'), da sie der christlichen Einheit und Liebe entgegenstünden und Paulus gewollt habe, dass es keine Parteiungen unter den Christen geben solle. – ***funigeri:*** ‚Kordelträger', die Franziskaner, die eine weiße Kordel als Gürtel tragen. – ***Coletas … Bullistas:*** Abspaltungen des Franziskanerordens. Die Coletinnen wurden im 15. Jh. von der Klarissin Colette (Coleta) von Corbie (1381–1447) gegründet. Mit *minores* sind die Franziskaner insgesamt gemeint (offizieller Name: *Ordo fratrum minorum*); die Minoriten (auch ‚Konventualen') spalteten sich erst 1517 ab. Die Paulaner oder Minim(it)en (Ordo minimorum) wurden von Franz von Paola (Franciscus de Paula, 1416–1507) 1454 gegründet. *Bullistae* ist eine andere Bezeichnung für die Observanten (s. Kan zur Stelle), die im Gegensatz zu den Konventualen eine strengere Befolgung der Ordensregel, der *regula bullata* forderten. – ***Bernardini:*** ein anderer Name für die Zisterzienser, nach dem bedeutenden Ordensbruder Bernard von Clairvaux. Die Zisterzienser gingen aus den Benediktinern hervor. – ***Brigidenses:*** Die Birgitten leben nach der Augustinerregel (s. den nächsten Ordensnamen). Laut Kan könnte die Schreibung mit *-d-* darauf hinweisen, dass Erasmus die Gründerin mit der irischen Heiligen Brigida von Kildare (5./6. Jh.) verwechselt hat. – ***Guilhelmitae:*** Der nach Wilhelm dem Großen von Malavalle (gest. 1157) benannte Eremitenorden der Wilhelmiten wurde im 12. Jh. gegründet. – ***Jacobitae:*** ‚Jakobiner', eine Bezeichnung für die Dominikaner in Frankreich, nach ihrem Kloster St. Jacob in Paris. – ***in tantum:*** ‚so sehr' (Livius, Seneca, Columella). – ***traditiuncula:*** Deminutiv von *traditio,* antik nicht belegt. Im Gegensatz zu *traditio,* das allenfalls okkasionell ‚Brauch' bedeuten kann, bedeutet *traditiuncula* ‚Brauch von geringer Bedeutung' (Ramminger). Erasmus verwendet das Wort häufiger. – ***magna pars … putet … cogitantes:*** Während bei *putet* syntaktische Kongruenz zu *pars* vorliegt, handelt es sich beim Plural *cogitantes* um eine Constructio ad sensum nach einem Kollektivbegriff, vgl. *pars in frusta secant* (Vergil, *Aeneis* 1,212). – ***exigere:*** ‚einfordern'. – ***suum … praeceptum … caritatis:*** Insbesondere in seinen Friedensschriften betont Erasmus immer wieder, dass der Kern der christlichen Lehre die Liebe ist (s. Einleitung, S. 24 und S. 27).

hi Guilhelmitas, illi Jacobitas, quasi vero parum sit dici Christianos. Horum magna pars in tantum suis nititur caerimoniis et hominum traditiunculis, ut putet unum caelum parum dignum esse tantis meritis praemium – haud cogitantes futurum, ut Christus contemptis his omnibus suum illud sit exacturus praeceptum, nempe caritatis.

5 Alius ostentabit aqualiculum omni piscium genere distentum; alius psalmorum centum effundet modios; alius ieiuniorum myriadas adnumerabit et toties unico prandio paene disruptam imputabit alvum; alius tantum caerimoniarum acervum proferet, quantum vix septem onerariis navibus vehi possit; alius gloriabitur sexaginta annos numquam attactam pecuniam, nisi digitis duplici chirotheca munitis; alius cucullam ingeret adeo sordidam et crassam, ut nullus nauta suo dignetur corpore; commemorabit alius se plus quam undecim lustris spongiae vitam egisse semper eidem affixum loco; alius raucam assiduo cantu vocem adducet, alius lethargum solitudine contractum, alius linguam iugi silentio torpentem.

6 At Christus interpellatis numquam alioqui* finiendis gloriis „Undenam hoc", inquiet, „novum Iudaeorum genus? Unicam ego legem vere meam agnosco,

---

54,5 ***Alius …***: Die im Folgenden aufgezählten Mönche halten sich die folgenden Eigenschaften zugute: Fleischabstinenz, Kenntnis der Psalmen, extensives Fasten, skrupulöse Beachtung der Rituale, Armut, Bedürfnislosigkeit, Ortstreue (Miller verweist auf die Benediktinerregel), beständiges Preisen des Herrn durch Gesang, Eremitentum, Beachtung des Schweigegelübdes. – ***aqualiculus:*** ‚Bauch'. – ***toties:*** hier = *saepe* (ohne deiktische Bedeutung). Der Mönch bricht das Fasten zwar nur für eine Mahlzeit, aber diese ist extrem üppig (Listrius). – ***chirotheca:*** ‚Handschuh'. – ***cuculla crassa:*** ‚grobe Kutte'. – ***iugis, iuge:*** ‚ewig, endlos, dauerhaft'.

54,6 ***interpellatis … gloriis:*** ‚nachdem er die Loblieder, die ansonsten niemals hätten beendet werden können, unterbrochen hat'; zum Plural *gloriae* zur Bezeichnung des Selbstlobs vgl. Plautus, *Miles gloriosus* 22. – ***novum Iudaeorum genus:*** Erasmus bedient hier das damals gängige Vorurteil, dass Juden nur eine äußerliche Form der Religiosität pflegen, vgl. dazu auch Listrius. – ***Unicam … agnosco:*** ‚Ich erkenne nur ein einziges Gesetz als das wahrhaft meine an' – gemeint ist das Gebot, einander zu lieben. – ***palam:*** hier wohl nicht ‚öffentlich', sondern die positive Formulierung zu *nullo parabolarum utens involucro,* also ‚offen' i. S. v. ‚ohne Bildhaftigkeit, ohne Gleichnis, ohne Verrätselung'; *involucrum* ist seit der Spätantike ein Terminus technicus für die allegorische Verhüllung. – ***Et olim … sum:*** Die Kommentare nennen keine Stelle, auf die sich Erasmus hier beziehen könnte. Wahrscheinlich sind die Seligpreisungen in der Bergpedigt gemeint (*Matthäus* 5,3–12), in denen Jesus verheißt, wem das Himmelreich (das dürfte mit der *paterna hereditas* gemeint sein) gehört. Erst nach den Seligpreisungen spricht Jesus in zwei Gleichnissen (s. den Begriff *parabola*). – ***cucullis … officiis:*** Dative in Abhängigkeit von *pollicitus sum,* die metonymisch für die Menschen stehen, die mit diesen Verhaltensweisen versuchen, die *paterna hereditas,* das Himmelreich, zu erlangen. – ***Nec eos … agnoscunt:*** vgl. das Gleichnis vom Zöllner und vom Pharisäer, der sich auf sein gottgefälliges Leben (bspw. das Fasten) viel einbildet und den Zöllner verachtet (*Lukas* 18,9–14). – ***Abraxasiorum caelos:*** Der Gnostiker Basilides von Alexandria (1./2. Jh.) setzte 365 Himmel an. Mit dem Wort *Abraxas* (Ἀβράξας), dessen griechische als Zahlzeichen verwendete Buchstaben die Zahl 365 ergeben ($\alpha = 1$; $\beta = 2$; $\rho = 100$; $\xi = 60$; $\sigma/\varsigma = 200$), bezeichneten er und seine Anhänger das höchste Wesen. Die maskuline Form *caelus* ist bereits in der Antike belegt, wird von den

de qua sola nihil audio. Et olim palam nulloque parabolarum utens involucro paternam hereditatem pollicitus sum – non cucullis, preculis* aut inediis, sed caritatis officiis. Nec eos agnosco, qui sua facta nimis agnoscunt. Isti, qui me quoque* sanctiores videri volunt, Abraxasiorum caelos, si libet, occupent aut ab his sibi novum exstrui caelum iubeant, quorum traditiunculas meis praeceptis anteposuerunt."

7 Cum haec audient et videbunt nautas et aurigas sibi praeferri, quibus, putatis, vultibus sese mutuo contuebuntur? Sed interim spe sua felices sunt, non absque* meo beneficio. Atque hos quidem quamquam a re publica semotos nemo tamen audet contemnere, praecipue mendicantes, propterea quod omnia omnium arcana teneant ex confessionibus, quas vocant. Quae tamen prodere nefas habent, nisi si quando poti fabulis amoenioribus delectare se volunt, sed coniecturis modo rem indicant, tacitis interim nominibus. Quod si quis hos crabrones irritarit, tum in popularibus contionibus* probe ulciscuntur sese et obliquis dictis hostem notant, adeo tecte, ut nemo non intellegat, nisi qui nihil intellegit. Nec prius oblatrandi finem faciunt, quam in os offam obieceris.

8 Age vero*, quem tu mihi comoedum, quem circulatorem spectare malis quam istos in contionibus* suis rhetoricantes omnino ridicule, sed tamen suavissime imitantes ea, quae rhetores* de dicendi ratione tradi-

grammatici akzeptiert und findet sich sehr häufig bei antiken christlichen Schriftstellern. Die Form *Abraxasii* (etwa ‚Verehrer des Abraxas') könnte eine scherzhafte Neuerung von Erasmus sein. Vgl. zu Verweisen auf Abraxas bei Erasmus und Morus Perona 2019. – ***his:*** Bezugswort zum Relativum *quorum*. – ***traditiuncula:*** Deminutiv von *traditio,* hier abfällig von Lehrinhalten gesagt, etwa ‚Pseudolehren'.

54,7 ***nautas et aurigas:*** Seeleute und Wagenlenker werden hier beispielhaft für einfache Leute genannt, die das Himmelreich viel eher erreichen können als die frömmelnden, bigotten Mönche. – ***mendicantes:*** Gemeint sind die Mönche der Bettelorden, s. die Anm. zu *qui … horreant* in 54,3. – ***ex confessionibus, quas vocant:*** ‚aufgrund der sogenannten Beichten'. In der Tat war die Abnahme der Beichte neben der Predigt eine wichtige Aufgabe der Bettelorden. Beide Tätigkeiten waren auch eine wichtige Einnahmequelle. – ***Quae:*** relativer Satzanschluss: ‚das, was sie in der Beichte gehört haben'; ‚sie halten es aber für einen Frevel, das auszuplaudern, was usw.' – ***potus:*** PPP, ‚einer der getrunken hat, betrunken'. – ***tacitis* (hier PPP, nicht Adjektiv) *interim nominibus:*** ‚wobei sie aber die Namen verschweigen'. – ***crabrones irritare* (=*Adag.* 60):** ‚Hornissen reizen', s. Plautus, *Amphitruo* 707. – ***probe ulciscuntur:*** *probus* hat hier keine moralische Bedeutung: ‚sie rächen sich ordentlich/gehörig'. – ***obliquis dictis:*** ‚mit indirekten Aussagen, mit Andeutungen' (also nicht geradeheraus, sondern ‚schief'). – ***tecte* (Adv.):** ‚verborgen' i. S. v. ‚indirekt, mit Andeutungen, zwischen den Zeilen'. – ***in os offam obieceris:*** Listrius verweist auf Vergil, *Aeneis* 6,417–421, wo geschildert werde, wie Aeneas (korrekt: Sibylle) dem kläffenden Zerberus einen Bissen hinwirft *(offam obicit)*. Auch auf der oben abgebildeten Zeichnung von Holbein ist Aeneas zu sehen.

derunt? Deum immortalem!* Ut gesticulantur, ut apte commutant vocem, ut cantillant, ut iactant sese, ut subinde alios vultus induunt, ut omnia clamoribus miscent! Atque hanc orandi artem ceu rem arcanam fraterculus* fraterculo* per manus tradit. Eam tametsi mihi non est fas scire, tamen utcumque coniecturis sequar.

9 Primo loco invocant, id quod a poetis mutuo sumpserunt. Deinde dicturi de caritate a Nilo Aegypti fluvio sumunt exordium aut crucis mysterium enarraturi a Babylonio dracone Bel feliciter auspicantur aut de ieiunio disputaturi a duodecim zodiaci signis principium faciunt aut de fide verba facturi diu de quadratura circuli praeloquuntur. Audivi ipsa quendam eximie stultum – erravi, 'doctum' volebam dicere –, qui in contione* celeberrima divinae Triadis mysterium explicaturus, quo et doctrinam suam non vulgarem ostentaret et theologicis satisfaceret auribus, nova prorsus ingressus est via, nimirum a litteris,

---

54,8 ***quae rhetores tradiderunt:*** Erasmus verfasste später selbst eine Predigtlehre, den *Ecclesiastes* (1535). – ***cantillant:*** In lateinischen Rhetoriken wurde davor gewarnt, die Rhythmisierung wo weit zu treiben, dass man nahezu schon zu singen scheint. Erasmus könnte aber auch das Einstreuen christlicher Lieder meinen. – ***iactant sese:*** Gemeint sind starke (rhythmische) Bewegungen des (Ober)Körpers. – ***orare:*** hier in der Grundbedeutung ‚reden'. – ***per manus tradere* (=*Adag.* 3428):** ‚von Hand zu Hand reichen', hier einfach ‚weitergeben'. – ***utcumque:*** ‚so gut wie möglich'. – ***sequi:*** hier ‚zu erreichen suchen'.

54,9 ***id quod ... sumpserunt:*** Gemeint sind die Anrufungen von Musen und anderen Gottheiten zu Beginn eines Gedichts. – ***exordium, praeloquuntur:*** Das Unangemessene all dieser Proömien liegt darin, dass sie einen sehr entfernten Ausgangspunkt für das jeweilige Thema (Liebe, das Mysterium des Kreuzes, Fasten, Glaube) wählen und gewissermaßen bei Adam und Eva anfangen vgl. Listrius. – ***a Babylonio dracone Bel:*** *Daniel* 14. Diese Geschichte ist einer der Zusätze zum *Buch Daniel* in der Septuaginta. Der Drache der Erzählung symbolisiert den babylonischen Gott Bel/Baal, dessen Machtlosigkeit Daniel demonstriert. – ***quadratura circuli:*** Die Quadratur des Kreises steht sprichwörtlich für ein unlösbares Problem, vgl. Aristoteles, *Kategorien* 7b, 29–33. – ***divinae Triadis mysterium:*** ‚das Mysterium der heiligen Dreifaltigkeit/der Trinität', die aus Gottvater, Gottsohn und dem Heiligen besteht. Die Bezeichnung *trias* für die Dreifaltigkeit anstelle von *trinitas* ist offenbar nicht antik und laut Listrius verwendet Erasmus sie, weil *trinitas* kein gutes Latein sei. – ***quo ... mussitantibus:*** Der Finalsatz *(quo = ut eo)* ist eine adverbiale Bestimmung zu *nova via ingressus est.* Der Prediger zeigt seine Bildung und stellt die Ohren der Theologen zufrieden, indem er sich mit grammatikalischen Elementa beschäftigt. – ***a litteris ...:*** ‚ausgehend von den Buchstaben ...' – ***concordia:*** hier ‚Kongruenz'. – ***nomen et verbum:*** Wir würden ‚Subjekt und Prädikat' sagen, damals gab es noch keine Bezeichnungen für die Satzteile. – ***putidus:*** hier ‚gesucht, krampfhaft' (vgl. auch Kirsch s.v.). – ***Horatianum illud ... tendunt:*** Horaz, *Satire* 2,7,21 (dort folgt der Vokativ *furcifer*). – ***nemo ... depingere:*** „Mathematiker haben die Angewohnheit, ihre Figuren in den Sand zu malen" (Listrius), man denkt unwillkürlich an die Geschichte von Archimedes, der, als er während der Eroberung von Syrakus mathematische Figuren in den Sand zeichnete, von einem Soldaten erschlagen wurde. – **θεολογώτατος:** ‚Mustertheologe' (Superlativ von θεολόγος). – ***desudarat:*** = *desudaverat.* – ***ut talpae:*** vgl. *Adag.* 255 (*Talpā caecior* ‚Blinder als ein Maulwurf'), an unserer Stelle im eigentlichen Sinne: Gelehrte schaden ihrer Sehschärfe durch extensive Lektüre. – ***luminum acies:*** ‚Schärfe der Augen'. – ***ingenii cuspis:*** ‚Schärfe des Geistes'. Nach ThLL s.v. wurde *cuspis* (‚Lanze(nspitze)') in der Antike nicht metaphorisch verwendet; vielleicht wurde diese Metapher von Erasmus geprägt.

syllabis et oratione*, tum a concordia nominis et verbi, adiectivi nominis et substantivi mirantibus iam plerisque ac nonnullis Horatianum illud apud se mussitantibus: „Quorsum haec tam putida tendunt?“ Tandem huc rem deduxit, ut in grammaticorum rudimentis sic expressum* ostenderet totius Triadis simulacrum, ut nemo mathematicorum in pulvere posset evidentius depingere. Atque in hac oratione* θεολογώτατος ille totos octo menses ita desudarat, ut hodie quoque magis caecutiat quam talpae, nimirum tota luminum acie ad ingenii cuspidem avocata. Verum haud paenitet* hominem caecitatis ac parvo quoque* putat emptam eam gloriam.

10 Auditus est a nobis alius quidam octogenarius, adeo theologus, ut in hoc Scotum ipsum renatum putes. Is explicaturus mysterium nominis Iesu mira subtilitate demonstravit in ipsis litteris latere, quidquid de illo dici possit. Etenim quod tribus dumtaxat inflectitur casibus, id manifestum esse simulacrum divini ternionis. Deinde quod prima vox *Iesus* desinat in *s*, secunda *Iesum* in *m*, tertia *Iesu* in *u*, in hoc ἄρρητον subesse mysterium nempe tribus litterulis indicantibus eum esse summum, medium et ultimum. Restabat mysterium his quoque* retrusius mathematica ratione. *Iesus* sic in duas aequales diffidit portiones, ut scilicet pentemimeres in medio resideret. Deinde docuit eam litteram apud Hebraeos esse ש, quam illi *syn* appellant, porro *syn* Scotorum, opinor, lingua peccatum sonat atque hinc palam declarari Iesum esse,

---

54,10 ***quod tribus … casibus:*** ‚was die Tatsache angeht, dass der Name nur in drei Kasus gebeugt wird‘. Gemeint ist, dass das Wort *Iesus* im Singular nur drei verschiedene Endungen hat, außer *-us* im Nominativ noch *-u* im Genitiv (gräzisierend), Dativ und Ablativ und *-um* im Akkusativ. – ***id manifestum …:*** indirekte Rede des achtzigjährigen Theologen, so auch im Folgenden. – ***simulacrum divini ternionis:*** ‚ein Abbild der heiligen Dreifaltigkeit‘. – ***Prima vox … secunda* erg. *vox … tertia* erg. *vox:*** ‚erste, zweite, dritte Form‘. – **ἄρρητον (Nom. neutr. von ἄρρητος):** ‚unaussprechlich‘. – ***eum … ultimum:*** *eum* bezieht sich auf Christus. Der Theologe schlachtet die Tatsache aus, dass die Endbuchstaben der drei Formen die Anfangsbuchstaben von *summus, medius* bzw. *ultimus* sind. – ***pentemimeres:*** Die Zäsur der Penthemimeres liegt nach zweieinhalb Metra, bspw. im Hexameter nach dem Longum des dritten Daktylus. Hier zerschneidet also die Penthemimeres das *s*. – ***syn:*** Der hebräische Buchstabe Sin hat den Lautwert /s/. – ***syn Scotorum … sonat:*** Gemeint ist das englische Wort *sin*. Stultitia spricht vermutlich deshalb von den Schotten (statt von den Engländern), weil sie auf Duns Scotus anspielen möchte. – ***palam:*** hier ‚ganz deutlich‘. – ***peccata tolleret mundi:*** So wie die Zäsur das *s* durchschneidet, beseitigt Jesus die Sünden der Welt (für die das *s* steht). – ***inhians:*** hier ‚staunend‘. – ***parum abest, quin:*** ‚es fehlt wenig daran, dass‘ (nicht antik). – ***quin … Niobae:*** Niobe wurde in einen Stein verwandelt, als sie über den Tod ihrer vierzehn Kinder trauerte. – ***cum … spectavit:*** Stultitia spielt auf eine Horazstelle in den Satiren an: Die als belebt vorgeführte Feigenholzstatue des Gottes Priap hatte aus Angst vor dem nächtlichen Treiben der beiden Hexen Canidia und Sagana ihre Verdauung gut hörbar nicht mehr in Griff (*Satire* 1,8,46–47). – **ἔφοδος:** wörtlich ‚Herangehensweise‘; Terminus technicus für ein Proömium, das auf Umwegen und durch Andeutungen zum Thema kommt, lat. *insinuatio*. – ***Quasi … magistra:*** Im Gegensatz zu den hier verspotteten Scholastikern verwenden Cicero, Demosthenes und einfache Leute (bspw. Schweinehirten) Proömien ohne große Umschweife und kommen direkt zur Sache. – ***praeambulum:*** ‚Vorrede‘ (mlat., vgl. ‚Präambel‘); in der Antike ist nur das Adjektiv belegt, von dem das Substantiv abgeleitet ist. – ***Quo … ille:*** Vergil, *Ekloge* 3,19.

qui peccata tolleret mundi. Hoc tam novum exordium sic inhiantes admirati sunt omnes, praecipue theologi, ut parum abfuerit, quin illis acciderit, quod olim Niobae, cum mihi propemodum evenerit, quod ficulno illi Priapo, qui magno suo malo Canidiae Saganaeque nocturna sacra spectavit. Nec iniuria profecto! Nam quando similem ἔφοδον commentus est Demosthenes ille Graius aut Cicero Latinus? Illis vitiosum habebatur prooemium, quod a re foret alienius. Quasi vero non ad istum modum exordiantur et subulci Natura videlicet magistra! At hi docti praeambulum suum (sic enim vocant) ita demum eximie rhetoricum fore ducunt, si nusquam quidquam habeat cum reliquo argumento confine, ut auditor interim admirans illud secum murmuret: „Quo nunc se proripit ille?"

11 Tertio loco ceu narrationis vice nonnihil ex evangelio, sed cursim ac velut obiter interpretantur, cum id solum fuerit agendum. Quarto loco iam nova sumpta persona quaestionem movent theologalem, aliquoties οὔτε γῆς οὔτε οὐρανοῦ ἁπτομένην, atque id quoque ad artem arbitrantur pertinere. Hic demum theologicum attollunt supercilium doctores sollemnes, doctores subtiles, doctores subtilissimos, doctores seraphicos, doctores cherubicos, doctores sanctos, doctores irrefragabiles, magnifica nomina, auribus inculcantes. Tum syllogismos maiores, minores, conclusiones, corollaria*, suppositiones frigidissimas* ac plus quam scholasticas* nugas apud imperitum vulgus iactitant.

54,11 ***Tertio loco:*** nach der Anrufung *(primo loco)* und der umständlichen Vorrede *(deinde)*. – ***ceu narrationis vice:*** ‚gleichsam anstelle einer Narratio'. In der antiken Gerichtsrede war die *narratio* die Darstellung des Sachverhalts, der zur Verhandlung anstand. In den mittelalterlichen Predigtlehren wurde in der Tat empfohlen, nach der Hinführung ein Zitat aus der Heiligen Schrift anzuführen (sog. *thema*). Die Auslegung dieses Schriftwortes nannte man *prosecutio*. – ***nova sumpta persona:*** Sie schlüpfen in eine völlig neue Rolle, in die des hochmütigen, weltfremden und spitzfindigen Theologen. – ***quaestionem movere:*** ‚eine Frage aufwerfen, ein Thema zu behandeln beginnen'. – ***theologalis* (mlat.):** Erasmus macht sich über die ‚barbarische' Ausdrucksweise dieser Theologen lustig (Listrius). – **οὔτε γῆς οὔτε οὐρανοῦ ἁπτομένην:** ‚die weder etwas mit der Erde noch mit dem Himmel zu tun hat' i. S. v. ‚völlig belanglos'; vgl. zum Ausdruck Lukian, *Alexander oder der Lügenprophet* 54 und das auf dieser Lukianstelle basierende *Adag.* 444 *(Neque caelum neque terram attingit)*. – ***Hic … supercilium:*** ‚Hier erst ziehen sie (erg. in ihrer arroganten Einbildung) die theologische Augenbraue hoch', vgl. *supercilium ponere**. – ***doctores … irrefragabiles:*** Die großen Scholastiker trugen verschiedene Ehrentitel: Heinrich von Gent (gest. 1293) war *doctor sollemnis*, Duns Scotus (s. Register) war *doctor subtilis*, Bonaventura (um 1220–1274) *doctor seraphicus* (‚einem Engel ähnlich' – dieselbe Bedeutung hat *cherubicus*, der *doctor cherubicus* ist vielleicht eine Erfindung des Erasmus), Alexander von Hales (1185–1245) *doctor irrefragabilis* (‚unwiderlegbar'). Worauf sich die Bezeichnung *doctor sanctus* bezieht, ist unklar, vielleicht einfach nur darauf, dass der betreffende Kirchenlehrer heiliggesprochen worden war. – ***doctores … inculcantes:*** Die Mönche betreiben sozusagen theologisches Namedropping. – ***syllogismus maior, syllogismus minor:*** unklar, mit den Adjektiven *maior* und *minor* werden eigentlich nicht Schlussarten, sondern die beiden Prämissen eines Syllogismus unterschieden. – ***suppositio:*** ‚Annahme, Hypothese, Prämisse' (mlat., scholast. Begriff).

12 Superest iam quintus actus, in quo summum artificem praestare convenit. Hic mihi stultam aliquam et indoctam fabulam ex *Speculo,* opinor, *historiali* aut *Gestis Romanorum* in medium afferunt et eandem interpretantur allegorice, tropologice et anagogice. Atque ad hunc quidem modum chimaeram suam absolvunt, qualem nec* Horatius umquam assequi potuit, cum scriberet: „Humano capiti etc.“

13 Sed audierunt a nescioquibus ingressum orationis sedatum minimeque clamosum esse oportere. Itaque principio sic exordiuntur, ut nec* ipsi vocem propriam exaudiant, quasi referat dici, quod nullus intellegat. Audierunt nonnumquam ad concitandos affectus exclamationibus utendum esse. Proinde presse alioqui* loquentes subinde repente vocem tollunt furioso plane clamore, etiam cum nihil opus, ⟨perinde quasi nihil referat, ubi clames⟩. Iures elleboro homini opus esse [perinde quasi nihil referat, ubi clames]. Praeterea quoniam audierunt oportere sermonem in progressu fervescere, in singulis parti-

---

54,12 ***quintus actus:*** ‚der fünfte Akt‘ (wie bei einem Theaterstück, das in der Regel aus fünf Akten besteht). – ***summum … convenit:*** ‚es gehört sich, sich hier (im fünften Akt) als vollkommenen Künstler zu präsentieren‘, s. zu dieser Anweisung *Adag.* 135. – ***Hīc mihi:*** im Dt. etwa ‚doch allen Ernstes‘; Dativus rhetoricus (Dativ der inneren Anteilnahme bei einem Einwand), s. dazu BS § 327,4. – ***Speculum histioriale:*** einer der drei Teile des *Speculum maius,* einer umfassenden Enzyklopädie des Dominikaners Vinzenz von Beauvais (13. Jh.); das *Speculum historiale* war eine Universalgeschichte. – ***Gesta Romanorum:*** eine sehr beliebte und dementsprechend breit überlieferte moralisierende Exempelsammlung des Spätmittelalters mit zahlreichen erbaulichen Geschichten. – ***allegorice … anagogice:*** Im Mittelalter war die Lehre vom vierfachen Schriftsinn eine fest etablierte Interpretationsmethode: (1) Litteralsinn (wörtliche Deutung), (2) allegorischer Sinn, und zwar in dreifacher Weise: (a) typologisch oder allegorisch i. e.S. (Bezug auf Glaubenswahrheiten), (b) moralisch oder tropologisch (Bezug auf das Handeln und die Haltung des Einzelnen), (c) anagogisch (Bezug auf das Jenseits und das Himmelreich). Die Merkverse lauteten: *Littera gesta docet; quid credas, allegoria; moralis, quid agas; quo tendas, anagogia.* – ***chimaera* (=*Adag.* 4041):** feuerspeiendes Mischwesen (Löwe, Ziege, Schlange) des griechischen Mythos, hier allgemein für ein Mischwesen. – ***Humano capiti etc.:*** Horaz, *Ars Poetica* 1–5, dort wird ein groteskes Mischwesen beschrieben, dessen Absurdität laut Stultitia aber nicht an die der geschilderten Predigten heranreichen kann.

54,13 ***Sed … oportere:*** s. Quintilian, *Institutio oratoria* 4,1,28 (dort der Begriff *ingressus*) und 55. – ***referat:*** von *rēfert,* nicht von *rĕfert;* weiter unten erneut. – ***presse:*** ‚leise‘ (Cicero, *Post reditum in senatu* 13). – ***etiam … opus:*** erg. *est:* ‚auch wenn es in keiner Weise nötig ist, das zu tun‘. – ***perinde … clames:*** Der Nebensatz ist in den Drucken offensichtlich an die falsche Stelle gerutscht, er gehört aber hinter *opus,* nicht hinter *opus esse;* das zweimalige *opus* führte offenbar zu diesem Versehen. – ***elleborus:*** Nieswurz galt als Heilmittel gegen Wahnsinn. – ***in singulis partibus:*** erg. *orationis,* ‚in den einzelnen Großabschnitten der Rede‘. – ***vocis contentio:*** ‚Erhebung der Stimme bis zu größter Lautstärke‘. – ***frigidus:*** hier ‚läppisch, unbedeutend‘, sodass große Emotionen unpassend sind. – ***aliqua re defectus:*** ‚an einer Sache geschwächt‘.

bus principiis utcumque sane recitatis mox mira vocis contentione utuntur, etiam si res sit frigidissima*, atque ita denique desinunt, ut spiritu defectos credas.

14 Postremo didicerunt apud rhetores* de risu fieri mentionem eoque student et ipsi iocos quosdam aspergere, ὦ φίλη Ἀφροδίτη, quam plenos gratiarum quamque in loco, ut plane ὄνον πρὸς τὴν λύραν esse dicas. Mordent quoque* nonnumquam, sed ita, ut titillent magis quam vulnerent. Nec umquam verius adulantur, quam cum maxime παρρησιάζεσθαι videri student. Denique tota actio est eiusmodi, ut iures eos a fori circulatoribus didicisse, a quibus longe vincuntur. Quamquam* utrique alteris usque adeo sunt similes, ut nemo dubitet, quin aut hi ab illis aut illi ab his rhetoricen suam didicerint.

15 Et tamen inveniunt hi quoque, mea nimirum opera, qui, cum hos audiunt, Demosthenes meros ac Cicerones audire se putant. Quod genus* sunt praecipue mercatores ac mulierculae. Quorum auribus unice placere student, quod illi nonnullam praedae portiunculam de rebus male partis soleant impertiri, si commode fuerint palpati. Illae cum aliis multis de causis huic ordini favent, tum praecipue, quod in horum sinus soleant effundere, si quid in maritos stomachantur. Videtis, opinor, quantopere mihi debeat hoc hominum genus, cum caerimoniolis et nugis deridiculis clamoribusque tyrannidem quandam inter mortales exerceant et Paulos atque Antonios sese credant.

55–60: Die weltlichen und die geistlichen Herrscher

1 Verum ego istos histriones, tam ingratos beneficiorum meorum dissimula- 55
tores quam improbos simulatores pietatis, libenter relinquo. Iamdudum enim iuvat de regibus ac principibus aulicis, a quibus simplicissime color et, ut dignum est ingenuis, ingenue, nonnihil attingere.

54,14 ***de risu … mentionem:*** Abhandlungen über den Witz in Rhetoriken: Cicero, *De oratore* 2,216–290; Quintilian, *Institutio oratoria* 6,3. – **ὦ φίλη Ἀφροδίτη:** Aphrodite als Göttin des Liebreizes *(gratia)* wird hier angerufen, weil die Witze dieser Leute keinerlei Charme haben. – ***in loco:*** prägnant ‚am rechten Ort'. – **ὄνον (Akk. Sing.) πρὸς τὴν λύραν:** ‚ein Esel an der Leier' (*Asinus ad lyram, Adag.* 335). – ***mordere:*** hier ‚beißenden Spott vorbringen'. – **παρρησιάζεσθαι:** ‚mit Redefreiheit, frei, offen sprechen'. – ***actio:*** Vortragsart (das fünfte *officium oratoris*), also Gestik, Mimik, Stimmführung. –

54,15 ***Illi … illae:*** die *mercatores* und die *mulierculae.* – ***impertiri:*** hier Deponens. – ***palpare:*** ‚jemandem um den Bart gehen'. – ***in aliquem stomachari:*** ‚einen Groll hegen gegen jemanden' (nicht antik, häufig bei Erasmus). – ***caerimoniola:*** antik nicht belegtes Deminutiv von *caerimonia.* – ***Paulos atque Antonios:*** Der Apostel Paulus und der Heilige Antonius von Padua waren bekannt für ihre Beredsamkeit (Miller).

55,1 ***simplicissime:*** ‚ganz aufrichtig, ohne irgendeine Form der Verstellung'. – ***A quibus … ingenue:*** ‚von denen ich ganz aufrichtig verehrt werde und zwar, wie es sich für Edelleute gebührt, in edler Art und Weise'.

2 Qui quidem si vel* semunciam sani cordis haberent, quid esset horum vita tristius aut aeque fugiendum? Neque enim existimabit vel* periurio parricidioque parandum imperium, quisquis secum perpenderit, quam ingens onus sustineat humeris, qui vere principem agere* velit; eum, qui rerum gubernacula susceperit, publicum, non privatum negotium gerere, nihil nisi de commodis publicis oportere cogitare, a legibus, quarum ipse et auctor et exactor est, nec* latum digitum discedere, officialium omnium et magistratuum integritatem sibi praestandam esse, sese esse unum omnium oculis expositum, qui vel ceu sidus salutare morum innocentia maximam rebus humanis salutem possit afferre vel veluti cometa letalis summam perniciem invehere; aliorum vitia neque perinde sentiri neque tam late manare; principem eo loco esse, ut, si quid vel* leviter ab honesto deflexerit, gravis protinus ad quam plurimos* homines vitae pestis serpat; tum, quod multa secum afferat principum fortuna, quae soleant a recto deducere, quod genus* deliciae, libertas, adulatio, luxus, hoc acrius enitendum ac sollicitius advigilandum, necubi vel* deceptus cesset in officio; postremo (ut insidias, odia, ceteraque vel pericula vel metus omittam) capiti imminere verum illum regem, qui paulo post ab eo sit etiam de minimo quoque commisso rationem exacturus idque tanto severius, quanto praestantius gessit imperium.

3 Haec, inquam, atque huiusmodi plurima, si princeps secum perpenderet (perpenderet autem, si saperet), is nec somnum nec cibum, opinor, iucunde capere posset. At nunc meo munere has omnes curas dis permittunt, ipsi sese molliter curant neque quemquam ad aurem admittunt, nisi qui iucunda loqui

---

55,2 ***cor:*** hier als Sitz des Verstandes gedacht (wie oft auch in der Antike). – ***principem agere:*** ‚die Rolle des Fürsten spielen, ausfüllen'. – ***eum ... imminere:*** Die AcIs hängen noch von *perpenderit* ab, das danach auch mit *perpenderet* wieder aufgenommen wird. – ***exactor:*** ‚Eintreiber, Einforderer'. – ***latum digitum:*** ‚nicht einen Fingerbreit' (Akkusativ der räumlichen Ausdehnung), s. *Adag.* 406. – ***discedere:*** ebenfalls abhängig von *oportere*. – ***officialis:*** ‚Beamter'. – ***praestare:*** ‚gewährleisten'; *sibi* ist Dativus auctoris, nicht Objekt. – ***nĕcubi:*** = *ne cubi* (‚damit nicht irgendwo'); selbständiges **cubi* hat sich zu *ubi* weiterentwickelt, vgl. aber *alicubi*. – ***verus ille rex:*** Gott. – ***de aliqua re rationem exigere:*** ‚Rechenschaft einfordern über etwas'.

55,3 ***aliquid dis permittere:*** ‚etwas den Göttern überlassen', Horaz, *Carmen* 1,9,9 *(permitte divis cetera)*. – ***se molliter curare:*** ‚es sich gut gehen lassen'. – ***aliquem ad aurem admittere:*** wörtlich ‚jemanden an sein Ohr lassen', d. h. ‚jemandem Gehör schenken' (Seneca, *Epistel* 41,1). – ***norit:*** = *noverit* (intervokalischer v-Schwund und Vokalkontraktion). – ***ne ... oboriatur:*** ‚damit nicht etwas an Unruhe/Sorge im/dem Geiste entstehe'. – ***partes implere:*** ‚Aufgaben erfüllen'. – ***bellus caballus:*** Beide Wörter sind im antiken Latein umgangssprachlich, wurden aber in die Romania übernommen und etablierten sich dort als standardsprachliche Ausdrücke *(un beau cheval)*; literatursprachlich wäre *equus pulcher* zu erwarten. Erasmus imitiert hier vielleicht die Gallizismen des Adels (Miller). – ***praefectura:*** neulateinisch einfach allgemein ‚das Amt'. – ***fiscus:*** schon in der römischen Kaiserzeit Bezeichnung für das Privatvermögen des Kaisers im Gegensatz zum *aerarium* (‚Staatsschatz'). – ***verum id*** erg. ***faciunt:*** ‚aber dies alles (tun sie)'. – ***titulus:*** hier ‚Begründung'. – ***data opera:*** ‚absichtlich, bewusst, gezielt'. – ***populares animi:*** ‚die Stimmung im Volk'.

norit, ne quid animo sollicitudinis oboriatur. Se probe principis partes omnes implesse credunt, si venentur assidue, si bellos alant caballos, si suo commodo vendiderint magistratus ac praefecturas, si cottidie novae rationes excogitentur, quibus civium opes attenuent et in suum converrant fiscum, verum id apposite repertis titulis, ut, etiam si sit iniquissimum, aliquam tamen aequitatis speciem prae se ferat. Addunt data opera nonnihil adulationis, quo populares animos utcumque sibi devinciant.

4 Fingite mihi nunc (quales sunt nonnumquam) hominem legum ignarum, publicorum commodorum paene hostem, privatis intentum commoditatibus, addictum voluptatibus, osorem eruditionis, osorem libertatis ac veri, nihil minus quam de rei publicae salute cogitantem, sed omnia sua libidine suisque utilitatibus metientem. Deinde addite huic torquem auream omnium virtutum cohaerentium consensum indicantem, tum coronam gemmis insignitam, quae quidem admoneat eum heroicis omnibus virtutibus oportere ceteris antecellere, praeterea sceptrum, iustitiae et undecumque incorrupti pectoris symbolum, postremo purpuram eximiae cuiusdam in rem publicam caritatis indicium. Haec gestamina si princeps cum sua vita conferret, equidem futurum arbitror, ut plane pudescat* ornatus sui vereaturque, ne quis nasutus interpres totum hunc tragicum cultum in risum iocumque vertat.

1 Iam quid de proceribus aulicis commemorem? Quorum plerisque cum **56**
nihil sit addictius, servilius, insulsius, abiectius, tamen omnium rerum primos sese videri volunt. Hac una in re tamen modestissimi, quod contenti aurum, gemmas, purpuram, reliquaque virtutum ac sapientiae insignia corpore circumferre rerum ipsarum studium omne concedunt aliis. Hoc abunde felices sibi videntur, quod regem erum vocare liceat, quod tribus verbis salutare didicerint, quod norint civiles titulos subinde inculcare: ‘serenitatem’, ‘dominationem’ et

---

55,4 ***Fingite … hominem:*** ‚Stellt euch nun bitte einen solchen Menschen vor, wie sie es manchmal sind‘; *mihi* ist Dativus ethicus. – ***nihil … cogitantem:*** ‚an nichts weniger denkend als an das Wohlergehen des Staates‘. – ***torquem … indicantem:*** Wie bei den Klerikern (s. cap. 57–58) sieht Erasmus in den Accessoires eine symbolische Bedeutung. Die einzelnen Kettenglieder verkörpern Tugenden und die ganze Kette den Zusammenhang der Tugenden (die stoische Vorstellung der Antakolouthia). – ***purpura:*** ‚Purpurmantel‘. – ***tragicus cultus:*** ‚hochtrabende Ausstaffierung‘; in der Tragödie treten Könige und andere Herrscher auf, die schon an ihrer Kleidung als solche erkennbar sind.

56,1 ***addictus:*** ‚(sklavisch) ergeben‘. – ***aliquid alii concedere:*** ‚etwas einem anderen überlassen‘. Die Höflinge begnügen sich bescheiden damit, die Symbole der Tugenden zu tragen, deren tatsächliche Ausübung überlassen sie anderen. – ***tribus verbis*** (=*Adag.* 3384): ‚mit drei Worten‘ i. S. v. ‚mit sehr wenigen Worten‘. – ***norint:*** = *noverint.* – ***civilis:*** hier ‚zivilisierten Umgangsformen entsprechend, offiziell‘. – ***serenitas, dominatio, magnificentia:*** ‚Durchlaucht‘ (Ehrentitel für Kurfürsten und Herzöge), ‚Herrschaft‘ (als Ehrentitel), ‚Magnifizenz‘. – ***faciem perfricare:*** wörtlich ‚das Gesicht abreiben‘ i. S. v. ‚jegliches Schamgefühl beseitigen‘, *Adag.* 747 erklärt Erasmus diese Wendung damit, dass die Stirn als der Sitz des Schamgefühls galt.

'magnificentiam', quod egregie perfricuerint faciem, quod festiviter adulentur. Nam hae sunt artes, quae vere nobilem et aulicum deceant.

2 Ceterum si vitae rationem omnem propius inspicias, nimirum meros Phaeacas invenies, sponsos Penelopes, reliquum carmen agnoscitis, quod Echo vobis melius referet quam ego. Dormitur in medios dies, ibi sacrificulus mercennarius ad lectum paratus, qui propemodum cubantibus adhuc sacrum* expedite peragat. Mox ad ientaculum, quo vix peracto iam interpellat prandium. Sub id alea, latrunculi*, sortes, scurrae, moriones, scorta, lusus, inficetiae. Interim una aut altera merenda. Rursum cena, post hanc repotia, non una per Iovem. Atque ad hunc modum citra* ullum vitae taedium elabuntur horae, dies, menses, anni, saecula. Ipsa nonnumquam saginatior abeo, si quando viderim illos μεγαλορροῦντας, dum inter nymphas unaquaeque hoc sibi videtur dis propior, quo caudam longiorem trahit, dum procerum alius alium cubito protrudit, quo Iovi vicinior esse videatur, dum sibi quisque hoc magis placet, quo graviorem catenam collo baiulat, ut robur etiam, non opes tantum ostentet.

Ac principum quidem institutum summi pontifices*, cardinales et episcopi 57
iam pridem gnaviter aemulantur ac prope superant. Porro si quis perpendat, quid linea vestis admoneat niveo candore insignis (nempe vitam undequaque

56,2 ***Phaeacas ... Penelopes:*** Horaz deutet das in der *Odyssee* erwähnte, ein vergnügliches Leben lebende Volk der Phäaken und die *sponsi Penelopes* (,Freier der Penelope') als Abbilder vergnügungssüchtiger Nichtstuer (*Epistel* 1,2,27–31, vgl. die Erläuterung zu *Adag.* 1962). – ***reliquum ... ego:*** Es ist unklar, was mit dieser Anspielung auf den Echo-Mythos gemeint ist. – ***Dormitur in medios dies:*** nahezu wörtlich aus dem eben anzitierten Horazbrief (v. 30). – ***ibi:*** hier: ,dann'. – ***sacrificulus mercennarius:*** ,gemietetes Pfäfflein'. – ***Mox ad ientaculum:*** erg. *eunt:* ,dann geht es zum Frühstück'. – ***Sub id:*** ,unmittelbar danach = nach dem Mittagessen'. – ***inficetiae:*** ,Albern/Dummheiten', antik nur bei Catull, *Carmen* 36,19 belegt. – ***saginatior:*** ,gemästeter'; so ein Anblick, wie sie ihn im Folgenden beschreibt, ist für die Stultitia ein gefundenes Fressen. – ***si quando:*** ,wenn einmal'. – **μεγαλορροῦντας:** Part. Präs. Pl. Akk. mask. eines antik nicht belegten Verbs, das wohl ,einen langen Schwanz haben' bedeutet, zusammengesetzt aus μέγας und ὄρρος (s. Kan, vgl. ausführlich zu dieser Stelle Miller). Im *quo*-Satz wird die lateinische Entsprechung geboten. – *quo caudam longiorem trahit:* Gemeint ist die Schleppe am Kleid. – ***dum:*** hier ,wenn'. – ***nympha:*** hier ,junge Frau' (Ovid, *Heroides* 9,103). – ***cubito protrudere:*** ,mit dem Ellbogen wegstoßen', s. Martial, *Epigramme* 3,82,6 *(cubitis trudere).*

57 ***quid linea vestis ... inculpatam:*** Im Folgenden finden sich einige Parallelen zu den allegorischen Erklärungen im Standardwerk *Rationale divinorum officiorum* des Dominikaners Wilhelm Durandus (13. Jh.), der am Ende seines Lebens Bischof von Mende in Südfrankreich war. Das weiße Leinengewand des Priesters bedeutet nach Durandus 3,3,1 Reinheit (wegen der Farbe) und Gerechtigkeit (wegen *Apokalypse* 19,8). – ***undequaque:*** ,von allen Seiten, in jeder Hinsicht' (nlat., mlat.). – ***mitra bicornis:*** ,Mitra (Kopfbedeckung der Bischöfe) mit zwei Schilden *(cornua)*'. Nach Durandus 3,13,2 verweisen diese beiden Schilde auf das Alte und das Neue Testament. – ***utrumque ... nodo:*** ,wobei beide Spitzen ein einziger Knoten zusammenhält'. – ***Instrumentum:*** hier ,Testament'. Die erste Auflage von Erasmus' Neuem Testament hieß noch *Novum Instrumentum;* die Bezeichnung *instrumentum* wurde bereits in der Antike zuweilen für das Alte und Neue Testament verwendet. – ***chirotheca:*** ,Handschuh'. Nach Durandus 3,12,3 stehen die Handschuhe für Reinheit und Keuschheit, weil die Hände, die für die Handlungen stünden, frei von Befleckung

inculpatam), quid sibi velit mitra bicornis utrumque fastigium eodem cohibente nodo (puta* Novi pariter et Veteris Instrumenti absolutam scientiam), quid manus chirothecis communitae (puram et ab omni rerum humanarum contagio immunem sacramentorum* administrationem), quid pedum (nimirum crediti gregis vigilantissimam curam), quid praelata crux (videlicet omnium humanorum affectuum victoriam) – haec, inquam, atque id genus* multa si quis perpendat, nonne tristem ac sollicitam vitam egerit? At nunc belle faciunt, cum sese pascunt. Ceterum ovium curam aut ipsi Christo mandant aut in fratres, quos vocant, ac vicarios reiciunt. Neque vel* nominis sui recordantur, quid sonet episcopi vocabulum, nempe laborem, curam, sollicitudinem, verum in irretiendis pecuniis plane episcopos agunt*, οὐδ' ἀλαοσκοπίῃ.

Ad eundem modum cardinales si cogitent sese in apostolorum locum successisse, eadem ab ipsis requiri, quae illi praestiterunt, deinde non dominos esse, sed administratores spiritalium dotium, de quibus omnibus sint paulo post exactissime reddituri rationem, immo si vel* in cultu paulisper philosophentur atque ita secum cogitent: „Quid sibi vult hic vestitus candor? Nonne summam et eximiam vitae innocentiam? Quid interior purpura? Nonne flagrantissimum in Deum amorem? Quid rursus exterior sinuosa capacitate diffluens ac totam reverendissimi complectens mulam, quamquam una vel* camelo contegendo suffecerit? Nonne caritatem latissime sese pandentem ad subveniendum omnibus, hoc est, ad docendum, exhortandum, increpandum, admonendum, componenda bella, resistendum improbis principibus et vel* sanguinem libenter impendendum gregi Christiano, non solum opes. Quamquam* 58

---

blieben. – ***pedum:*** ‚der Hirtenstab der Priester'. Nach Durandus 3,15,2 symbolisiert der Stab die Autorität der Lehre. – ***creditus* (PPP von *credere*):** ‚anvertraut'. – ***quid praelata crux … victoriam:*** Diese Deutung könnte von Erasmus selbst stammen, der häufig die Darstellung von Kriegen im Alten Testament als Allegorie für den Kampf gegen die Affekte und Laster auffasst. – ***fratres:*** Die Päpste bezeichneten die Kardinäle und Bischöfe als *fratres* (Kirsch s. v. 3); da es hier um die Bischöfe geht, sind wohl Geistliche gemeint, die den Bischöfen untergeordnet waren. – *quos vocant:* ‚wie sie sie nennen'. – ***quid sonet episcopi vocabulum:*** ἐπίσκοπος bedeutet wörtlich ‚Aufseher', Listrius glossiert das Wort u. a. mit *curator.* – ***pecunias irretire:*** ‚Geld(er) einnetzen' (mlat.), mit bewusster Kontrastimitation von *Markus* 1,17 (Jesus verspricht Petrus und seinem Bruder, sie zu Menschenfischern zu machen). – **οὐδ' ἀλαοσκοπίῃ:** ‚und nicht mit blinder Aufsicht'; bei Homer kommt viermal die Formel οὐδ' ἀλαοσκοπίην εἶχε vor (‚er hielt keine blinde Wache'); Erasmus spielt hier mit dem Begriff *episcopus.*

58 ***spiritales dotes:*** ‚Geistesgaben, Charismen', die sieben Gaben des Heiligen Geistes (die sich z. T. überschneiden), u. a. Vernunft und Gottesfurcht (s. Erasmus, *Epistel* 2375 (an Andreas Cricius),46–53). – ***rationem reddere:*** ‚Rechenschaft ablegen' (vgl. *rationem exigere* in 55,2). – ***in cultu:*** ‚in vollem Ornat'. – ***Quid sibi vult hic vestitus candor?:*** ‚Was soll/bedeutet diese weiße Farbe meines Gewandes?' – ***exterior:*** erg. *purpura.* – ***reverendissimus:*** Ehrentitel für einen Kardinal. – ***Quid … suffecerit:*** Gemeint ist die in der Tat voluminöse, mit einer ausladenden Schleppe versehene *Cappa magna* eines Kardinals. – ***Nonne caritatem …:*** Erasmus überträgt hier die traditionelle Symbolik des Messgewands auf die *Cappa magna* (Miller). – ***eum locum ambire:*** ‚nach dieser Position streben'. – ***vitam … cuiusmodi:*** = *vitam eius modi, cuius.*

quorsum omnino opes, pauperum apostolorum vicem gerentibus?" – haec si perpenderent, inquam, nec eum locum ambirent* et libenter relinquerent aut certe vitam plane laboriosam atque sollicitam agerent, cuiusmodi veteres illi vixerunt apostoli.

1 Iam summi pontifices*, qui Christi vices gerunt, si conentur eiusdem vitam 59
aemulari, nempe paupertatem, labores, doctrinam, crucem, vitae contemptum, si vel papae*, id est patris, nomen vel sanctissimi cognomen cogitent, quid erit in terris afflictius? Aut quis eum locum omnibus emat facultatibus, emptum gladio, veneno omnique vi tueatur? Quantum his abstulerit commoditatum, si semel* incessiverit sapientia! 'Sapientia' dixi? Immo vel* mica salis illius, cuius meminit* Christus. Tantum opum, tantum honorum, tantum dicionis, tantum victoriarum, tot officia, tot dispensationes, tot vectigalia, tot indulgentias*, tantum equorum, mulorum, satellitum, tantum voluptatum! Videtis, quantas nundinas, quantam messem, quantum bonorum pelagus paucis* sim complexa. In quorum locum inducet vigilias, ieiunia, lacrimas, orationes*, contiones*, studia, suspiria milleque id genus* miseros labores.

2 Neque vero neglegendum illud futurum, ut tot scriptores, tot copistae, tot notarii, tot advocati, tot promotores, tot secretarii, tot mulotribae, tot equisones, tot mensarii, tot lenones (paene mollius quiddam addideram, sed vereor, ne durius sit auribus) – in summa: tam ingens hominum turba, quae Romanam sedem onerat (lapsa sum, 'honorat' sentiebam), ad famem adigatur. Inhu-

---

59,1 ***qui ... gerunt:*** Der Papst ist nach katholischer Lehre der Stellvertreter Christi auf Erden. – ***sanctissimi cognomen:*** *sanctissimus* ist ein Ehrentitel des Papstes. – ***omnibus ... facultatibus:*** ‚mit allen möglichen Geldmitteln'. – **(erg. *quis*) *emptum ... tueatur:*** wer würde, wenn er diese Stellung gekauft hat, sie mit Schwert ... schützen wollen?' – ***Quantum ... sapientia:*** ‚Wie viele Annehmlichkeiten würde ihnen die Weisheit wegnehmen, wenn sie sie einmal befallen würde!' – ***mica ... Christus:*** *Matthäus* 5,13 *(Vos estis sal terrae).* Erasmus spielt damit, dass *sal* auch die Bedeutung ‚Klugheit' haben kann; zu *mica salis* im übertragenen Sinn vgl. Catull, *Carmen* 86,4; vgl. *Adag.* 1251 *(Salsitudo non inest illi).* – ***officia, dispensationes:*** ‚Ämter'. – ***nundinae:*** ‚Markt'. – ***bonorum pelagus:*** vgl. *Adag.* 229 *(Mare bonorum); bonorum* gehört auch zu *nundinas* und *messis.* – ***paucis*** **(erg. *verbis*)** ***complecti:*** ‚mit wenigen Worten zusammenfassen'. – ***inducet:*** Subjekt ist die *sapientia* oder die *mica salis.*

59,2 ***copista*** **(mlat.):** ‚Schreiber von Papstbullen u. ä.' (Listrius) – ein Terminus technicus, über den sich die Humanisten lustig machten. – ***notarius:*** ‚Stenograph' (vgl. Kirsch). – ***promotor:*** ‚Ankläger an einem Kirchengericht' (s. Miller). – ***secretarius:*** Hier ist der päpstliche Sekretär gemeint. – ***mulotriba*** **(nlat.):** ‚Maultiertreiber'. – ***equiso:*** ‚Pferdeknecht'. – ***mensarius:*** ‚Bankier'. – ***mollius quiddam:*** ‚etwas Schlüpfrigeres'; *molles* ist eine Bezeichnung für Lustknaben. – ***durus:*** ‚unverschämt, schamlos' (Wortspiel mit *mollis*). – ***Romana sedes:*** ‚Papstthron'. – ***sentiebam:*** ‚ich meinte' i. S. v. ‚ich wollte sagen' (wohl nicht antik). – ***vera mundi lumina:*** Im Hymnus für das Hochfest für Petrus und Paulus werden die beiden Apostelfürsten so bezeichnet; Stultitia überträgt diese Bezeichnung hier sarkastisch auf unmoralische Päpste. – ***ad peram et baculum revocari:*** Felleisen und Stab sind für Erasmus Attribute der bedürfnislosen und sittenreinen Jünger Jesu (nach *Lukas* 10,4 und 22,35–36; bei *baculum* statt *sacculum* scheint es sich um einen Lapsus memoriae des Erasmus zu handeln; es gibt an keiner der beiden Stellen eine entsprechende Variante, auch Erasmus liest in seiner Ausgabe jeweils eine Form von *sacculus*).

manum quidem hoc et abominandum facinus, at multo magis detestandum ipsos etiam summos ecclesiae* principes ac vera mundi lumina ad peram et baculum revocari. At nunc fere, si quid laboris est, id Petro et Paulo relinquitur, quibus abunde satis est otii.

3 Porro si quid splendoris aut voluptatis, id sibi sumunt. Atque ita fit mea quidem opera, ut nullum paene hominum genus vivat mollius minusque sollicitum, ut qui abunde Christo satisfactum existiment, si mystico* ac paene scaenico ornatu, caerimoniis, beatitudinum, reverentiarum, sanctitatum titulis et benedictionibus ac maledictionibus episcopos agant*. Priscum et obsoletum nec horum omnino temporum miracula edere; docere populum laboriosum; sacras interpretari litteras* scholasticum*; orare otiosum; lacrimas fundere miserum ac muliebre; egere sordidum; vinci turpe parumque dignum eo, qui vix reges etiam summos ad pedum beatorum admittit oscula; denique mori inamabile; tolli in crucem infame.

4 Restant sola haec arma ac benedictiones dulces, quarum meminit* Paulus (atque harum quidem sunt sane quam* benigni), interdictiones, suspensiones,

---

59,3 ***si quid … voluptatis:*** erg. *est*. – ***sumunt:*** Subjekt sind die Päpste. – ***ut qui:*** = *quippe qui* (‚die ja'). – ***mysticus ac paene scaenicus ornatus:*** ‚Kleidung mit symbolischer Bedeutung, die fast schon an Theaterkostüme erinnert'; gemeint sind prachtvolle Messgewänder, auf deren symbolische Bedeutung Stultitia in cap. 57 eingegangen ist. – ***beatitudinum … titulis:*** die Ehrentitel *beatus, reverendus* (s. cap. 58), *sanctus*. – ***Priscum …:*** erg. davor *Quibus est* (‚Ihnen gilt'). Die folgenden Infinitive sind die Subjekte, die Adjektive und der Genitiv *horum temporum* (‚angemessen für die gegenwärtige Zeit') die Prädikatsnomina. Im Folgenden werden die Taten Christi aufgezählt, die die Stellvertreter Christi auf Erden eigentlich nachahmen sollten. Zu den Tränen Jesu s. *Lukas* 19,41; *Johannes* 11,33–35. Im sechsten *Canon* des *Enchiridion* empfiehlt Erasmus nach Augustinus, *Sermo* 46, über die lächerlichen Menschen (er meint die Sünder) zu weinen. – ***mori inamabile:*** Dagegen fürchtet der wahre Christ den Tod nicht, da er ihm den Weg zum wahren Leben eröffnet (s. 29,2).

59,4 ***benedictiones … Paulus:*** vgl. *Römerbrief* 16,18: *per dulces sermones et benedictiones seducunt corda innocentium.* Sowohl im Paulusbrief als auch an unserer Stelle wird *benedictio* ironisch verwendet. – ***harum … benigni:*** ‚damit gehen sie recht großzügig um', zu *benignus* mit dem Genitiv vgl. *vini somnique benignus* (‚er liebt Wein und Schlaf', Horaz, *Satire* 2,3,3). – ***interdictio:*** ‚Aberkennung sakraler Vorrechte' (Miller). – ***suspensio:*** ‚das Verbot, ein geistliches Amt weiter auszuüben' (vgl. Kirsch, Miller). – ***aggravationes:*** ‚Strafverschärfungen, noch härtere Strafen'. – ***anathematizatio/anathematisatio:*** ‚Anathema, Bannspruch', eine besonders harte Form der Exkommunikation. – ***ultrices picturae:*** in Rom öffentlich zugängliche Abbildungen, die die Exkommunizierten so hässlich wie möglich darstellen sollten, von Listrius recht plastisch geschildert, s. auch die Abb. auf S. 141. – ***fulmen illud terrificum:*** Gemeint ist die Exkommunikation, vgl. *Iulius exclusus* 276,696 Seidel Menchi: *terrificum illud fulmen excommunicationis.* – ***nutu:*** vgl. *Adag.* 3839: *Nutu atque renutu* (‚mit Nicken und Kopfschütteln'). – ***sanctissimi in Christo patres et Christi vicarii:*** die Päpste. – ***instigante Diabolo:*** Laut Listrius parodiert Erasmus hier eine in päpstlichen Exkommunikationsbullen geläufige Formulierung, vgl. *Epistel* 1883 (an Hans Bogbinder): *instigante, ut aiunt Decretales, Diabolo.* – ***Reliquimus … te:*** *Matthäus* 19,27. – ***zelus* (griech. Lehnwort):** ‚Eifer, v.a. Glaubenseifer'. – ***ferro ignique:*** In *Adag.* 3913 *(Ferrum et flamma)* führt Erasmus diesen Ausdruck als Bezeichnung eines verheerenden Krieges an. – ***ecclesiam Christi sponsam:*** Schon die Kirchenväter Hippolyt (um 170–235)

aggravationes, anathematizationes, ultrices picturae ac fulmen illud terrificum, quo solo nutu mortalium animas vel* ultra Tartara mittunt. Quod ipsum tamen sanctissimi in Christo patres et Christi vicarii in nullos torquent acrius quam in eos, qui instigante Diabolo patrimonia Petri minuere atque arrodere conantur. Cuius cum haec vox sit in evangelio: „Reliquimus omnia et secuti sumus te", tamen huius patrimonium appellant agros, oppida, vectigalia, portitoria, diciones. Pro quibus dum zelo Christi accensi ferro ignique dimicant, non absque* plurimo Christiani sanguinis dispendio, tum demum ecclesiam* Christi sponsam sese credunt apostolice defendere fortiter profligatis, ut vocant, hostibus – quasi vero ulli sint hostes ecclesiae* perniciosiores quam impii pontifices*, qui et silentio Christum sinunt abolescere et quaestuariis legibus alligant et coactis interpretationibus adulterant et pestilente vita iugulant.

5 Porro cum Christiana ecclesia* sanguine sit condita, sanguine confirmata, sanguine aucta, nunc perinde quasi Christus perierit, qui more suo tueatur suos, ita ferro rem gerunt. Cumque bellum res sit adeo immanis, ut feras, non homines deceat, adeo insana, ut poetae quoque* fingant a Furiis immitti, adeo pestilens, ut universam morum luem simul invehat, adeo iniusta, ut a pessimis latronibus optime soleat administrari, adeo impia, ut nihil cohaereat cum Christo, tamen omnibus omissis hoc tantum agunt. Hic videas etiam decrepitos senes iuvenilis animi robur praestare nec offendi sumptibus nec fatigari laboribus nec deterreri quidquam, si leges, si religionem, si pacem, si res huma-

---

und Cyprian (200–258) fassten die Kirche als Braut Christi auf (Cyprian, *Epistel* 69,2; *De catholicae ecclesiae unitate* 4–6. – ***profligatis, ut vocant, hostibus:*** vermutlich eine gängige Formulierung in päpstlichen Bullen. – ***silentio ... abolescere:*** Listrius bemerkt dazu: „weil sie nicht lehren, was Christus bedeutet und was es bedeutet, ein Christ zu sein". – ***quaestuariae leges:*** ‚auf Gewinn ausgerichtete Gesetze'. Das in der Antike selten belegte Adjektiv *quaestuarius* hat einen obszönen Klang, so bedeutet *quaestuaria* ‚Prostituierte'. – ***coactus:*** hier adjektivisch ‚er/gezwungen, widernatürlich'. – ***pestilente vita:*** Der Ablativ auf *-e* ist bei diesem Adjektiv seit der Spätantike belegt; *pestilens* dient hier als Metapher für Verdorbenheit und Verfallenheit an die Sünde.

59,5 ***Porro ... aucta:*** durch den Kreuzestod Christi und die Selbstaufopferung der Märtyrerinnen und Märtyrer. Zur Formulierung vgl. Walther II.4, 27490. – ***morum lues:*** dieselbe Verbindung bei Plinius, *Naturalis historia* 29,8,27. – ***decrepitus senex:*** ‚abgelebter, abgehalfterter, uralter Mann', der Ausdruck findet sich häufiger bei Plautus (bspw. *Mercator* 291). Vielleicht ist Papst Iulius II. gemeint, der in seiner siebten Lebensdekade mehrere Kriege führte (Listrius, Kan). – ***deterreri quidquam:*** ‚in irgendeiner Hinsicht abgeschreckt werden'. – ***res humanas omnes sursum ac deorsum miscere:*** ‚alles auf Erden gänzlich durcheinanderbringen' (s. *Adag.* 285). – ***caritate ... Christianus:*** für Erasmus eine zentrale, wenn nicht *die* zentrale Lehre Christi und somit des Christentums, s. dazu *Markus* 12,31; *Matthäus* 22,39; *Lukas* 10,27: *Diliges proximum tuum tamquam/sicut te ipsum.*

nas omnes sursum ac deorsum misceant. Neque desunt adulatores eruditi, qui istam manifestariam insaniam, zelum, pietatem, fortitudinem appellent excogitata via, qua fieri potest, ut quis letale ferrum stringat adigatque in fratris sui viscera, manente nihilominus caritate illa summa, quam ex Christi praecepto debet proximo Christianus.

1 Equidem incerta sum adhuc, utrum his rebus exemplum dederint an **60**
potius hinc sumpserint episcopi quidam Germanorum, qui simplicius, etiam omisso cultu, omissis benedictionibus aliisque id genus* caerimoniis, plane satrapas agunt*, adeo, ut propemodum ignavum parumque decorum episcopo putent alibi quam in acie fortem animam Deo reddere. Iam vero vulgus sacerdotum nefas esse ducens a praesulum suorum sanctimonia degenerare, euge, quam militariter pro iure decimarum ensibus, iaculis, saxis omnique armorum vi belligerantur, quam hic oculati, si quid ex veterum litteris possint elicere, quo plebeculam territent et plus quam decimas deberi convincant.

2 At interim non venit in mentem, quam multa passim legantur de officio, quod illi vicissim praestare populo debeant. Nec saltem* admonet eos vertex rasus sacerdotem omnibus huius mundi cupiditatibus liberum esse oportere neque quidquam nisi caelestia meditari. Sed homines suaves se suo officio probe perfunctos aiunt, si preculas* illas suas utcumque permurmurarint, quas mehercule demiror si quis deus vel audiat vel intellegat, cum ipsi fere nec audiant nec intellegant tum, cum eas ore perstrepunt.

3 Verum hoc quidem sacerdotibus est cum profanis commune, ut ad emolumenti messem vigilent omnes neque quisquam ibi leges ignoret. Ceterum si

---

60,1 ***hinc:*** von den Päpsten. – ***etiam omisso cultu:*** ‚sie legen sogar die Bischofstracht ab' – um stattdessen die Rüstung anzuziehen. – ***satrapas agere:*** ‚Satrapen (persische Statthalter), hohe Herren spielen'. – ***ducere* mit doppeltem Akkusativ:** ‚etwas halten für etwas'. – ***praesul:*** ‚Prälat'. – ***decima erg. pars:*** der Zehnt(e) oder Kirchenzehnter, verschiedene ungefähr zehn Prozent betragende Steuern, z. B. auf Getreide, Wein oder die Heuernte. – ***vulgus sacerdotum … belligerantur:*** Constructio ad sensum bei einem Kollektivbegriff. – ***quam hic oculati:*** ‚wie scharfsichtig sind sie darin'.

60,2 ***vicissim:*** ‚ihrerseits'. – ***nec saltem:*** ‚und nicht einmal'. – ***vertex … meditari:*** vgl. zu dieser Deutung der Tonsur der Kleriker Isidor von Sevilla, *De ecclesiasticis officiis* 2,4,3 und Walther II.4, 25146. – ***permurmurare:*** ‚murmelnd bis zum Ende sprechen, aufsagen' (nlat., s. Ramminger). – ***quas … demiror si … intellegat:*** relativische Verschränkung: ‚ich frage mich wahrlich, ob irgendein Gott sie hört oder versteht'. – ***fere:*** ‚meistens'. – ***cum … perstrepunt:*** ‚wenn sie sie mit großem Lärm von sich geben'.

60,3 ***profanus:*** hier ‚Laie' (s. Kirsch s. v. 3). – ***si quid sarcinae:*** erg. *est*. – ***per manus tradere:*** ‚von Hand zu Hand weitergeben'. – ***laici principes:*** ‚die weltlichen Herrscher'. – ***partes:*** ‚Aufgaben'. – ***ita … relinquunt:*** Subjekt sind die Priester, *modestiae causa* ist bissige Ironie. – ***ipsis:*** ‚dem Volk' (Constructio ad sensum). – ***baptismi votum:*** das vom erwachsenen Täufling bzw. den Eltern gesprochene Taufgelöbnis, das aus der *abrenuntiatio Diaboli* (‚Absage an den Teufel') und dem Glaubensbekenntnis bestand. – ***sacerdotes saeculares:*** ‚Welt-, Laienpriester', d. h. Priester, die keinem Orden angehören. – ***mundo, Christo:*** Dative, ‚für die Welt, für Christus'; dagegen hatte Christus gesagt: „Mein Reich ist nicht von dieser Welt" (*Regnum meum non est de mundo hoc, Johannes* 18,36). – ***regulares:*** ‚Regular-

quid sarcinae, id prudenter in alienos humeros reiciunt et aliis alii tamquam pilam per manus tradunt. Siquidem* laici quoque principes quemadmodum partes administrandi regni vicariis delegant et vicarius item vicario tradit, ita pietatis studium omne plebi modestiae causa relinquunt. Plebs in eos reicit, quos ecclesiasticos* vocant, perinde quasi ipsis cum ecclesia* nihil omnino sit commercii, quasi baptismi votis nihil prorsus sit actum. Rursum sacerdotes, qui sese vocant saeculares, quasi mundo initiati non Christo, in regulares onus hoc devolvunt, regulares in monachos, monachi laxiores in artiores, omnes simul in mendicantes, mendicantes in Carthusienses, apud quos solos sepulta latet pietas et adeo latet, ut vix umquam liceat conspicere.

4 Itidem pontifices* in messe pecuniaria diligentissimi labores illos nimium apostolicos in episcopos relegant, episcopi in pastores, pastores in vicarios, vicarii in fratres* mendicantes. Hi rursum in eos retrudunt, a quibus ovium lana tondetur. Verum non est huius instituti pontificum* ac sacerdotum vitam excutere*, ne cui videar satyram texere, non encomium recitare neve quis existimet bonos principes a me taxari, dum malos laudo. Sed haec ideo paucis* attigi, quo palam fieret nullum esse mortalem, qui suaviter vivere possit, nisi meis initiatus sit sacris meque propitiam habeat.

61: Das Glück begünstigt die Toren

1 Nam id quo pacto fieri queat, cum ipsa etiam Rhamnusia, rerum humanarum fortunatrix, mecum adeo consentiat, ut sapientibus istis semper fuerit inimicissima, contra* stultis etiam dormientibus omnia commoda adduxerit? Agnoscitis Timotheum illum, cui hinc etiam cognomen et proverbium ὁ εὕδοντος κύρτος αἱρεῖ. Rursum aliud γλαῦξ ἵπταται. Contra* in sapientes 61

---

kleriker', d.h. Priester die einem Orden angehören (anders Miller). – ***monachi ... artiores*** **erg.** ***devolvunt:*** ‚diejenigen Mönche, die nach lockereren Ordensregeln leben, wälzen es auf die mit (str)engeren Ordensregeln ab'. – ***mendicantes*** **erg.** ***fratres*** **oder** ***monachi:*** ‚Angehörige der Bettelorden', s. die Anm. zu *qui ... horreant* in 54,3. – ***Carthusienses:*** ‚Kartäuser'.

60,4 ***pontifices:*** ‚die Päpste'. – ***vicarius*** **erg.** ***paroecialis:*** ‚Pfarrvikar, Kaplan'. – ***a quibus ... tondetur:*** Entweder sind wirklich Schafscherer als Pars pro toto für das einfache Volk ohne theologische Bildung gemeint oder in übertragenem Sinn Menschen, die die Schafherde der gutgläubigen Gläubigen ausnehmen (z.B. durch den Ablasshandel). Miller verweist auf *Adag.* 2612 *(Boni pastoris est, tondere pecus, non deglubere),* was aber kaum weiterhilft. – ***dum malos laudo:*** In Wirklichkeit wurden die schlechten (weltlichen wie geistlichen) Herrscher in den letzten Kapiteln gnadenlos zerfleddert – dieser Nebensatz erinnert uns daran, dass Stultitia (und nicht Erasmus) spricht, aus deren Perspektive die Aufzählung der Laster einem Lob gleichkommt. Erasmus stellt auf diese Weise (wenn auch etwas überraschend) das Decorum der Rede wieder her (s. Vorrede 6).

61,1 ***id:*** dass ein Mensch ohne Stultitia ein angenehmes Leben führen könnte. – ***Rhamnusia ... fortunatrix:*** *Rhamnusia* ist ein Beiname der Rachegöttin Nemesis, die eigentlich die Hochmütigen und die Frevler bestraft. Stultitia identifiziert sie mit der Fortuna, die einem von

quadrant illa: ἐν τετράδι γεννηθέντες et „equum habet Seianum“ et „aurum Tolosanum.“ Sed desino παροιμιάζεσθαι, ne videar Erasmi mei commentaria suppilasse.

2 Ergo ut ad rem: Amat Fortuna parum cordatos*, amat audaciores et quibus illud placet πᾶς ἐρρίφθω κύβος. At Sapientia timidulos reddit ideoque vulgo videtis sapientibus istis cum paupertate, cum fame, cum fumo rem esse, neglectos, inglorios, invisos vivere; stultos affluere nummis, admoveri rei publicae gubernaculis, breviter: florere modis omnibus. Etenim si quis beatum existimet principibus placuisse viris et inter meos illos ac gemmeos deos versari, quid inutilius sapientia, immo quid apud hoc hominum genus damnatius? Si divitiae parandae sunt, quid tandem lucri facturus est negotiator, si sapientiam secutus periurio offendetur, si in mendacio deprehensus erubescet, si anxios illos de furtis atque usuris sapientum scrupulos vel* tantuli faciet?

Listrius zitierten Sprichwort zufolge immer auf der Seite der Dummen steht. *E contrario* ist sie also eine Feindin der Klugen. Das Wort *fortunatrix* (‚Beglückerin‘) ist erst in der frühen Neuzeit belegt. – ***cui … cognomen:*** Der Beiname des Timotheos (s. u.) war εὐτυχής, der Glückliche. – **ὁ εὕδοντος κύρτος αἱρεῖ:** ‚das Netz eines Schlafenden fängt Beute‘ (*Adag.* 482: *Dormientis rete trahit*). Laut Erasmus a.O. geht das Sprichwort auf ein Ereignis zurück, als sich einmal zufällig Fische in den Netzen schlafender Fischer verfingen; es wurde dann auf den attischen Feldherrn Timotheos angewendet, dem großes Glück nachgesagt wurde. Die Maler der Antike sollen ihn schlafend dargestellt haben, während die Glücksgöttin die Städte für ihn in Netzen einfing. In den Drucken ist ἡ … κύρτος überliefert; da κύρτος aber ein Maskulinum ist, ist entweder ἡ κύρτη zu lesen oder wie oben im Text zu emendieren. – ***Rursum aliud*** (**erg.** ***est proverbium***) **γλαὺξ ἵπταται:** ‚Es gibt noch ein anderes Sprichwort: „die Eule fliegt“.‘, s. *Adag.* 76 (*Noctua volat* i. S. v. ‚die Dinge laufen gut und nach Wunsch‘. Die der Athene heilige Eule soll die Athener auch dann begünstigt haben, wenn sie unkluge Pläne fassten. – **ἐν τετράδι γεννηθέντες:** ‚am vierten Tag Geborene‘, dazu gehörte Herkules, daher sind mit dieser Redewendung Menschen gemeint, die für ein Leben voller Arbeit und Mühen geboren sind (*Adag.* 77: *Quarta luna nati*). – ***equum habet Seianum … aurum Tolosanum:*** vgl. *Adag.* 997–998 (nach Gellius, *Noctes Atticae* 3,9). Ein Cn. Seius war der erste Besitzer eines vortrefflichen Pferdes; er und alle weiteren Besitzer dieses Pferdes wurden im Laufe ihres Lebens vom Pech verfolgt. – Bei der Einnahme von Toulouse im Jahre 106 v. Chr. raubten die Römer das Gold aus den Tempeln der Stadt, aber jeder, der in den Besitz dieses Goldes gelangte; starb einen qualvollen Tod. – **παροιμιάζεσθαι:** ‚in Sprichwörtern reden‘. – ***Erasmi mei commentaria:*** Gemeint sind die *Adagia* (s. Einleitung, S. 34). Man beachte die in *mei* liegende erasmianische Selbstironie.

61,2 ***ut ad rem:*** erg. *redeam*, mit Ellipse des Prädikats bei Cicero, *Atticusbriefe* 2,6,2 und öfter bei Augustinus. – ***parum cordati:*** ‚die zu wenig Hirn haben‘; das Herz ist hier als der Sitz des Verstandes aufgefasst. – **πᾶς ἐρρίφθω κύβος:** ‚jeder Würfel sei geworfen‘ i. S. v. ‚man muss alles immer auf eine Karte setzen‘, *Adag.* 332 (*Omnem iacere aleam*). Der Ausdruck ist gestaltet nach Caesars angeblichem Ausspruch am Rubikon (Plutarch, *Caesar* 32,8; *Pompeius* 60,2). – ***cum fumo:*** ‚mit leeren Versprechungen/Hoffnungen‘, s. *Adag.* 3783 (*Fumus*). – ***si quis … viris:*** *principibus placuisse viris non ultima laus est* (Horaz, *Epistel* 1,17,35). – ***inter meos illos:*** Die Fürsten gehören zu Stultitias Gefolge, s. cap. 55. – ***gemmeos deos:*** ‚edelsteinbehängte Götter‘, d. h. die Fürsten. – ***negotiator:*** vgl. die negative Darstellung der Kaufleute in 48,4. – ***vel tantuli faciet:*** *vel tantuli* (‚auch nur so viel‘, Genitivus pretii) bezieht sich deiktisch auf eine Geste der Stultitia, vgl. 3,1; 15,1.3.

3 Porro si quis honores atque opes ambiat* ecclesiasticas*, ad eas vel asinus vel bubalus citius penetrabit quam sapiens. Si voluptate ducaris, puellae, maxima huius fabulae pars, stultis toto pectore sunt addictae, sapientem haud secus ac scorpium horrent fugiuntque. Denique quicumque paulo festivius ac laetius vivere parant, sapientem imprimis excludunt ac quodvis animal potius admittunt. Breviter: quoquo te vertas, apud pontifices*, principes, iudices, magistratus, amicos, hostes, maximos, minimos, omnia praesentibus nummis parantur. Quos uti contemnit sapiens, ita illum sedulo fugere consueverunt.

62–65: Stultitia führt Autoritäten an

62: Stellen aus paganen Autoren

1 Sed cum laudum mearum nullus sit modus neque finis, tamen oratio aliquando finem habeat necesse est. 62 Itaque desinam dicere, sed si prius ostendero paucis* non deesse magnos auctores, qui me litteris suis pariter ac factis illustrarint, ne cui forte stulte mihi soli videar placere neve legulei calumnientur me nihil allegare. Ad ipsorum igitur exemplum allegabimus, hoc est οὐδὲν πρὸς ἔπος.

2 Principio illud omnibus vel* notissimo proverbio persuasum est: ubi res abest, ibi simulationem esse optimam. Eoque recte statim traditur hic versus pueris: „Stultitiam simulare loco sapientia summa est.“ Vos iam ipsi conicite, quam ingens sit bonum stultitia, cuius etiam fallax umbra et imitatio sola tantum laudis meretur a doctis. Sed multo candidius pinguis ille ac nitidus Epi-

---

61,3 ***bubalus:*** ‚Rind, Büffel‘ (Kirsch). – ***puellae … pars:*** ‚die Mädchen, ein sehr großer Teil dieses Schauspiels hier auf Erden‘; Stultitia bezieht sich auf die bereits in der Antike geläufige Vorstellung vom Leben als einem Schauspiel. – ***omnia praesentibus nummis parantur:*** ‚alles verschafft man sich mit Bargeld/klingender Münze‘.

62,1 ***cum laudum … finis:*** vielleicht eine Anspielung auf Seneca, *Epistel* 51,13: (erg. *vitiis*) *nec finis est nec modus.* – ***sed si prius:*** ‚aber (ich werde) erst (aufhören), wenn ich zuvor‘; *si* hat hier temporale Bedeutung. – ***auctores:*** ‚Autoritäten‘. – ***ne … placere:*** *cui* ist Dativobjekt zu *videar, mihi soli* zu *placere.* – **οὐδὲν πρὸς ἔπος:** wörtlich ‚das gehört nicht zum Wort‘, d. h. ‚das hat nichts mit der Sache zu tun‘, *Adag.* 445 *(Nihil ad versum).*

62,2 ***proverbio:*** s. Walther II.5, 32039: *Ubi deficiunt vires, astu utendum.* – ***ibi … optimam:*** Der Hauptsatz des Sprichworts wird in indirekter Rede gegeben. – ***statim … pueris:*** Die sog. *Disticha Catonis,* aus denen das folgende Sprichwort stammt, gehörten im Mittelalter und der frühen Neuzeit zum Anfangsunterricht; Erasmus hat sie mit Anmerkungen herausgegeben. – ***loco:*** ‚am rechten Ort‘. – ***Stultitiam simulare loco sapientia summa est:*** In seiner Ausgabe zitiert Erasmus das Sprichwort unter 2,19 (= 2,18,2 Boas) mit *prudentia* statt mit *sapientia* (= Walther II.5, 30422). – ***pinguis … porcus:*** So bezeichnet sich Horaz scherzhaft selbst (*Epistel* 1,4,15–16). – ***miscere … brevem:*** Horaz, *Carmen* 4,12,27: *misce stultitiam consiliis brevem.* – ***Dulce … loco:*** Horaz, *Carmen* 4,12,28, also unmittelbar nach dem vorigen Zitat; *alibi* ist wohl ein Lapsus memoriae des Erasmus. – ***delirus … ringi:*** Horaz, *Epistel* 2,2,126b und 128a.

curi de grege porcus miscere stultitiam consiliis iubet, tametsi „brevem“ non admodum scite addidit. Item alibi: „Dulce est desipere in loco.“ Rursum alio in loco mavult „delirus inersque videri quam sapere et ringi.“

3 Iam apud Homerum Telemachus, quem modis omnibus laudat poeta, subinde νήπιος appellatur atque eodem praenomine tamquam felicis ominis libenter pueros et adolescentes vocare solent tragici. Quid autem sacrum *Iliadis* carmen, nisi stultorum regum et populorum continet iras? Porro quam absoluta laus illa Ciceronis: „Stultorum sunt plena omnia“! Quis enim ignorat unumquodque bonum, quo latius patet, hoc esse praestantius?

63–65: Bibelstellen

1 Atqui fortassis apud Christianos horum levis est auctoritas. Proinde sacrarum quoque litterarum* testimoniis, si videtur, laudes nostras fulciamus sive, ut docti solent, fundemus, principio veniam a theologis praefatae, ut nobis fas esse velint, deinde, quoniam arduam rem aggredimur et fortassis improbum fuerit denuo Musas ex Helicone ad tantum itineris revocare, praesertim cum res sit alienior, fortasse magis conveniet optare, ut interim, dum theologum ago* perque has spinas ingredior, Scoti anima paulisper ex sua Sorbona in meum pec- 63

62,3 **νήπιος:** Das Wort bedeutet sowohl ‚Kind‘ als auch ‚kindisch, dumm‘. Homer verwendet es als Epitheton nur für Telemachos im Kindesalter (z. B. *Odyssee* 2,313). Auch die Tragiker verwenden νήπιος für Erwachsene nur negativ (z. B. Sophokles, *Elektra* 145) und für Kinder neutral (z. B. Euripides, *Iphigenie in Aulis* 466). Im letzten Fall spricht Stultitia von einem „glücklichen Vorzeichen“, weil sie es als etwas Positives ansieht, wenn ein Kind dumm zu werden verspricht. – ***Quid … iras:*** ‚Was wäre aber das heilige Gedicht der *Ilias,* wenn sie nicht die zornigen Streitereien dummer Könige und Völker enthielte?‘, fast wörtlich Horaz, *Epistel* 1,2,8: [erg. *Ilias*] *stultorum regum et populorum continet aestus.* – ***Stultorum sunt plena omnia:*** Cicero, *Epistulae ad familiares* 9,22,4.

63,1 ***horum:*** der genannten heidnischen Autoren. – ***si videtur:*** erg. *vobis:* ‚wenn es euch richtig erscheint, wenn ihr einverstanden seid‘. – ***ut … fundemus:*** Stultitia kritisiert hier parodistisch den häufigen, aber unlateinischen Gebrauch von *fundare* bei Theologen (s. Listrius, vgl. heutzutage ‚fundiert‘), allerdings ist das Wort in übertragener Bedeutung sogar bei Cicero belegt. – ***principio … velint:*** ‚wobei wir zuerst um Erlaubnis von Seiten der Theologen bitten, dass sie nämlich damit einverstanden sein mögen, dass es uns erlaubt sei‘; *praefatae* bezieht sich auf Stultitia, die von sich im Pluralis maiestatis spricht. – ***deinde:*** wird fortgesetzt mit *fortasse magis conveniet optare.* – ***denuo … revocare:*** Stultitia hatte die Musen bereits in 30,1 angerufen (vgl. 7,1; 38,1). – ***spinae:*** hier metaphorisch (so schon antik) ‚allzu große Subtilitäten, Spitzfindigkeiten‘, s. dazu die Abb. zu cap. 2 auf S. 48. – ***ex sua Sorbona:*** Duns Scotus lehrte u. a. in Paris. – **ἐς κόρακας (egtl. eine elliptische Verwünschung):** ‚zu den Raben (als Aasfressern), zum Teufel‘ (*Adag.* 1096: *Ad corvos*). – ***aliquem alicuius rei* (Gen. criminis) *reum agere:*** ‚jemanden anklagen wegen‘. – ***tenere:*** hier ‚wissen, intellektuell beherrschen‘; *teneam* ist obliquer Konjunktiv. – ***arripere:*** hier ‚aufschnappen‘. – ***ficulnus … tenueritque:*** Im *Carmen Priapeum* 68 ‚wohnt‘ eine Latein sprechende Priapstatue bei ihrem griechischen Besitzer. – ***gallus Lucianicus … calluerit:*** Zu dem sprechenden Hahn bei Lukian s. 34,3.

tus demigret quovis hystrice atque erinaceo spinosior moxque remigret, quo libebit – vel ἐς κόρακας. Utinam et vultum alium liceat sumere et ornatus adsit theologicus. Verum illud interim vereor, ne quis me furti ream agat, quasi clanculum Magistrorum Nostrorum* scrinia compilaverim, quae tantum rei theologicae teneam. Sed non adeo mirum videri debet, si tam diutina, quae mihi artissima est, cum theologis consuetudine nonnihil arripui, cum ficulnus etiam ille deus Priapus nonnullas Graecas voces legente domino subnotarit tenueritque et gallus Lucianicus longo hominum convictu sermonem humanum expedite calluerit.

2 Sed iam ad rem bonis avibus! Scripsit Ecclesiastes* capite primo: Stultorum infinitus est numerus. Cum numerum praedicat infinitum, nonne mortales universos complecti videtur praeter pauculos aliquot, quos haud scio an cuiquam videre contigerit? Sed magis ingenue confitetur hoc Ieremias cap. 10: „Stultus", inquiens, „factus est omnis homo a sapientia sua." Soli Deo tribuit sapientiam universis hominibus stultitiam relinquens. Ac rursum paulo superius: „Ne glorietur homo in sapientia sua." Cur non vis hominem in sua sapientia gloriari, optime Ieremia? „Nimirum", inquiet, „ob id, quia non habet sapientiam." Sed ad Ecclesiasten* redeo. Hunc, cum exclamat: „Vanitas vanitatum et omnia vanitas", quid aliud sensisse creditis nisi, quemadmodum diximus, vitam humanam nihil aliud quam Stultitiae ludicrum esse nimirum Ciceronianae laudi album addentem calculum, cuius optimo iure celebratur illud, quod modo retulimus: „Stultorum plena sunt omnia."

3 Rursum sapiens ille Ecclesiasticus*, qui dixit: „Stultus mutatur ut luna, sapiens permanet ut sol", quid aliud innuit nisi mortale genus omne stultum esse, soli Deo sapientis nomen competere*? Siquidem* lunam humanam

---

63,2 ***Sed ... avibus:*** erg. *redeamus,* oder *aggrediamur:* ‚Aber kommen wir jetzt unter guten Vorzeichen zur Sache!' – ***Stultorum ... numerus:*** *Kohelet* 1,15; Walther II.5, 30430. – ***haud scio an:*** ‚ich weiß nicht ob' i. S. v. ‚vielleicht nicht' (hier ‚niemandem' wegen *cuiquam,* das von *contigerit* abhängt). – ***Stultus ... sua:*** *Jeremias* 10,14 mit *scientia* statt *sapientia.* – ***Ne ... sua:*** *Jeremias* 9,23 mit *non* und *sapiens* statt *ne* und *homo.* – ***Soli ... relinquens:*** *Jeremias* 10,7. – ***Nimirum ... sapientiam:*** kein Zitat aus dem Bibeltext, sondern eine fiktive Antwort des Propheten Jeremias. – ***Ecclesiasten:*** griech. Akkusativ. – ***Vanitas ... vanitas:*** *Kohelet* 1,2 und 12,8. – ***quemadmodum diximus:*** s. 29,1 *(mortalium vita omnis quid aliud est quam fabula quaepiam).* – ***album calculum addere:*** ‚zustimmen' (*Adag.* 453); Subjekt zu *addentem* ist *hunc.* – ***Stultorum ... omnia:*** s. 62,3.

63,3 ***Stultus ... sol:*** *Jesus Sirach* 27,12 in der Form *homo sanctus in sapientia manet sicut sol, nam stultus sicut luna immutatur;* Walther II.5, 30478a. Mit *sapiens ille Ecclesiasticus* ist der Verfasser des Buches *Jesus Sirach* gemeint, dessen lateinischer Titel *Liber Ecclesiasticus* lautete. – ***Lunam ... Deum:*** Augustinus, *Epistel* 55,8–9. – ***alicui astipulari:*** ‚beipflichten', hier ‚passen zu'; Subjekt zu *astipulatur* ist der *quod*-Satz. – ***quod ipse ... unum:*** *Matthäus* 19,17. –

naturam interpretantur, solem omnis luminis fontem, Deum. Huic astipulatur, quod ipse Christus in evangelio negat quemquam appellandum bonum nisi Deum unum. Porro si stultus est, quisquis sapiens non est, et, quisquis bonus, idem sapiens (auctoribus Stoicis), nimirum mortales omnes Stultitia complectatur necessum est.

4 Iterum Salomon cap. 15 „Stultitia“, inquit, „gaudium stulto“, videlicet manifeste confitens sine stultitia nihil in vita suave esse. Eodem pertinet illud quoque: „Qui apponit scientiam, apponit dolorem, et in multo sensu multa indignatio.“ An non idem palam confitetur egregius ille contionator* cap. 7: „Cor sapientum, ubi tristitia est, et cor stultorum, ubi laetitia.“ Eoque non satis habuit sapientiam perdiscere, nisi nostri quoque cognitionem addidisset. Quod si mihi parum habetur fidei, ipsius accipite verba, quae scripsit cap. 1: „Dedique cor meum, ut scirem prudentiam atque doctrinam erroresque et stultitiam.“ Quo quidem loco illud animadvertendum ad Stultitiae laudem pertinere, quod eam posteriore posuit loco. Ecclesiastes* scripsit et hunc scitis esse ordinem ecclesiasticum*, ut, qui dignitate primus sit, is locum obtineat extremum vel* hic certe memor evangelici praecepti.

5 Sed stultitiam praestantiorem esse sapientia et Ecclesiasticus* ille (quisquis fuit) liquido testatur cap. 41. Cuius mehercle verba non prius proferam, quam εἰσαγωγήν meam commoda responsione adiuveritis, ut faciunt apud Platonem hi, qui cum Socrate disputant. Utra magis convenit recondere, quae rara sunt

---

si stultus … non est: vgl. SVF III, Nr. 666, S. 166. – ***quisquis bonus*** **(erg. *est*), idem sapiens (erg. *est*):** vgl. Seneca, *De constantia sapientis* 7,2: *neminem bonum esse nisi sapientem.* – ***auctoribus Stoicis:*** ‚den Stoikern zufolge, wie die Stoiker lehren‘.

63,4 ***iterum:*** hier ‚auch, des Weiteren‘ (bereits antik). – ***Stultitia … stulto:*** *Proverbia Salomonis* 15,21. – ***Qui … indignatio:*** *Kohelet* 1,18 (dort aber *addit* und *addat;* zudem beginnt (!) der Vers mit *eo quod in multa sapientia multa sit indignatio*). – ***Cor … laetitia:*** *Kohelet* 7,5. – ***nostri:*** genusindifferenter Genitiv von *nos,* womit die Stultitia gemeint ist. – ***Dedique … stultitiam:*** *Kohelet* 1,17. – ***illud animadvertendum:*** erg. *est;* der folgende AcI ist Apposition zum Subjekt *illud.* – ***Ecclesiastes:*** Der Verfasser des Buches *Kohelet/Prediger Salomo,* aus dem der eben angeführte Satz stammt. – ***et hunc … ut:*** *hunc* verweist präparativ auf den *ut*-Satz voraus: ‚und ihr wisst, dass die kirchliche Hierarchie eine solche/derart ist, dass‘. – ***hunc … evangelici praecepti:*** eine boshafte Anspielung auf die kirchliche Hierarchie *(ordo ecclesiasticus),* deren Angehörige keineswegs nach dem bescheidenen Jesuswort leben „Die ersten werden die letzten und die letzten werden die ersten sein“ (*Matthäus* 19,30 u. ö.), wie Stultitia in den vorigen Kapiteln ausgeführt hatte.

63,5 ***liquido*** **(Adv. von *liquidus*):** ‚deutlich‘. – ***testatur cap. 41:*** Die Worte aus *Jesus Sirach* 41,18 werden weiter unten angeführt *(Melior … suam).* – **εἰσαγωγή (die Form im Text ist der Akkusativ):** ‚Induktion‘ (Listrius), die Stultitia durch die Anführung mehrerer Textstellen durchgeführt hat. – ***ut … disputant:*** Sokrates versucht in Platons Dialogen oft, von seinen (zumeist widerstrebenden) Zuhörern durch Fragen Zugeständnisse zu erlangen. In ähnlicher Weise führt Stultitia mit ihrem Publikum ein kurzes fiktives Gespräch, bevor sie das angekündigte Zitat aus *Jesus Sirach* anführt. – **τὴν ἐπὶ θύραις ὑδρίαν:** ‚einen Wasserkrug an der Tür (stehenlassen o. ä.)‘, *Adag.* 1065 *(In foribus urceum).* Gemeint ist, dass man Wertloses offen zugänglich machen kann, während man Wertvolles gut verwahrt. – ***Quod … deus:*** ‚Damit das niemand in gottloser Weise zurückweist: Aristoteles, der Gott

et pretiosa, an, quae vulgaria viliaque? Quid tacetis? Etiam si vos dissimuletis, proverbium illud Graecorum pro vobis respondet, τὴν ἐπὶ θύραις ὑδρίαν. Quod ne quis impie reiciat: refert Aristoteles Magistrorum Nostrorum* deus. An quisquam vestrum tam stultus est, ut gemmas et aurum in via relinquat? Non, hercle, opinor. In abditissimis penetralibus – nec id satis: in munitissimorum scriniorum secretissimis angulis ista reponitis, caenum in propatulo relinquitis. Ergo si, quod pretiosius est, reconditur, quod vilius, exponitur, nonne palam est sapientiam, quam vetat abscondi, viliorem esse stultitia, quam recondi iubet? Iam ipsius testimonii verba accipite: „Melior est homo, qui abscondit stultitiam suam quam homo, qui abscondit sapientiam suam."

6 Quid, quod* animi quoque candorem divinae litterae* stulto tribuunt, cum sapiens interim* neminem sui similem putet. Sic enim intellego id, quod scribit Ecclesiastes* cap. 10: „Sed et in via stultus ambulans, cum ipse insipiens sit, omnes stultos existimat." An non istud eximii cuiusdam candoris est omnes aequare tibi ipsi, cumque nemo non magnifice de se sentiat, omnibus tamen tuas communicare laudes? Proinde nec* puduit tantum regem huius cognominis, cum ait cap. 30: „Stultissimus sum virorum."

7 Neque Paulus ille gentium doctor Corinthiis scribens stulti cognomen illibenter agnoscit: „Ut insipiens", inquit, „dico, plus ego", perinde quasi turpe

---

unserer theologischen Doctores, führt das an'. Aristoteles, *Rhetorik* 1,6,1363a7. Die scholastische Theologie war eine Weiterentwicklung der aristotelischen Philosophie. – ***vetat:*** Subjekt ist der Verfasser des Buches *Jesus Sirach*. – ***Melior ... suam:*** *Jesus Sirach* 41,18.

63,6 ***Sed ... existimat:*** *Kohelet* 10,3 mit *aestimat*. – ***regem:*** Salomo, den man für den Autor der *Sprüche* und von *Kohelet* hielt. – ***Stultissimus sum virorum:*** *Proverbia Salomonis* 30,2.

63,7 ***illibenter:*** ‚ungerne', schon mlat., häufig bei Erasmus. – ***Ut ... ego:*** *2. Korintherbrief* 11,23; das vollständige Zitat, um dessen Deutung es im Folgenden gehen wird, ist in den Vulgata-Handschriften unterschiedlich überliefert (in Klammern stehen die Zusätze der einen Handschriftengruppe): *ministri Christi sunt (et ego) (ut) minus sapiens dico plus ego*, in Erasmus' Übersetzung von 1516 lautet der Passus so: *Ministri Christi sunt, delirans loquor, plus ego*, 1520: *Ministri Christi sunt (delirans loquor) excellentius sum ego*, 1522 und 1527: *Ministri Christi sunt, desipiens loquor, excellentius sum ego*. Erasmus identifiziert die *ministri Christi* mit den Aposteln, der von ihm angegriffene Nicolaus von Lyra mit den von Paulus in Vers 13 genannten Pseudoaposteln. – ***vinci stultitia* (Abl. limitationis):** ‚im Torheitswettbewerb unterliegen'. Stultitia versteht das Pauluszitat anscheinend i. S. v. ‚wie dumm ich daherrede, noch mehr bin ich es'. – ***Graeculi quidam:*** weil diese Leute, zu denen sich auch Erasmus zählt (s. u.), die griechische Sprache beherrschen und mit der griechischen Version des Neuen Testaments argumentieren (können). – ***huius temporis theologi:*** ‚gegenwärtige Theologen'. – ***cornicum oculos configere:*** wörtlich ‚Krähen die Augen ausstechen'. Nach *Adag.* 275 bedeutet der Ausdruck, dass alte Auffassungen durch neue Entdeckungen obsolet werden, sodass den Traditionalisten ihr das Augenlicht, d. h. ihr Wissen und ihre Einsichten genommen wird. Es geht also um den Konflikt zwischen Humanisten und Scholastikern (die hier unter den ‚Krähen' zu verstehen sind). – ***dum:*** ‚indem'. – ***si non alpha, certe beta:*** ‚wenn nicht der Bedeutendste, so doch der Zweitwichtigste', nach *Ego sum Alpha et Omega* (*Apokalypse* 21,6, s. auch *Adag.* 8). – ***citatio:*** ‚Zitation', in dieser Bedeutung nlat. – ***quam tu somnias:*** ‚als (abh. von *diversa*) du dir zurechtphantasierst'. – ***ut arrogantius dictum:*** ‚als eine zu arrogante Aussage'. – ***aliquid praemunire:*** ‚in einem

sit vinci stultitia. Sed interim* obstrepunt mihi Graeculi quidam, qui tot huius temporis theologorum ceu cornicum oculos student configere, dum annotationes suas veluti fumos quosdam aliis offundunt, cuius gregis si non alpha, certe beta meus est Erasmus, quem ego saepius honoris causa nomino. „O vere stultam“, inquiunt, „et ipsa dignam Moria citationem! Longe diversa mens apostoli, quam tu somnias! Nec enim hoc agit his verbis, ut ceteris stultior haberetur, verum, cum dixisset ‘ministri Christi sunt, et ego’ seque veluti iactabundus in hac quoque parte aequasset ceteris, per correctionem adiecit: ‘plus ego’ sentiens se non modo parem reliquis apostolis in evangelii ministerio, verum etiam aliquanto superiorem. Idque cum ita verum videri vellet, ne tamen ut arrogantius dictum offenderet aures, praemuniit stultitiae praetextu ‘Ut minus sapiens dico’, propterea quod sciret esse stultorum privilegium, ut soli verum citra* offensam proloquantur.“

8 Verum quid Paulus senserit, cum haec scriberet, ipsis disputandum relinquo. Ego magnos, pingues*, crassos* et vulgo probatissimos theologos sequor, cum quibus magna pars doctorum errare, νὴ τὸν Δία, malit, quam cum istis trilinguibus bene sentire. Neque quisquam illorum Graeculos istos pluris facit quam graculos, praesertim cum quidam gloriosus theologus (cuius ego nomen

---

Text etwas vorausschicken, um sich abzusichern‘; Objekt ist *Ut minus sapiens dico;* der Gedanke *Verum … praetextu* findet sich fast wortgleich in Erasmus’ Stellenkommentar 1522, 441). – ***Sed interim obstrepunt … proloquantur:*** Erasmus versteht das Pauluszitat so, dass das Eingeständnis des eigenen Mangels an Weisheit die Anmaßung der Aussage, Paulus sei in höherem Maße ein Diener Christi als die anderen Christen, abmildern solle. Dementsprechend versteht er in seinem Kommentar zur Stelle *desipiens dico* (entspricht *ut insipiens dico,* s. o.) als Parenthese (1522, 441).

63,8 **νὴ τὸν Δία:** ‚wahrlich beim Zeus‘, übliche Schwurformel. – ***trilinguis:*** ‚dreisprachig‘, weil sie Latein, Griechisch und Hebräisch beherrschen. Erasmus spielte eine wichtige Rolle bei der Gründung des *Collegium trilingue* in Löwen. – ***Graeculos … graculos:*** s. *Adag.* 622: *Graculus inter Musas* (die Dohle, die sich unter die Musen gemischt hat, steht für einen Ungebildeten unter Gebildeten). – ***quidam gloriosus theologus:*** wie u. a. aus der im gleich folgenden griechischen Zitat versteckten Anspielung hervorgeht, ist der spätmittelalterliche Theologe und Bibelkommentator Nicolaus von Lyra gemeint. – ***scomma* subst. n. (griech. Fremdwort):** ‚spöttische Bemerkung, Stichelei‘, nämlich ὄνος λύρας (‚Esel an der Leier‘), s. *Adag.* 335 *(Asinus ad lyram).* ***magistraliter, theologaliter, passus* (in der Bedeutung ‚Textstelle‘):** aus Sicht der Humanisten barbarischer Sprachgebrauch, der hier parodiert wird (s. Listrius). – ***caput:*** hier ‚Sinnabschnitt‘. – ***absque summa dialectica:*** ‚ohne allerhöchste Fähigkeiten in der Logik‘. – ***sectio:*** hier ‚Einschnitt‘. – ***ab hoc loco … modum:*** Fast wortgleich formuliert Erasmus im Kommentar z. St. Dort tut er Nicolaus de Lyra ohne weitere Diskussion als einen der *veterum ignari litterarum* ab, die frühere Anmerkungen zusammengeflickt hätten *(consarcinatores).* – ***non solum … materia:*** ‚nicht nur nach der Form, sondern auch dem Inhalt nach‘, Stultitia macht sich über die Manier der Scholastik lustig, alles in Form und Stoff zu zergliedern. – ***adhuc:*** hier ‚noch‘ beim Komparativ (statt *etiam*). – ***oblitus sui:*** ‚selbstvergessen, seine eigenen Worte vergessend‘. – ***alio delabitur:*** Von *pseudapostoli* ist an dieser Stelle des Paulusbriefs überhaupt nicht die Rede, sondern weiter oben (*2. Korintherbrief* 11,13). Erasmus lehnt die von Nicolaus vorgenommene Identifikation der *pseudapostoli* in Vers 13 mit den *ministri Christi* in Vers 23 implizit ab; die moderne Forschung setzt beide aber wie Nicolaus de Lyra gleich (Schmeller 2015, 154–156).

prudens supprimo, ne graculi nostri continuo Graecum in illum scomma iaciant ὄνος λύρας) magistraliter* et theologaliter* hunc passum enarrans ab hoc loco „Ut minus sapiens dico, plus ego" novum facit caput et, quod absque* summa dialectica non poterat, novam addit sectionem ad hunc interpretans modum (adducam enim ipsius verba non solum in forma, verum etiam in materia): „Ut minus sapiens dico", id est 'si videor vobis insipiens me pseudapostolis adaequando, adhuc videbor vobis minus sapiens me eis praeferendo.' Quamquam* idem paulo post velut oblitus sui alio delabitur.

1 Sed cur anxie me unius exemplo tueor, cum hoc publicum ius sit theolo- 64
gorum caelum, hoc est divinam scripturam*, ceu pellem extendere; cum apud divum* Paulum pugnent divinae scripturae* verba, quae suo loco non pugnant (si qua fides illi πενταγλώττῳ Hieronymo), cum Athenis forte conspectum arae titulum torqueret in argumentum fidei Christianae ac ceteris omissis, quae causae fuerant offectura, duo tantum extrema verba decerpserit, nempe haec: *ignoto deo,* atque haec quoque nonnihil* immutata, siquidem integer titulus sic habebat: *dis Asiae, Europae et Africae, dis ignotis et peregrinis?*

2 Ad huius, opinor, exemplum passim iam οἱ τῶν θεολόγων παῖδες hinc atque hinc revulsa quattuor aut quinque verbula* et, si quid opus est, etiam depravata ad suam accommodant utilitatem, licet ea, quae praecedunt et consequuntur, aut nihil omnino faciant ad rem aut reclament quoque*. Quod quidem faciunt tam felici impudentia, ut saepenumero theologis invideant iure consulti.

3 Quid enim illis iam non succedat*, posteaquam magnus ille (paene nomen effutiveram, sed rursus metuo Graecum proverbium) ex Lucae verbis senten-

---

64,1 ***unius exemplo:*** Gemeint ist Paulus oder Nicolaus von Lyra. – ***caelum ... extendere:*** nach *Psalm* 104 (103),2: [erg. *Dominus Deus meus*] *extendens caelos ut pellem.* In der Spätantike wurde *caelum* in diesem Vers als Allegorie für die Bibel verstanden, vgl. Augustinus, *Enarrationes in Psalmos* 93,6. – ***cum ... pugnant:*** ‚da ja bei dem Heiligen Paulus Worte eine ausdrucksstarke Bedeutung für die Heilige Schrift haben, die sie an ihrem ursprünglichen Ort nicht haben'; zu dieser neulat. Bedeutung von *pugnare* vgl. Augustijn 1996, 252–257. Ähnliche Aussagen, in denen sich das Wort *pugnare* in dieser Bedeutung zweimal findet, begegnen häufiger bei Erasmus und Luther und beziehen sich immer auf Paulus' Schriftauslegung. – **πεντάγλωττος:** ‚fünfsprachig'. Erasmus unterläuft hier entweder eine Verwechslung oder er überträgt das Epitheton bewusst: Hieronymus bezeichnete sich selbst nämlich als *vir trilinguis* (*Apologia adversus Rufinum* 2,22); rühmte aber den Bischof Epiphanios von Salamis als πεντάγλωσσος (ebd. 3,6; gemeint sind Griechisch, Latein, Hebräisch, Syrisch und Koptisch). – ***ceteris:*** erg. *verbis.* – ***cum ... peregrinis:*** In seiner Rede auf dem Areopag von Athen redete Paulus auch über die Inschrift *ignoto deo,* die er in der Stadt entdeckt hatte (*Apostelgeschichte* 17,23).

64,2 **οἱ τῶν θεολόγων παῖδες:** ‚die Kinder der Theologen' i. S. v. ‚Theologen', gebildet nach ‚Kinder der Ärzte' bei Lukian, *Die Dipsaden* 5 (Listrius). – ***si quid opus est:*** ‚wenn etwas nötig ist; wenn nötig'. – ***licet:*** ‚auch wenn, mag auch' (konzessive Subjunktion). – ***aliquid nihil ad rem facit:*** ‚etwas hat nichts mit der Sache zu tun, ist irrelevant'. – ***iure consulti:*** ‚Juristen'.

64,3 ***magnus ille ... proverbium:*** Wie in 63,8 ist Nicolaus von Lyra gemeint (Listrius, Miller), den auch Holbeins Zeichnung darstellen soll; angespielt ist wieder auf das in 63,8 zitierte Sprichwort ὄνος λύρας. – ***ex Lucae verbis:*** *Lukas* 22,35–36; um diese Stelle geht es im

tiam expresserit* tam consentaneam animo Christi, quam igni cum aqua convenit. Etenim cum immineret extremum periculum, quo tempore solent boni clientes maxime suis adesse patronis et, quanta valent ope, συμμαχεῖν, Christus hoc agens, ut omnem huiusmodi praesidiorum fiduciam eximeret ex animis suorum, percontatus est eos, numquid rei defuisset usquam, cum illos emisisset adeo non instructos viatico, ut nec calceis muniret adversus spinarum et saxorum iniuriam nec peram adderet adversus famem. Ubi negassent defuisse quidquam, adiecit: „Sed nunc", inquit, „qui habet sacculum, tollat, similiter et peram; et, qui non habet, vendat tunicam suam et emat gladium." Cum tota Christi doctrina nihil aliud inculcet quam mansuetudinem, tolerantiam, vitae contemptum, cui non perspicuum sit, quid hoc loco sentiat? Nempe, ut magis etiam exarmet suos legatos, ut non tantum calceos neglegant et peram, verum et tunicam insuper abiciant nudique et prorsus expediti munus evangelicum aggrediantur, nihil sibi parent nisi gladium, non istum, quo grassantur latrones et parricidae, sed gladium spiritus in intimos quoque* pectoris sinus penetrantem, qui semel* affectus omnes sic amputat, ut nihil iam illis cordi sit praeter pietatem.

4 At videte, quaeso, quorsum haec torqueat celebris ille theologus: Gladium interpretatur defensionem adversus persecutionem, sacculum sufficien-

---

Folgenden. In seinen *Annotationes* zum Neuen Testament hat Erasmus die Auslegung des Nicolaus von Lyra eher abgetan als widerlegt (1522, 176, bis S. 179 folgt eine ausführliche Auseinandersetzung mit derartigen bellizistischen Deutungen). – ***quam ... convenit:*** ‚wie es dem Feuer mit dem Wasser passt, wie beide sich miteinander vertragen', vgl. *Adag.* 3294 *(Aquam igni miscere).* – **συμμαχεῖν:** ‚mitkämpfen, unterstützen'. – ***huiusmodi praesidia:*** ‚derartige Schutzmittel'; gemeint sind reale Mittel und Waffen wie Schuhe und Schwert. – ***numquid ... gladium:*** *Lukas* 22,35–36 mit freier Paraphrase vor dem wörtlichen Zitat. – ***rei:*** Genitivus partitivus abhängig von *numquid.* – ***sacculus:*** ‚Geldbeutel'. – ***tollat, habet:*** erg. jeweils *sacculum.* – ***tolerantia:*** ‚Duldsamkeit gegenüber Leiden', von Erasmus andernorts auch als *patientia* bezeichnet. – ***nudus, expeditus:*** ‚unbewaffnet', ‚von keinerlei Last beschwert'. – ***munus evangelicum:*** die Verkündung des Evangeliums (*Matthäus* 28,19). – ***parent:*** Konjunktiv von *parare.* – ***sed gladium ... pietatem:*** Diese spirituelle Deutung des Schwerts passt zu Erasmus' allegorisierender Deutung alttestamentarischer Kämpfe als Kämpfe gegen die eigene Sündhaftigkeit im *Enchiridion.*

64,4 ***celebris*** **mask.:** seltene Nebenform statt des üblichen *celeber.* – ***Gladium ... interpretatur*** **(mit dopp. Akk.)** ***... provisionem:*** ‚Unter dem Schwert versteht er die Verteidigung gegen Verfolgung, unter dem Geldbeutel die ausreichende Vorsorge für den Lebensunterhalt'. – ***orator:*** hier ‚Unterhändler, Gesandter', s. o. *legatus.* – **βασιλικῶς (Adv.):** ‚königlich, opulent'. – ***palinodiam canere:*** ‚widerrufen'. – ***beatos ... malo:*** *Matthäus* 5,11.39. – ***mites enim beatos esse:*** *Matthäus* 5,4. – ***ad passerum et liliorum exemplum vocarit:*** *Matthäus* 6,26–28 (dort werden aber nur die „Vögel des Himmels" erwähnt, an anderen Stellen spricht Jesus aber von Spatzen, bspw. 10,29–31). – ***Ad haec:*** ‚Zudem'. – ***divinae mentis interpres:*** Nicolaus von Lyra. – ***bombarda/us*** **(mlat., nlat.):** ‚Feuerwaffe'. – ***educere:*** Das Verb aus der

tem commeatus provisionem, perinde quasi Christus commutata in diversum sententia, quod oratores suos parum βασιλικῶς instructos emisisse videretur, superioris institutionis palinodiam canat aut velut oblitus, quod dixerat beatos fore, cum probris, contumeliis et suppliciis affligerentur, prohibens, ne quando resisterent malo (mites enim beatos esse, non feroces), oblitus, quod illos ad passerum et liliorum exemplum vocarit, nunc adeo noluerit eos absque* gladio proficisci, ut eum vel* tunica divendita iubeat emi malitque nudos ire quam non accinctos ferro. Ad haec: quemadmodum gladii nomine contineri putat, quidquid ad depellendam vim pertinet, ita marsupii titulo complectitur, quidquid ad vitae pertinet necessitatem. Atque ita divinae mentis interpres apostolos lanceis, ballistis, fundis et bombardis instructos educit ad praedicationem crucifixi. Loculis item, vidulis et sarcinis onerat, ne forte non liceat illis e diversorio discedere nisi impransis. Nec vel* illud commovit hominem, quod ensem, quem tantopere iusserat emi, mox idem obiurgans iubeat recondi quodque numquam fando sit auditum apostolos ensibus aut clipeis usos adversus vim ethnicorum* utique usuros, si Christus hoc sensisset, quod hic interpretatur.

5 Est alius, quem honoris causa non nomino, haudquaquam postremi nominis, qui e tentoriis, quorum meminit* Habacuk („turbabuntur pelles terrae

---

Militärsprache bezeichnet das Hinausführen der Truppen aus dem Lager, um bspw. eine Kampfaufstellung anzunehmen. – ***crucifixus:*** der Gekreuzigte = Jesus Christus. – ***Loculis … impransis:*** ‚Er belädt sie mit Geldbeuteln, Koffern und Gepäckstücken, damit es ihnen nicht etwa nur dann erlaubt sei, die Herberge zu verlassen, wenn sie nichts verzehren.' – ***hominem, hic interpretatur* (am Ende des Satzes):** Nicolaus von Lyra. – ***mox … recondi:*** Jesus befahl Petrus in der Nacht seiner Verhaftung, sein Schwert wieder in die Scheide zu stecken (*Matthäus* 26,52; *Johannes* 18,11). – ***hoc numquam fando auditum est:*** ‚man hat nie davon reden hören', bereits in der Antike eine häufige Redewendung. – ***utique usuros:*** PFA mit irrealem Sinn: ‚die sie auf jeden Fall benutzt hätten'.

64,5 ***alius:*** wahrscheinlich der Augustinermönch Jordan von Quedlinburg/Jordanus de Saxonia (um 1300 – um 1375), dessen bereits im Mittelalter beliebte Predigten in den 80er Jahren des 15. Jh. gedruckt wurden. In einer seiner Predigten fand sich laut Listrius die entsprechende Stelle (s. auch Miller). – ***haudquaquam postremi nominis* (Gen. qualitatis abh. von *alius*):** ‚durchaus nicht mit einem völlig unbedeutenden Namen'; die Junktur *postremum nomen* ist offenbar nicht antik, aber bei Erasmus häufiger. – ***turbabuntur … Madian:*** *Habakuk* 3,7. – ***Bartholomaei excoriati:*** Mit *pelles* im Bibeltext sind die Zelte der Midianiter, der Feinde der Israeliten, gemeint. Das hat der betreffende Interpret nicht verstanden und daher die Aussage allegorisierend auf das Martyrium des Hl. Bartholomäus bezogen. – ***dissertatio:*** ‚Gespräch, Diskussion'. Die hier erzählte Begebenheit wurde Erasmus nach eigener Aussage von seinem englischen Freund John Colet (1467–1519) berichtet, dem Begründer der humanistischen Schule bei St. Paul in London. – ***exigere:*** hier ‚einfordern, fragen'. – ***vel supercilio teste:*** ‚wovon auch sein Hochmut zeugte', s. die Anm. zu *sublatis superciliis* in cap. 9. – ***magno stomacho:*** ‚mit großem Groll'; der Bauch galt in der Antike als der Sitz des Zorns. Der Ausdruck kommt häufiger in Donats Terenz-Kommentar vor (bspw. *Adelphen* 752, *Hecyra* 506). – ***Haereticum … devita:*** *Titusbrief* 3,10 (mit *secundam* statt des klassische-

Madian“), pellem fecerit Bartholomaei excoriati. Ipsa nuper interfui dissertationi theologicae, (nam id facio frequenter). Ibi cum quispiam exigeret, quae tandem esset divinarum litterarum* auctoritas, quae iuberet haereticos* incendio vinci magis quam disputatione revinci, senex quidam severus et vel* supercilio teste theologus magno stomacho respondit hanc legem tulisse Paulum apostolum, qui dixerit: „Haereticum* hominem post unam et alteram correptionem devita!“ Cumque ea verba identidem intonaret et plerique demirarentur, quid accidisset homini, tandem explanavit, de vita tollendum haereticum. Risere quidam nec deerant tamen, quibus hoc commentum plane theologicum videretur, ceterum reclamantibus etiamnum nonnullis successit Τενέδιος, quod aiunt, συνήγορος et auctor irrefragabilis. „Accipite rem!“, inquit, „Scriptum est: ‘Maleficum ne patiaris vivere’, omnis haereticus* maleficus. Ergo etc.“ Mirati, quotquot aderant, hominis ingenium et in eam sententiam itum est pedibus – et quidem peronatis. Neque cuiquam venit in mentem legem eam ad sortilegos et incantatores ac magos attinere, quos Hebraei sua lingua vocant מכשפים, alioqui fornicationem et ebrietatem capite punire oportuit.

1 Verum haec stulte persequor, tam innumera, ut nec Chrysippi nec Didymi **65**
voluminibus omnia comprehendi possint. Illud dumtaxat admonitos volebam: Cum haec divinis illis magistris licuerint, mihi quoque plane συκίνῃ θεολόγῳ par est dare veniam, si minus omnia ad amussim citavero.

---

ren *alteram,* das Erasmus in seiner Ausgabe von 1516 ebenfalls verwendet). – ***correptio:*** hier ‚Zurechtweisung‘. – ***de vita tollendum haereticum:*** Der Theologe deutet den Imperativ *devita* (‚vermeide‘) im lateinischen Paulustext als zwei Wörter (‚aus dem Leben‘) und ergänzt gedanklich einen Imperativ wie ‚schaffe‘. – ***commentum:*** ‚Einfall‘. – ***successit* mit Dativ:** ‚er trat an seine Stelle, löste ihn ab‘; der *auctor irrefragabilis* springt dem *senex severus* bei. – **Τενέδιος … συνήγορος:** ‚Anwalt aus Tenedos‘, ein Anwalt, der im Wortsinne kurzen Prozess macht, indem er den Fall kurz und bündig darlegt, s. *Adag.* 3006–3007 und 53,2. – ***auctor irrefragabilis:*** ‚unwiderlegbare Autorität‘. – ***Accipite rem:*** ‚Vernehmt, wie es sich wirklich verhält‘. Die Argumentation des ‚Anwaltes aus Tenedos‘ basiert darauf, dass er das Substantiv *maleficus* aus dem Schriftzitat allgemein i. S. v. ‚Übeltäter‘ versteht; Stultitia weist darauf hin, dass es dort aber eine deutlich engere Bedeutung habe – sonst müsste man ja alle Hurer und Trinker ebenfalls hinrichten lassen. – ***Maleficum … vivere:*** *Exodus* 22,18. – ***in alicuius sententiam pedibus ire:*** ‚jemandem zustimmen‘ (*Adag.* 1612), der Ausdruck kommt aus der Usance im römischen Senat, per Hammelsprung abzustimmen. – ***peronatus:*** ‚gestiefelt‘; zu denken ist an grobe Bauernstiefel (s. Listrius), die hier natürlich metaphorisch zu verstehen sind. Stultitia will die Zustimmenden als bäurische Toren kennzeichnen. – מכשפים: unvokalisiertes Hebräisch, transkribiert *mekaschephim.* – ***capite punire:*** ‚mit dem Tode bestrafen‘.

65,1 ***Chrysippus, Didymus:*** Der Stoiker Chrysipp soll 700 Bücher verfasst haben, Didymos angeblich 4000. – ***Illud* (erg. *theologos*) *dumtaxat admonitos* (erg. *esse*) *volebam:*** ‚ich wollte die Theologen lediglich daran/an das Folgende erinnert wissen‘. – ***mihi … συκίνῃ θεολόγῳ:*** ‚mir Theologin aus Feigenholz‘, d. h. mir Amateurtheologin. Feigenholz galt als billig und nutzlos (s. *Adag.* 685: *Ficulnus*). – ***si minus:*** ‚wenn nicht‘. – ***citare:*** hier ‚zitieren‘, in der Antike ist diese Bedeutung nur schwach belegt.

2 Nunc tandem ad Paulum redeo: „Libenter", inquit, „fertis insipientes", de sese loquens. Et rursum „velut insipientem accipite me." Et: „Non loquor secundum Deum, sed quasi in insipientia." Rursum alibi: „Nos", inquit, „stulti propter Christum." Audistis, a quanto auctore quanta stultitiae praeconia. Quid, quod* idem palam stultitiam praecipit ut rem in primis necessariam et oppido salutarem: „Qui videtur esse sapiens inter vos, stultus fiat, ut sit sapiens." Et apud Lucam duos discipulos, quibus se iunxerat in via, Iesus stultos appellat. Illud haud scio, an mirum videatur, cum Deo quoque* nonnihil stultitiae tribuit divinus ille Paulus: „Quod stultum est", inquit, „Dei, sapientius est hominibus." Porro Origenes interpres obsistit, quominus hanc stultitiam ad hominum opinionem possis referre. Quod genus* est illud: verbum crucis pereuntibus quidem stultitiam.

3 Sed quid ego frustra anxia tot testimoniis haec docere pergo, cum in psalmis mysticis* palam ipse Christus loquatur Patri: „Tu scis insipientiam meam"? Neque vero temere est, quod Deo stulti tam impense placuerunt. Opinor propterea, quod, quemadmodum summi principes nimium cordatos* suspectos habent et invisos, ut Iulius Brutum et Cassium, cum ebrium Antonium nihil metueret, utque Nero Senecam, Dio-

---

65,2 ***Libenter … insipientes:*** *2. Korintherbrief* 11,19 (dort aber *suffertis*). – ***velut … me:*** *2. Korintherbrief* 11,16. – ***Non … insipientia:*** *2. Korintherbrief* 11,17. – ***Nos … Christum:*** *1. Korintherbrief* 4,10. – ***oppido* (Adv.):** ‚sehr'. – ***Qui … sapiens:*** *1. Korintherbrief* 3,18 mit kleineren Abweichungen. – ***apud Lucam:*** *Lukas* 24,25. – ***Quod … hominibus:*** *1. Korintherbrief* 1,25. Gemeint ist, dass selbst die niedrigste Form göttlicher Weisheit der menschlichen Weisheit noch überlegen ist (Listrius). – ***Origenes … referre:*** s. Hieronymus, *Übersetzung von Origenes, Homiliae in Ieremiam,* Migne Patrologia Latina 25, p. 631–632 (Online: https://patristica.net/latina/#t025). – ***verbum … stultitiam:*** *1. Korintherbrief* 1,18. Das Zitat hängt als AcI von *illud* (‚diese Aussage') ab.

65,3 ***frustra:*** hier ‚grundlos, ohne Grund'. – ***alicui loqui:*** ‚zu jemandem sagen'. – ***Tu … meam:*** *Psalm* 69 (68),6 (dort *stultitiam*); zu Christus als Sprecher vgl. Listrius und Miller; dass Christus der Sprecher des Psalms sei, postuliert Augustinus, *Enarrationes in Psalmos* 68 (69),1. – ***Iulius* (d. h. Caesar) *Brutum et Cassium:*** s. Plutarch, *Caesars* 62,10. – ***ebrium Antonium:*** Cicero, *2. Philippische Rede* 63. – ***Nero Senecam:*** s. Tacitus, *Annales* 15,62,1–2; 15,65. – ***Dionysius Platonem:*** Platon hielt sich bei dem Tyrannen Dionysios I. in Syrakus auf. Es kam aber zum Streit und angeblich soll Platon sogar in die Sklaverei verkauft worden sein (Diogenes Laertios, *Leben und Lehre der Philosophen* 3,20). Erasmus könnte aber auch den Sohn und Nachfolger des Dionysios, Dionysios II., meinen, mit dem sich Platon den antiken Nachrichten zufolge nach anfänglicher Freundschaft überwarf. – **σοφοὺς *istos*:** ‚diese Weisen'. – ***suaeque nitentes prudentiae:*** ‚die sich auf ihre Klugheit viel einbilden', wörtlich ‚die wegen ihrer Klugheit strahlen/glänzen', zum seltenen kausalen Genitiv s. HSz 79 (oder konstruiert Erasmus hier *niti* nach dem Vorbild von *(con)fidere* mit dem Dativ? S. dazu 65,5: *ne quid fiderent suae prudentiae*). – ***Quae … Deus:*** *1. Korintherbrief* 1,27. – ***Deo … mundum:*** nach *1. Korintherbrief* 1,21 *(placuit Deo per stultitiam praedicationis salvos facere credentes).*

nysius Platonem, contra* crassioribus* ac simplicioribus ingeniis delectantur. Itidem Christus σοφοὺς istos suaeque nitentes prudentiae semper detestatur ac damnat. Testatur id Paulus haudquaquam obscure, cum ait: „Quae stulta sunt mundi, elegit Deus", cumque ait, „Deo visum esse, ut per stultitiam servaret mundum", quandoquidem per sapientiam restitui non poterat.

4 Quin ipse idem satis indicat clamans per os prophetae: „Perdam sapientiam sapientium et prudentiam prudentium reprobabo", rursum cum agit gratias, quod salutis mysterium celasset sapientes, parvulis autem, hoc est stultis, aperuisset. Nam Graece pro parvulis est νηπίοις, quos opposuit σοφοῖς. Huc pertinet, quod passim in evangelio pharisaeos et scribas ac legum doctores incessit, vulgus indoctum sedulo tuetur. Quid enim aliud est, „vae vobis, scribae et pharisaei", quam, 'vae vobis, sapientes'? At parvulis, mulieribus ac piscatoribus potissimum delectatus esse videtur. Quin et ex animantium brutorum genere ea potissimum placent Christo, quae a vulpina prudentia quam longissime absunt. Eoque asino maluit insidere, cum ille, si libuisset, vel* leonis tergum impune potuisset premere. Ac Spiritus ille sacer in columbae specie delapsus est, non aquilae aut milvii. Praeterea cervorum, hinnulorum, agnorum crebra passim in divinis litteris* mentio. Adde, quod suos ad immortalem vitam destinatos oves appellat. Quo quidem animante non est aliud insipientius vel* Aristotelico proverbio teste (προβάτειον ἦθος), quod quidem admonet ab eius pecudis stoliditate sumptum in stupidos et bardos convicii loco dici solere. Atqui huius gregis Christus sese pastorem profitetur, quin etiam ipse agni nomine delectatus est indicante eum Ioanne: „Ecce agnus Dei", cuius multa fit et in *Apocalypsi* mentio.

5 Haec quid aliud clamitant nisi mortales stultos esse, etiam pios? Ipsum quoque* Christum, quo stultitiae mortalium subveniret, cum esset sapien-

---

65,4 ***Perdam ... reprobabo:*** *1. Korintherbrief* 1,19 nach *Jesaja* 29,14. – ***mysterium celasset sapientes:*** *celare* wird mit doppeltem Akkusativ konstruiert (BS § 355,1). – ***rursum ... aperuisset:*** *Matthäus* 11,25; *Lukas* 10,21. – **νηπίοις (Dat. Pl.):** ‚den Kindischen'. – **σοφοῖς (Dat. Pl.):** ‚den Weisen'. – ***scriba:*** hier ‚Schriftgelehrter' (in den Evangelien sehr häufig erwähnt). – ***passim ... incessit:*** bspw. *Matthäus* 12; 15,1–20; 16,1–12; 22,15–46. Die drei Ausdrücke *pharisaeus, scriba* und *doctor legis* sind i.W. deckungsgleich. – ***vae ... Pharisaeis:*** *Matthäus* 23,13–27; *Lukas* 11,42–52. – ***parvulis:*** s. *Matthäus* 19,13–14. – ***mulieribus:*** vgl. etwa *Lukas* 8,1–3. – ***piscatoribus:*** Jesus machte die Fischer Petrus und Andreas zu „Menschenfischern" (*Matthäus* 4,18–20). – ***Quin ... absunt:*** *Matthäus* 10,16. – ***Eoque:*** ‚Und deswegen'. – ***asino maluit insidere:*** *Matthäus* 21,1–7. – ***in columbae specie:*** *Matthäus* 3,16. – ***suos ... oves appellat:*** *Johannes* 10,1–28; *Matthäus* 25,32–33. – ***vel*** **... προβάτειον ἦθος):** ‚sogar nach dem Zeugnis einer Wendung bei Aristoteles, nämlich *ein Schafsgemüt*', s. *Historia animalium* 9,3, 610b22, *Adag.* 2095 *(Ovium mores)*. – ***admonet:*** ‚er (Aristoteles) sagt'. An der genannten Stelle aus der *Historia animalium* sagt Aristoteles das allerdings nicht. – ***convicii loco:*** ‚als Beleidigung'. – ***Ecce agnus Dei:*** Ausruf von Johannes dem Täufer im *Johannesevangelium* 1,29 und 1,36. – ***cuius ... mentio:*** *Apokalypse* 5–7; 12–22.

65,5 ***Haec ... pios:*** ‚Was besagen diese deutlichen Stellen anderes, als dass die Menschen Toren sind, sogar die Frommen unter ihnen?' – ***cum ... Patris:*** *1. Korintherbrief* 1,24. – ***Ipsum ... factum:*** Der AcI hängt immer noch von *clamitant* ab. – ***hominis ... homo:*** nach *Philipperbrief* 2,7: *in similitudinem hominum factus et habitu inventus ut homo.* – ***peccatum factus***

tia Patris, tamen quodammodo stultum esse factum, cum hominis assumpta natura habitu inventus est ut homo? Quemadmodum et peccatum factus est, ut peccatis mederetur. Neque alia ratione mederi voluit quam per stultitiam crucis, per apostolos idiotas ac pingues*. Quibus sedulo stultitiam praecipit a sapientia deterrens, cum eos ad puerorum, liliorum, sinapis et passerculorum exemplum provocat, rerum stupidarum ac sensu carentium soloque naturae ductu, nulla arte, nulla sollicitudine, vitam agentium, praeterea cum vetat esse sollicitos, qua essent apud praesides oratione* usuri, cumque interdicit, ne scrutentur tempora vel momenta temporum, videlicet, ne quid fiderent suae prudentiae, sed totis animis ex ipso penderent.

6 Eodem pertinet, quod Deus ille orbis architectus interminatur, ne quid de arbore scientiae degustarent, perinde quasi scientia felicitatis sit venenum. Quamquam* Paulus aperte scientiam veluti inflantem et perniciosam improbat. Quem divus* Bernardus, opinor, secutus montem eum, in quo Lucifer sedem statuerat, scientiae montem interpretatur. Fortasse nec* illud omittendum videatur argumentum gratiosam esse apud superos stultitiam, quod huic soli datur erratorum venia, sapienti non ignoscitur. Unde, qui veniam orant, etiam si prudentes peccaverint, tamen stultitiae praetextu patrocinioque utuntur. Nam sic Aaron sororis poenam deprecatur in *Numerorum*, si satis commemini, *libris:*

---

est: vgl. *2. Korintherbrief* 5,21. – ***Neque … pingues:*** vgl. *1. Korintherbrief* 1,21 (zitiert zu 65,3). – ***puerorum:*** vgl. „*Wenn ihr nicht* umkehrt und *werdet wie die Kinder,* so werdet *ihr nicht* ins Himmelreich kommen" (*Matthäus* 18,3, vgl. *Lukas* 18,17; *Markus* 10,15). – ***sinapis:*** Jesus vergleicht das Himmelreich mit einem Senfkorn (*Matthäus* 13,31–32; *Lukas* 13,18–19; *Markus* 4,30–32) und fordert seine Jünger dazu auf, einen Glauben zu haben, der so groß sein solle wie ein Senfkorn (*Matthäus* 17,19; *Lukas* 17,6). Der Sinn dieser Gleichnisse ist, dass durch Gottvertrauen auch Kleines groß werden kann. – ***liliorum, passerculorum:*** Anspielung auf eine Stelle in der Bergpredigt: Jesus verweist darauf, dass sich die Lilien nicht um ihre Kleidung kümmern und nicht arbeiten und dass die „Vögel des Himmels" nicht säen und nicht ernten (*Matthäus* 6,28 und 6,26; *Lukas* 12,27). In der Bergpredigt ist allgemein von Vögeln die Rede; *Matthäus* 10,29 und *Lukas* 12,6 wird aber gesagt, dass bei Gott selbst ein Spatz nicht in Vergessenheit gerät. – ***vetat … usuri:*** vgl. *Lukas* 12,11–12; 21,14; *Matthäus* 10,18–20; *Markus* 13,11). – ***interdicit … temporum:*** Jesus antwortet auf die Frage der Apostel, ob er jetzt das Königreich Israels wiederherstellen werde: *Non est vestrum nosse tempora vel momenta, quae Pater posuit in sua potestate* (‚Es ist nicht an euch, die Zeit und den Augenblick zu wissen, den der Vater in seiner Macht festgesetzt hat', *Apostelgeschichte* 1,6–7). – **(erg. *ut*) *totis animis ex ipso pendērent:*** ‚damit sie mit ganzem Herzen von ihm abhängen/auf ihn bauen'.

65,6 ***orbis architectus:*** Apuleius nennt Gott *architectus huius divini orbis* (*De Platone et eius dogmate* 1,11). – ***interminari:*** ‚drohen' (eine Komödienvokabel). – ***interminatur … degustarent:*** *Genesis* 2,17. – ***felicitatis … venenum:*** *felicitatis* gehört zu *venenum.* – ***Paulus … improbat:*** *1. Korintherbrief* 8,1. – ***montem … statuerat:*** *Jesaja* 14,13 und *Ezechiel* 28,14–17 wurden in der christlichen Tradition auf Luzifer bezogen. – ***divus Bernardus … scientiae montem interpretatur:*** Bernhard von Clairvaux: *In ascensione Domini sermo 4,5 (mons scientiae).* – ***Unde*** **(relativer Satzanschluss):** ‚Daher'. – ***Obsecro … commisimus:*** *Numeri* 12,11. – ***Apparet … egerim:*** *1. Buch Samuel* 26,21. – ***iniquitatem transferre:*** ‚eine ungerechte Tat/Untat wegnehmen'. – ***Sed … egimus:*** *2. Buch Samuel* 24,10. – ***perinde quasi non impetraturus:*** PFA mit irrealem Sinn: ‚als ob er nicht erlangen würde'.

„Obsecro, domine mi, ne imponas nobis hoc peccatum, quod stulte commisimus." Sic et Saul apud David culpam deprecatur: „Apparet enim", inquiens, „quod stulte egerim." Rursum ipse David ita blanditur Domino: „Sed precor, Domine, ut transferas iniquitatem servi tui, quia stulte egimus" – perinde quasi non impetraturus veniam, nisi stultitiam et inscitiam obtenderet.

7 Sed illud acrius urget, quod Christus in cruce, cum oraret pro suis inimicis („Pater ignosce illis") non aliam praetexuit excusationem quam imprudentiae: „quia nesciunt", inquit, „quid faciunt." Ad eundem modum Paulus scribens ad Timotheum: „Sed ideo misericordiam Dei consecutus sum, quia ignorans feci in incredulitate." Quid est „ignorans feci" nisi 'per stultitiam feci, non malitiam'? Quid est „ideo misericordiam consecutus sum", nisi 'non consecuturus, ni stultitiae patrocinio commendatus*'? Pro nobis facit et mysticus* ille psalmographus, qui suo loco non veniebat in mentem: „Delicta iuventutis meae et ignorantias meas ne memineris!" Audistis, quae duo praetexat, nimirum aetatem, cui semper comes esse soleo, et ignorantias, idque numero multitudinis, ut ingentem Stultitiae vim intellegeremus.

66–67: Nähe von Christentum und *stultitia*, der heilige Narr in Christo

1 Ac ne, quae sunt infinita, persequar utque summatim dicam: videtur omnino Christiana religio quandam habere cum aliqua stultitia cognationem minimeque cum sapientia convenire. Cuius rei si desideratis argumenta primum illud animadvertite pueros, senes, mulieres ac fatuos sacris ac religiosis rebus praeter ceteros gaudere eoque semper altaribus esse proximos, solo nimirum naturae impulsu. Praeterea videtis primos illos religionis auctores mire simplicitatem amplexos acerrimos litterarum hostes fuisse. 66

65,7 ***acrius urgere:*** eigentlich ‚stärker/härter zusetzen', hier übertragen ‚stärker ins Gewicht fallen'. – ***Pater ignosce illis:*** Im *Lukasevangelium* 23,34 steht *dimitte: Pater, dimitte illis, non enim sciunt, quid faciunt* („Vater, vergib ihnen, denn sie wissen nicht, was sie tun"); Erasmus übersetzt in seiner Ausgabe von 1516 mit *remitte*. – ***Sed … incredulitate:*** *1. Timotheusbrief* 1,13 (dort ohne *ideo*). – ***pro aliquo facere:*** ‚auf jemandes Seite stehen, es mit jemandem/zu jemandem halten'. – ***mysticus ille psalmographus* (*psalmographus* seit Tertullian belegt):** ‚jener bekannte Verfasser von Psalmen mit tieferer Bedeutung'; der Psalm, aus dem Erasmus hier zitiert, soll von König David verfasst worden sein. – ***qui … mentem:*** Vielleicht meint Stultitia den Anfang von 65,3 (Miller). – ***Delicta … memineris:*** *Psalm* 25 (24),7. – ***numero multitudinis:*** ‚im Plural'.

66,1 ***aliquis:*** hier ‚manch einer'. – ***acerrimos litterarum hostes:*** Die frühchristlichen Autoren äußern sich an mehreren Stellen gegen die Lektüre paganer Literatur, der sie die Einfachheit der Heiligen Schrift entgegensetzen (z. B. Tertullian, *De praescriptione haereticorum* 7,9–11, p. 244,16–21 Schleyer; Hieronymus, *Epistel* 22,30); dazu z. B. Gemeinhardt 2007.

2 Postremo nulli moriones magis desipere videntur quam hi, quos Christianae pietatis ardor semel* totos arripuit: adeo sua profundunt, iniurias neglegunt, falli sese patiuntur, inter amicos et inimicos nullum discrimen, voluptatem horrent, inedia, vigilia, lacrimis, laboribus, contumeliis saginantur, vitam fastidiunt, mortem unice optant, breviter: ad omnem sensum communem prorsus obstupuisse videntur, perinde quasi alibi vivat animus, non in suo corpore. Quod quidem quid aliud est quam insanire? Quo minus mirum videri debet, si apostoli musto temulenti sunt visi, si Paulus iudici Festo visus est insanire.

3 Sed posteaquam semel* τὴν λεοντῆν induimus, age*, doceamus et illud: felicitatem Christianorum, quam tot laboribus expetunt, nihil aliud esse quam insaniae stultitiaeque genus quoddam. Absit invidia verbis, rem ipsam potius expendite! Iam primum illud propemodum Christianis convenit cum Platonicis animum immersum illigatumque esse corporeis vinculis huiusque crassitudine* praepediri, quominus ea, quae vere sunt, contemplari fruique possit. Proinde philosophiam definit esse mortis meditationem, quod ea mentem a rebus visibilibus ac corporeis abducat, quod idem utique mors facit.

4 Itaque quamdiu animus corporis organis probe utitur, tam diu sanus appellatur, verum ubi ruptis iam vinculis conatur in libertatem asserere sese quasique fugam ex eo carcere meditatur, tum insaniam vocant. Id si forte con-

---

66,2 ***apostoli … visi:*** Als die Apostel nach dem Pfingstwunder in mehreren Sprachen predigten, behaupteten einige Leute, sie seien betrunken *(musto pleni sunt isti) (Apostelgeschichte* 2,13). – ***Paulus … insanire:*** Als Paulus dem römischen Statthalter von seinem Damaskuserlebnis berichtet, bezeichnete ihn dieser als „verrückt“ (*Apostelgeschichte* 26,24).

66,3 ***semel … induimus:*** ‚jetzt, wo ich einmal das Löwenfell angezogen habe‘ (d. h. ‚als Theologin agiere‘), s. *Adag.* 266 und 5,2 sowie die Anm. zu *asinum illum Cumanum* in 49,2. – ***illud Christianis* (Dativ) *convenit cum Platonicis* mit AcI:** ‚darin treffen sich die Christen mit den Platonikern, dass‘. – ***crassitudo:*** Spiel mit den beiden Bedeutungen der Wortfamilie (‚schlicht‘ und ‚fett‘). – ***praepediri, quominus* mit Konj.:** *quominus* nach Verben des Verhinderns bedeutet ‚dass‘. – ***ea, quae vere sunt:*** Erasmus schrieb später, dass er mit diesem Ausdruck auf das platonische Höhlengleichnis und den *2. Korintherbrief* 4,18 verweisen wollte (*Epistel* 1115,2–23). – ***animum … possit:*** Platon, *Phaidon* 64a–68e; in 65a wird die Frage explizit aufgeworfen, ob der Körper ein Hindernis bei der Suche nach Weisheit ist. – ***philosophiam … meditationem:*** Platon, *Phaidon* 64a, 80e. Das Subjekt zu *definit* (Platon) muss aus *Platonicis* bzw. dem Kontext bezogen werden.

66,4 ***organum* (griech. Lehnwort):** nicht nur ‚Organ‘, sondern allgemein ‚Werkzeug, Instrument‘. – ***verum … meditatur:*** Zur Vorstellung, der Leib sei das Gefängnis der Seele, vgl. Platon, *Kratylos* 400d. – ***id inde accidere, quod:*** ‚dass das (dieser Zustand) daher kommt, dass‘. – ***aliquid in causa est, cur* mit Konj.:** ‚etwas ist der Grund dafür, dass‘. – ***vicina morte laborare:*** ‚am nahen Tode leiden‘, d. h. ‚mit dem Tod kämpfen, im Sterben liegen‘.

tingit morbo vitioque organorum prorsus omnium consensu insania est. Et tamen hoc quoque* genus hominum videmus futura praedicere, scire linguas ac litteras, quas antea numquam didicerant, et omnino divinum quiddam prae se ferre. Neque dubium est id inde accidere, quod mens a contagio corporis paulo liberior incipit nativam sui vim exserere. Idem arbitror esse in causa, cur laborantibus vicina morte simile quiddam soleat accidere, ut tamquam afflati prodigiosa quaedam loquantur. Rursum si id eveniat studio pietatis, fortasse non est idem insaniae genus, sed tamen adeo confine, ut magna pars hominum meram insaniam esse iudicet, praesertim cum pauculi homunciones ab universo mortalium coetu tota vita dissentiant.

5 Itaque solet iis usu venire*, quod iuxta* Platonicum figmentum opinor accidere iis, qui in specu vincti rerum umbras mirantur, et fugitivo illi, qui reversus in antrum veras res vidisse se praedicat, illos longe falli, qui praeter miseras umbras nihil aliud esse credant. Etenim sapiens hic commiseratur ac deplorat illorum insaniam, qui tanto errore teneantur. Illi vicissim illum veluti delirantem rident atque eiciunt. Itidem vulgus hominum ea, quae maxime corporea

---

66,5 *iis:* den wenigen aus den üblichen Bahnen ausscherenden ‚Menschlein' *und* der Gesamtheit der Menschen, letztere entsprechen im platonischen Höhlengleichnis, auf das gleich verwiesen wird, den dauerhaften Höhlenbewohnern (die nur die Schattenbilder der wahren Dinge sehen), die *pauculi homunciones* dagegen dem einen *fugitivus,* der die Höhle verlässt, die Wahrheit schaut und versucht, seinen Gefährten davon zu berichten. – ***Platonicum figmentum:*** das Höhlengleichnis, *Politeia* 7,514a–517a. – ***esse:*** hier als Vollverb ‚existieren'; *sola* ist Prädikativum zu *ea.* – ***ad invisibilium rerum contemplationem:*** vgl. *2. Korintherbrief* 4,18. – ***primas partes tribuere:*** ‚den ersten Platz einräumen'. – ***isti:*** nicht die *pii,* sondern die anderen Menschen, die den platonischen Höhlenbewohnern entsprechen. – ***isti ... relinquunt:*** Zur peripatetischen Dreigüterlehre, der Einteilung der Güter in *bona externa, bona corporis* und *bona animi,* vgl. Aristoteles, *Nikomachische Ethik* 1,8,2, 1098b12–16; *Politik* 7,1,2–4, 1323a23–b21; Cicero, *De finibus* 3,43. – ***E diverso:*** ‚umgekehrt', häufig bei Plinius maior und Augustinus, ein Lieblingsausdruck des Erasmus. – ***illi:*** jetzt sind die *pii* gemeint. – ***rerum omnium simplicissimum:*** Stultitia spielt hier mit dem Begriff *simplex,* der sowohl ‚einfach' i. S. v. ‚einfältig' als auch i. S. v. ‚ohne Falsch, redlich' bedeutet. – ***illi in Deum nituntur:*** ‚sie (die Frommen) streben zu/bemühen sich um Gott'. Die Verbindung von *niti in* mit einer Personenbezeichnung ist ungewöhnlich. – ***secundum ... animum:*** ‚nach diesem (und trotzdem in ihm) bemühen sie sich um das, was ihm am nächsten kommt, nämlich um die Seele'; aus dem vorhergehenden Satz ist *nituntur* zu ergänzen, zudem *in id* vor *quod* und *in* vor *animum.* Da der Seele etwas Göttliches innewohnt, liegt auch das zweite Ziel des Strebens ‚in Gott'. – ***putamen:*** ‚Schale, Hülse, Rinde'; Erasmus sagt *Adag.* 708 *(Vitiosa nuce non emam),* dass der Ausdruck *putamine nucis non emere* (‚nicht um eine Nussschale kaufen wollen') ganz geläufig sei, vgl. *aliquid nauci* (Gen pretii von *naucum* ‚Nussschale') *non facere* ‚etwas für wertlos halten' (s. 54,3). – ***fastidienter:*** ‚widerwillig'. – ***habent ... possidentes:*** vgl. *1. Korintherbrief* 7,29–30.

sunt, maxime miratur eaque prope sola putat esse. Contra* pii, quo quidquam propius accedit ad corpus, hoc magis neglegunt totique ad invisibilium rerum contemplationem rapiuntur. Nam isti primas partes tribuunt divitiis, proximas corporis commodis, postremas animo relinquunt, quem tamen plerique nec* esse credunt, quia non cernatur oculis. E diverso illi primum in ipsum Deum rerum omnium simplicissimum toti nituntur, secundum hunc et tamen in hoc, quod ad illum quam proxime* accedit, nempe animum; corporis curam neglegunt, pecunias ceu putamina prorsus aspernantur ac fugitant aut, si quid huiusmodi rerum tractare coguntur, gravatim ac fastidienter id faciunt, habent tamquam non habentes, possident tamquam non possidentes.

6 Sunt et in singulis sensibus gradus multum inter istos diversi. Principio sensus tametsi omnes cum corpore cognationem habeant, tamen quidam sunt ex his crassiores* ut tactus, auditus, visus, olfactus, gustus, quidam magis a corpore semoti veluti memoria, intellectus, voluntas. Igitur ubi se intenderit animus, ibi valet. Pii quoniam omnis animi vis ad ea contendit, quae sunt a crassioribus* sensibus alienissima, in his velut obbrutescunt atque obstupescunt. Contra* vulgus in his plurimum valet, in illis quam minimum*. Inde est, quod audimus nonnullis divinis viris accidisse, ut oleum vini loco biberint.

7 Rursum in affectibus animi quidam plus habent cum pingui corpore commercii veluti libido, cibi somnique appetentia, iracundia, superbia, invidia. Cum his irreconciliabile bellum piis, contra* vulgus sine his vitam esse non putat. Deinde sunt quidam affectus medii quasique naturales ut amor patris, caritas in

---

66,6 ***sensibus:*** s. dazu die Liste der textkritischen Abweichungen. – ***cognatio:*** hier ‚Verbindung'. – ***quidam sunt ... voluntas:*** zur Unterscheidung zwischen höheren und niedrigeren Seelenfunktionen vgl. Aristoteles, *De anima* 3,4, 429a10–429b2. – ***memoria, intellectus, voluntas:*** vgl. zu dieser auf Augustinus zurückgehenden Dreiteilung Thomas von Aquin, *Summa theologiae* I, quaest. 79, art. 6,3, art. 7. – ***contendere, contendo:*** hier ‚eilen, streben'. – ***in his ... obstupescunt:*** ‚werden sie in diesen (den gewöhnlichen Sinnen) stumpf und gefühllos'. – ***Inde est, quod:*** ‚Daher kommt es, dass'. – ***vini loco:*** ‚anstelle von Wein'. – ***ut ... biberint:*** Dieses Versehen ist der von Jacobus de Voragine verfassten *Legenda aurea* zufolge Bernhard von Clairvaux (s. Register) unterlaufen (Kap. 120, S. 1578 Häuptli).

66,7 ***libido ... invidia:*** sechs der sieben kanonischen Todsünden: Wollust *(luxuria)*, Völlerei *(gula)*, Trägheit *(acedia)*, Zorn, Hochmut und Neid; es fehlt die *avaritia*. – ***irreconciliabilis:*** ‚unversöhnlich', laut ThLL einmal in der Antike belegt, das Wort findet sich aber häufig nachantik, auch oft bei Erasmus. – ***At illi ... revellere:*** Anspielung auf das Jesuswort, man solle Vater, Mutter, Geschwister, Ehefrau und Kinder hassen (*Si quis venit ad me et non odit patrem suum et matrem et uxorem et filios et fratres et sorores, adhuc autem et animam suam, non potest esse meus discipulus, Lukas* 14,26; vgl. ebd. 8,19–21; *Matthäus* 12,46–50). – ***nisi quatenus:*** ‚außer sofern'. – ***summam ... partem:*** Anspielung auf die Dreiteilung *caro – anima – spiritus* im Paulus-Kommentar des Origines (zu *Römerbrief* 1,9 und 13,1). Der *spiritus*, der höchste Teil der Seele, ist demnach jener Teil, der den Menschen mit Gott verbindet; auf die *anima*, den Mittelteil, spielt oben der Ausdruck *affectus medii* an. – ***imago summae illius mentis:*** Mit *summa illa mens* ist Gott gemeint. Nach der *Genesis* ist der Mensch das Ebenbild Gottes (*Genesis* 1,27; 9,6); im Neuen Testament wird (wie hier) die Ebenbildlichkeit der guten Menschen hervorgehoben (*Kolosserbrief* 3,10). – ***quam unam summum bonum vocant:*** vgl. etwa Augustinus, *Confesssiones* 2,6 *(deus bone, deus*

liberos, in parentes, in amicos. His vulgus nonnihil tribuit. At illi hos quoque student ex animo revellere, nisi quatenus ad summam illam animi partem assurgant, ut iam parentem ament, non tamquam parentem (quid enim ille genuit nisi corpus, quamquam hoc ipsum Deo parenti debetur), sed tamquam virum bonum et in quo luceat imago summae illius mentis, quam unam summum bonum vocant et extra quam nihil nec amandum nec expetendum esse praedicant.

8 Hac eadem regula reliqua item omnia vitae officia metiuntur, ut ubique id, quod visibile est, si non est omnino contemnendum, tamen longe minoris faciant quam ea, quae videri nequeunt. Aiunt autem et in sacramentis* atque ipsis pietatis officiis corpus et spiritum inveniri, velut in ieiunio non magni ducunt, si quis tantum a carnibus cenaque abstineat, id quod vulgus absolutum esse ieiunium existimat, nisi simul et affectibus aliquid adimat, ut minus permittat irae, quam soleat, minus superbiae utque ceu minus iam onustus mole corporea spiritus ad caelestium bonorum gustum fruitionemque enitatur.

9 Similiter et in synaxi*, tametsi non est aspernandum, inquiunt, quod caerimoniis geritur, tamen id per se aut parum est conducibile aut etiam perniciosum, nisi id, quod est spiritale, accesserit, nempe hoc, quod signis illis visibilibus repraesentatur. Repraesentatur autem mors Christi, quam domitis, exstinctis quasique sepultis corporis affectibus exprimere* mortales oportet, ut in novitatem vitae resurgant utque unum cum illo unum item inter sese fieri queant. Haec igitur agit, haec meditatur ille pius. Contra* vulgus sacrificium nihil aliud esse credit quam adesse altaribus idque proxime, audire vocum strepitum aliasque id genus* caerimoniolas spectare. Nec in his tantum, quae dumtaxat exempli gratia proposuimus, sed simpliciter in omni vita refugit pius ab his, quae corpori cognata sunt, ad aeterna, ad invisibilia, ad spiritalia rapitur. Proinde, cum summa sit inter hos et illos omnibus de rebus dissensio, fit, ut utrique alteris insanire videantur. Quamquam* id vocabuli rectius in pios competit* quam in vulgus, mea quidem sententia.

1 Quod quidem magis perspicuum fiet, si, quemadmodum pollicita sum, 67
paucis* demonstraro summum illud praemium nihil aliud esse quam insaniam

---

summum bonum et bonum verum meum); Ambrosius, *Epistel* 4,11,8 *(Ipse est ergo dominus Iesus bonum summum); De Isaac et anima* 8,78; Basilius in der lat. Übers. von Rufin, *Regula* 2 resp. 25 *(Nihil autem … tam summum bonum est quam deus).*

66,8 ***aliqua re*** **(Abl. der Beurteilungsgrundlage, BS § 383,1)** ***metiri:*** ‚nach etwas bemessen'. – ***longe minoris*** **(Gen. pretii)** ***facere:*** ‚weit geringer schätzen'. – ***magni*** **(Gen. pretii)** ***ducere:*** ‚für etwas Großes halten'.

66,9 ***mors … oportet:*** ‚der Tod Christi, den (bezogen auf den Tod) die Menschen nachahmen müssen, indem sie die Affekte des Körpers zähmen, auslöschen und gleichsam begraben haben'. – ***in novitatem vitae resurgent:*** vgl. den lexikalischen Anklang an *Römerbrief* 6,4: *ut … nos in novitate vitae ambulemus.* – ***unum … queant:*** vgl. *Galaterbrief* 3,28: *omnes enim vos unum estis in Christo Iesu* (‚ihr seid alle eins in Jesus Christus'). – ***sacrificium:*** hier ‚Abendmahl'. – ***caerimoniola:*** antik nicht belegtes Deminutiv von *caerimonia.* – ***id vocabuli*** **(Gen. partitivus):** = *id vocabulum.*

quandam. Primum igitur existimate Platonem tale quiddam iam tum somniasse, cum amantium furorem omnium felicissimum esse scriberet. Etenim, qui vehementer amat, iam non in se vivit, sed in eo, quod amat, quoque longius a se ipso digreditur et in illud demigrat, hoc magis ac magis gaudet.

2 Atque cum animus a corpore peregrinari meditatur neque probe suis utitur organis, istud haud dubie furorem recte dixeris. Alioqui quid sibi vult, quod vulgo etiam dicunt: „Non est apud se", et, „ad te redi!", et, „sibi redditus est?" Porro quo amor est absolutior, hoc furor est maior ac felicior. Ergo quaenam futura est illa caelitum vita, ad quam piae mentes tanto studio suspirant? Nempe spiritus absorbebit corpus utpote victor ac fortior. Idque hoc faciet facilius, partim quod iam velut in suo regno est, partim quod iam olim in vita corpus ad huiusmodi transformationem repurgarit atque extenuarit. Deinde spiritus a mente illa summa mire absorbebitur, quippe infinitis partibus potentiore, ita, ut iam totus homo extra se futurus sit nec alia ratione felix futurus, nisi quod extra sese positus patietur quiddam ineffabile a summo illo bono omnia in se rapiente.

3 Iam haec felicitas quamquam tum demum perfecta contingit, cum animi receptis pristinis corporibus immortalitate donabuntur, tamen, quoniam piorum vita nihil aliud est quam illius vitae meditatio ac velut umbra quaedam, fit, ut praemii quoque illius aliquando gustum aut ardorem aliquem sentiant. Id tametsi minutissima quaedam stillula est ad fontem illum aeternae felicitatis, tamen longe superat universas corporis voluptates, etiam si omnes omnium mortalium deliciae in unum conferantur. Usque adeo praestant spiritualia corporalibus, invisibilia visibilibus. Hoc nimirum est, quod pollicetur propheta: „Oculus non vidit nec auris audivit nec in cor hominis ascenderunt, quae praeparavit Deus diligentibus se." Atque haec est moriae pars, quae non aufertur commutatione vitae, sed perficitur.

67,1 ***Platonem … scriberet:*** Platon, *Phaidros* 244a–245b.

67,2 ***Alioqui … dicunt:*** ‚Was sollte sonst das bedeuten, was man auch allgemein so sagt'. – ***quod vulgo … redditus est:*** Erasmus scheint hier volkssprachliche Wendungen zu meinen, vgl. etwa dt. ‚er ist nicht (ganz) bei sich'. – ***suspirare:*** ‚sich sehnen'; Erasmus verbindet das Verb hier in Analogie zu *aspirare* mit *ad aliquid*. – ***utpote … fortior:*** ‚da er ja Sieger und stärker ist' (*victor* und *fortior* sind Prädikativa zu *spiritus*); dieser Satz und die folgenden Gedanken sind vielleicht inspiriert von *1. Korintherbrief* 15,54: *Absorpta est mors in victoria*. – ***in vita … extenuarit:*** Damit ist Askese und Fasten gemeint. – ***summum illud bonum … rapiente:*** Gott, der alles zu sich zieht – wie der unbewegte Beweger des Aristoteles (*Metaphysik* 12,6–10, 1072a– 1076a).

67,3 ***Iam … donabuntur:*** eine Beschreibung des Jüngsten Tages mit der Auferstehung der Toten: Die Seelen erhalten ihre alten Leiber zurück und mit ihnen die Unsterblichkeit. – ***stillula* (erst mlat.):** Deminutiv von *stilla* ‚Tröpfchen'. – ***ad* mit Akkusativ:** hier ‚verglichen mit'. – ***aliquis/aliquid praestat alicui (rei):*** ‚jemand/etwas übertrifft/ist besser als etwas/jemand(en)'. – ***Oculus … diligentibus se:*** *1. Korintherbrief* 2,9 mit deutlichen Abweichungen, aber identisch mit dem Text von Erasmus' Ausgabe von 1516) nach *Jesaja* 64,4.

4 Hoc igitur quibus sentire licuit (contingit autem perpaucis), ii patiuntur quoddam dementiae simillimum, loquuntur quaedam non satis cohaerentia nec humano more, sed dant sine mente sonum, deinde subinde totam oris speciem vertunt. Nunc alacres, nunc deiecti, nunc lacrimant, nunc rident, nunc suspirant; in summa: vere toti extra se sunt. Mox ubi ad sese redierint, negant se scire, ubi fuerint, utrum in corpore an extra corpus, vigilantes an dormientes, quid audierint, quid viderint, quid dixerint, quid fecerint, non meminerunt, nisi tamquam per nebulam ac somnium, tantum hoc sciunt se felicissimos fuisse, dum ita desiperent. Itaque plorant sese resipuisse, nihilque omnium malint quam hoc insaniae genus perpetuo insanire. Atque haec est futurae felicitatis tenuis quaedam degustatiuncula.

68: Stultitia bricht ab und verzichtet auf ein Schlusswort

Verum ego iam dudum oblita mei ὑπὲρ τὰ ἐσκαμμένα πηδῶ. Quamquam*, si quid petulantius aut loquacius a me dictum videbitur, cogitate et Stultitiam et mulierem dixisse. Sed interim* tamen memineritis illius Graecanici proverbii πολλάκι τοι καὶ μωρὸς ἀνὴρ κατακαίριον εἶπεν, nisi forte putatis hoc ad mulieres nihil attinere. Video vos epilogum exspectare, sed nimium desipitis, siquidem arbitramini me, quid dixerim, etiamnum meminisse, cum tantam verborum farraginem effuderim. Vetus illud: μισῶ μνάμονα συμπόταν, novum hoc: μισῶ μνάμονα ἀκροατήν. Quare valete, plaudite, vivite, bibite, Moriae celeberrimi Mystae*. 68

τέλος

67,4 *Nunc ... nunc:* ‚bald sind sie ... bald ... bald ... bald ... bald'. – ***dum ita desiperent:*** ‚während sie verrückt/entrückt gewesen seien' (obliquer Konjunktiv). – ***hoc insaniae genus insanire:*** Figura etymologica, bei *insanire* antik belegt: ‚diese Art von Wahnsinn wahnsinnig sein', d. h. ‚auf diese Art wahnsinnig sein.' – ***degustatiuncula*** **(nlat.)**: ‚Kostprobe' (Ramminger).

68 ***oblita mei:*** ‚selbstvergessen'. – **ὑπὲρ τὰ ἐσκαμμένα πηδῶ:** ‚ich überspringe den Graben' i. S. v. ‚meine Grenzen'. – ***Graecanicus:*** = *Graecus.* – **πολλάκι τοι καὶ μωρὸς ἀνὴρ κατακαίριον εἶπεν:** ‚Oftmals hat auch schon ein Tor etwas Passendes gesagt', s. *Adag.* 501 *(Saepe etiam est olitor valde opportuna locutus).* – ***Video ... effuderim:*** Es war üblich, am Ende einer Rede *(peroratio, epilogus)* das zuvor Gesagte zusammenzufassen – da sich Stultitia aber angeblich nicht mehr an ihre Rede erinnern kann, kann sie kein Schlusswort sprechen. – **μισῶ ... ἀκροατήν (dorische Formen):** ‚ich hasse einen Trinkgenossen mit einem guten Gedächtnis' (*Adag.* 601) sowie ‚ich hasse einen Zuhörer mit einem guten Gedächtnis'. – ***Vetus illud ... novum hoc:*** erg. jeweils *est.* – **τέλος:** ‚Ende'; diese griechische Schlussformel findet sich häufig in Werken um 1500.

Verzeichnis der textkritischen Abweichungen

Stelle	Diese Ausgabe	Miller	Kan	Bemerkungen
Vorrede (am Ende)	Quinto Idus Iunias, AN. M.D.X (?)	quinto Idus Iunias, AN. M. D. VIII.	quinto Idus Iunias, An. M.D.VIII.	s. Einleitung, S. 17 f.
19,2	conivere labi	conniuere, labi	connivere, labi	Der Infinitiv *labi* ist sinnlos.
22/23	dos sit vel maxima. (23) 1 Ut ne dicam interim eqs.	dos sit vel maxima. Ut ne dicam interim ... repertas. An non eqs.	dos sit vel maxima. Ut ne dicam interim ... repertas. CAPUT XXIII. An non eqs.	andere Absatz- bzw. Kapiteleinteilung
24,3	Antoninus	Antonius	Antoninus	Die in den Drucken stehende Namensform *Antonius* ist wohl ein Druckfehler.
31,3	aliquando ⟨per⟩ spem bonorum	aliquando spem bonorum	aliquando spem bonorum	
34	Anfang von cap. 34 früher als bei Kan			andere Absatz- bzw. Kapiteleinteilung
35	Anfang von cap. 35 später als bei Kan			andere Absatz- bzw. Kapiteleinteilung
46,2	ut ⟨ne⟩	ut	ut	
50,5	Sthenelum	Stelenum	Stelenum	Dass Erasmus diesen bekannten Namen falsch geschrieben haben soll, ist unwahrscheinlich (s. auch die Fußnote bei Kan), zumal er in *De copia* die korrekte Namensform verwendet.
51,1	cumulant[es]	cumulantes	cumulantes	ungrammatisch (s. Anm. z. St.)

Stelle	Diese Ausgabe	Miller	Kan	Bemerkungen
54,3	lingula	singula	cingula	*cingula* (zwei Drucke) ist in der Antike kaum belegt, v. a. von Tieren; *singula* ist deutlich besser überliefert, passt aber schlecht (*variegare* passt zum ganzen Habit, aber nicht zu einzelnen Kleidungsstücken), daher der Vorschlag, *lingula* (Schuhriemen) zu konjizieren
54,13	nihil opus, ⟨perinde quasi nihil referat, ubi clames⟩. Iures elleboro homini opus esse [perinde quasi nihil referat, ubi clames]. Praeterea	nihil opus. Iures elleboro homini opus esse, perinde quasi nihil referat, ubi clames. Praeterea	nihil opus. Jures elleboro homini opus esse, perinde quasi nihil referat, ut clames. Praeterea	inhaltlich nötig, s. Anm. z. St. (*ut clames* bei Kan scheint ein Versehen zu sein, s. den App. bei Miller)
56,2	latrunculi	laterunculi	laterunculi	Form *lateruncul-* nicht belegt, in Vorrede ebenfalls *latruncul-* mit derselben Bedeutung
62,1	Sed cum laudum mearum … οὐδὲν πρὸς ἔπος.		bei Kan Ende von 61	andere Absatz- bzw. Kapiteleinteilung
66,6	sensibus	rebus	rebus	Der Satz hängt in der Luft, *istos* hat keinen Bezug.

Abbildungsverzeichnis

Hans Holbein d. J. (1515) in: Kunstmuseum Basel, Kupferstichkabinett, Amerbach-Kabinett, Zugriff vom 24.10.2023. S. zu den einzelnen Zeichnungen Michael 1986.

Glossar

Das Glossar gibt ausgewählte häufiger vorkommende Ausdrucksweisen an. Die entsprechenden Wörter und Ausdrücke werden im Text mit einem Asterisk (*) gekennzeichnet. In einigen Fällen werden nur die ungewöhnlichen Bedeutungen angegeben und das Wort nur dann mit einem Asterisk versehen, wenn es diese Bedeutung hat (bspw. *nec, vel*). Bei den christlichen Begriffen geben die Zahlen in Klammern die Kapitel- und Paragraphenzahlen dieser Ausgabe an.

Verben

age (vero), agedum	nun denn, auf denn, los geht's (interjektionaler Imperativ)
ambire aliquid	nach etwas streben
attinet	s. unter quid und quorsum
commendare	angenehm, liebenswürdig machen PPP commendatus: sympathisch
competere in aliquem/in aliquid	auf jemanden/etwas zutreffen, zu jemandem/etwas passen
con(n)ivere, con(n)iveo	ein Auge zudrücken, die Augen verschließen, großzügig über etwas hinwegsehen (können)
delinire	mittelalterliche und frühneuzeitliche Schreibweise für delenire: lindern, besänftigen, beschwichtigen, günstig stimmen
excutere, excutio, excussi, excussum	untersuchen, prüfen
exprimere	(1) darstellen, nachahmen (2) (einen Gedanken, eine Vorstellung) ausdrücken
infitias ire = infitiari	leugnen, bestreiten
meminisse (alicuius rei)	(etwas) erwähnen
paenitet aliquem alicuius (rei)	jemand ist unzufrieden mit, stört sich an
pudescere (alicuius rei)	sich (einer Sache) schämen
puta	eig. Imperativ zu *puto*: (1) nämlich, (2) zum Beispiel
quaeso	fragendes ‚bitte', ich frage (= *quaero*)
quid (enim) attinet mit Infinitiv	wozu muss man denn, wozu soll ich (denn)
quorsum tandem attinet mit Infinitiv	wozu ist es überhaupt gut
succedit	es glückt
alicui/in aliquo usu venire	(jemandem, im Falle von jemandem) zustoßen, vorkommen, geschehen

Substantive

corollarium	wörtlich Kränzchen, dann Zugabe; hier: notwendige Schlussfolgerung aus vorhergehenden Schlüssen, bereits spätantik, Terminus technicus der mittelalterlichen und neuzeitlichen Logik
κολακία	Schmeichelei
latrunculi	(eigtl. Söldner, Steine in einem Brettspiel) Schachspiel latrunculis ludere – Schach spielen
morio (griech. LW)	(Hof)Narr
mystae (Plural)	Anhänger eines Kultes, einer Gottheit
oratio	jede sprachliche Äußerung: Ausdruck, Satz, Text, Redeweise (s. auch unter *Christliche Begriffe*)
philautia, φιλαυτία	Selbstliebe
rhetor	(1) Redner (2) Redelehrer, Rhetoriker
sophista	Schimpfwort bzw. abwertende Bezeichnung der Humanisten für Logiker und überhaupt für spitzfindige Wissenschaftler
verbulum	Deminutiv von verbum, in der Antike nicht belegt

Adjektive und Zahlwörter

cordatus	verständig, klug (cor als Sitz des Verstands)
crassus Subst.: crassitudo	dem einfachen Hausverstand entsprechend, schlicht, nach Art der einfachen Leute, dumm
frigidus (metaph.)	sinnlos, schlecht gemacht, geschmacklos, lächerlich, läppisch, unbedeutend, ärmlich
magistralis	schulmeisterlich, schulmäßig
paucis (erg. verbis)	mit wenigen Worten, kurz
pinguis	dem einfachen Hausverstand entsprechend, schlicht, nach Art der einfachen Leute, einfältig, dumm
pingui/pinguiore Minerva	mit schlichtem Hausverstand
scholasticus, -a, -um	schulmeisterlich, schulmäßig; (subst. m.) Schulmeister
sescenti	600 i. S. v. unzählige, zahllose (vgl. im Deutschen ‚tausend‘)

Präpositionen

absque mit Ablativ	ohne
citra mit Akkusativ	ohne
iuxta mit Akkusativ	entsprechend, zufolge
prae mit Ablativ	im Vergleich zu

Adverbien und Sub/Konjunktionen

alioqui(n)	(1) sonst, ansonsten; (2) im Übrigen, außerdem
atque adeo	und sogar, ja sogar
contra	(1) im Gegensatz dazu, andererseits (2) wiederum
interim	(1) aber (2) zuweilen
mirum quam	ziemlich, sehr
modo (ne) mit Konj.	= dummodo (ne) mit Konj.: wenn doch nur nicht
nec, neque, nec saltem	nicht einmal
nonnihil	ein wenig (innerer Akkusativ)
quam mit Superlativ	reine Steigerung: sehr (im Humanismus üblich)
quam maxime	= maxime, ganz besonders, in höchstem Maße
quam minime, quam minimum	= minime, minimum, sehr wenig, am allerwenigsten
quam plurimum	= plurimum, sehr viel, am meisten
quam plurimi	= plurimi, sehr viele, die meisten
quam proxime accedere	= proxime accedere, sehr/ganz nahe kommen
quamquam, tametsi	als einen Hauptsatz einleitende Konjunktion: indessen, aber
quandoquidem	als einen Hauptsatz einleitende Konjunktion: nämlich, ja
quoque	sogar
saltem	s. nec
sane quam	ziemlich, überaus, sehr
semel	(1) mit einem Schlag, ein für allemal (2) unbetontes ‚einmal' bei Subjunktionen
siquidem	als einen Hauptsatz einleitende Konjunktion: denn
vel	auch (nur), sogar

Ausdrücke

acceptum (re)ferre alicui aliquid	jemandem etwas aufs Konto setzen i. S. v. jemandem Dank schulden für etwas
agere aliquem	die Rolle spielen von, den x geben
frontem exporrigere, frontem explicare	die Stirn glätten (als Zeichen der Fröhlichkeit und Freundlichkeit) (vgl. *Adag.* 748)
id genus, hoc genus, quod genus bei Substantiven	= eius/huius, cuius generis, dieser Art, derartig (erstarrter Akkusativ)
alicui laqueum mandare/remittere	jemandem eine Schlinge zusenden (*scil.* damit er sich aufhängt), zum Teufel schicken (vgl. *Adag.* 1367)
Ausdrücke mit dem Abl./Gen. pretii magno/tanti emere magno vendere magno constare parvo emere minoris constare minimo constare	 (so) teuer kaufen teuer verkaufen viel kosten, teuer sein billig/für einen geringen Preis kaufen weniger kosten, billiger sein billig zu stehen kommen, kaum etwas kosten
primas (partes) tenere	die erste Stelle einnehmen, an erster Stelle stehen
Quid, quod	Was ist damit, dass (als Überleitung zu einem weiteren Aspekt)
supercilium ponere	seinen Hochmut ablegen (s. *Adag.* 749)

Christliche Begriffe

contio	Predigt (45,1; 54,7.8.9; 59,1)
contionari	Predigten halten (53,2)
contionator	Prediger (2; 40,1; 63,4)
(per) Deum immortalem	Christianisierung des in der Antike nur im Plural belegten Ausrufs (per) deos immortales (20,1; 48,1; 50,5; 54,8)
divinae litterae, divina scriptura, sacrae litterae, arcanae litterae	die Bibel (53^2, 59, 63^2, 64^3, 65)
divus	christlicher Heiliger (passim)
ecclesia	die Kirche als Gesamtheit der Gläubigen (s. auch templum) (53,12.13; 59,2.4^2.5; 60,3)
ecclesiasticus	kirchlich, geistlich (61,3; 63,4)
ecclesiastici	Kirchenleute (60,3)
Ecclesiastes	Prediger Salomo, Kohelet (Buch des Alten Testaments) (63,2^2.4.6)

Ecclesiasticus	Jesus Sirach (apokryphes Buch des Alten Testaments) (63,3.5)
ethnicus	Heide, heidnisch (53,9^{2}; 53,11; 64,4)
frater	Ordensbruder (60,4)
fraterculus	abfällige Bezeichnung für einen Ordensbruder (48,4; 54,8^{2})
haereticus, haeretica	Häretiker(in), Ketzer(in), Verbreiter(in) von Irrlehren (53,1.9; 64,5^{4})
indulgentia	Ablass(handel) (59,1) vgl. auch scelerum condonatio (40,3)
Magister Noster	Doktor der Theologie (s. Anm. zu 53,15) (53,8.15^{2}, 63,1.5)
mysticus	eine tiefere, symbolische Bedeutung habend (59,3; 65,3.7)
oratio	Gebet (53,5; 59,1) (s. auch unter Substantiven)
papa	Papst (59,1)
pontifex	Priester, Papst (Vorrede 5; 59,4; 60,4^{2}; 61,3) ter sanctissimus/summus pontifex – Papst (11,4; 57, 59,1)
preculae (nlat.)	Diminutiv von preces: Gebete (40,2.3; 54,6; 60,2)
religiosus	Mönch in einem Kloster (54,1)
sacramentum	christliches Sakrament (insges. sieben: Taufe, Eucharistie, Firmung, Ehe, Buße, Priesterweihe, Krankensalbung) (53,5; 57; 66,8)
sacrificus	Priester (40, 41)
sacrificulus	abwertend für ‚Priester', etwa ‚Pfäfflein' (56)
sacrum	Gottesdienst (56,2)
synaxis	Abendmahl (53,2.5^{2}; 66,9), von griech. σύναξις (Versammlung), üblicher ist eucharistia
synaxim consecrare	das Abendmahl feiern (53,5)
templum	Kirche als Gotteshaus (s. auch ecclesia) (41,1; 45,1; 54,2)
transsubstantiatio	Änderung der Substanz, ein theologischer Terminus, der die Wandlung von Brot und Wein in Blut und Leib Christi beim Abendmahl bezeichnet (53,4^{2})

Literaturverzeichnis

Im Folgenden werden vor allem diejenigen Werke genannt, die in dieser Ausgabe zitiert werden. Zu einer umfangreichen Bibliographie zu Erasmus' *Lob der Torheit* s. https://www.klassalt.uni-kiel.de/de/Lehre/allgemeine-materialien. Eine für die Beschäftigung mit Erasmus nützliche Seite ist www.lexilogos.com/erasme.htm.

I. Ausgaben

A = Anmerkungen; K = Kommentar; Ü = Übersetzung; T = Text

A. *Moriae encomium:* Moderne Ausgaben, Übersetzungen und Kommentare

Blank-Sangmeister, Ursula, Göttingen 2005 (für die Schule erstellte knappe Auswahlausgabe mit Lernwortschatz).

Descœudres, Claude-Eric: Narrenworte spricht der Narr. Sprichwörter in Erasmus' *Lob der Torheit,* Basel 2022 (die in der *Moria* verwendeten Sprichwörter und Redewendungen aus den *Adagia* in deutscher Übersetzung mit Quellennachweisen).

Kan, Johannes Benedictus, s'Gravenhage 1898 (TA).

Miller, Clarence H. (Hg.): Opera omnia Desiderii Erasmi Roterodami 4.3, Amsterdam/Oxford 1979 (Amsterdamer Ausgabe = ASD).

Schmid, Heinrich Alfred: Erasmi Roterodami Encomium Moriae i. e. Stultitiae Laus. Lob der Torheit. Basler Ausgabe von 1515 mit den Randzeichnungen von Hans Holbein d. J., 2 Bde., Basel 1931 (1: Faksimile, 2: Einführung).

Welzig, Werner: Erasmus von Rotterdam. Ausgewählte Schriften. Band 2, 1–211 (TÜA) (Übersetzung von Alfred Hartmann).

B. Andere Werke des Erasmus

Textkritische Ausgaben finden sich inzwischen zu fast allen Werken in der Amsterdamer Ausgabe (ASD). Für zweisprachige Ausgaben sei v. a. auf Welzig verwiesen; die *Adagia* liegen jetzt vollständig in deutscher Übersetzung in der Ausgabe von Descœudres vor.

Allen, Percy S. u. a. (Hgg.): Opus epistolarum Des. Erasmi Roterodami, 12 Bde., Oxford 1906–1958.

Brodersen, Kai (Hg., Übers.): Erasmus von Rotterdam. Die Klage des Friedens. *Querela Pacis,* Wiesbaden 2018.

Descœudres, Claude-Eric (Übers.): Erasmus von Rotterdam. *Adagia. Sprichwörter.* 6 Bände, Basel 2021.

Domański, Juliusz/Raymond Marcel (Hgg.): *Enchiridion militis Christiani,* in: ASD V.8, 2016, 94–303.
Herding, Otto (Hg.): *Institutio principis Christiani,* in: ASD IV.1, 1974, 133–219.
Knott, Betty (Hg.): *De duplici copia,* in: ASD I.6, 1988, 21–281.
Novum Instrumentum omne, Basel 1516.
Novum Testamentum omne, Basel 1520.
Novum Testamentum omne, Basel 1522.
Novum Testamentum, Basel 1527.
In Novum Testamentum adnotationes, Basel 1522.
Seidel Menchi, Silvana (Hg.): Iulius exclusus, in: ASD I.8, 2013, 1–297.
Stammler, Wolfgang u. a. (Übers.): Über Krieg und Frieden. Die Friedensschriften des Erasmus von Rotterdam, Essen 2018 (ÜA).
Weiler, Anton G. (Hg.): *Apologia pro declamatione de laude matrimonii,* in: ASD IX.10, 2021, 15–23.
Welzig, Werner: Erasmus von Rotterdam. Ausgewählte Schriften, 8 Bde. (verschiedene Herausgeber/Übersetzer), Darmstadt 1967–1980 (mehrfach nachgedruckt).

C. Ausgaben anderer frühneuzeitlicher Autoren

Epistolae obscurorum virorum, hrsg., ins Englische übersetzt und annotiert von Francis Griffin Stokes, London 1909.
Listrius, Gerardus, hrsg., übers. und komm. von Joseph Austin: The commentary of G. L. on Erasmus' *Praise of folly,* Dissertation (masch.) St. Louis University, 1974.
Morus, Thomas: *Utopia,* hrsg. und übers. von Gerhard Ritter mit einem Nachwort von Eberhard Jäckel, Stuttgart 2012 (zuerst 1964).

D. Ausgaben antiker und mittelalterlicher Autoren

Disticha Catonis, hrsg. von Marcus Boas, Amsterdam 1952.
Wilhelm Durandus (Guillelmus Durantus): *Rationale divinorum officiorum,* 3 Bde., hg. von Anselme Davril u. a., Turnhout 1995–2000 (Corpus Christianorum. Continuatio Mediaevalis 140).
Wilhelm Durandus: *Rationale divinorum officiorum,* übersetzt von Herbert Douteil, 2 Bde., Münster 2016.
Grammatici Latini: hrsg. von Heinrich Keil. 8 Bände, Leipzig 1855–1880.
Jacobus de Voragine: *Legenda aurea.* Einleitung, Edition, Übersetzung und Kommentar von Bruno W. Häuptli. 2 Bde., Freiburg i. Br. 2014.

II. Nachschlagewerke

BS = Thorsten Burkard/Markus Schauer: Lehrbuch der Syntax und Semantik, Darmstadt [6]2020.

CE = Contemporaries of Erasmus, 3 Bde., hg. Von Peter G. Bietenholz/Thomas B. Deutscher, Toronto u. a. 1985/1986/1987.

Du Cange, Charles du Fresne: Glossarium ad scriptores mediae et infimae Latinitatis. 10 Bde., Niort 1883–1887.
HSZ = Johann Baptist Hofmann/Anton Szantyr: Lateinische Syntax und Stilistik, München 1965.
Kirsch, Adam Friedrich: Abundantissimum Cornu Copiae linguae Latinae et Germanicae selectum, Leipzig 1774.
Ramminger, Johann: Neulateinische Wortliste. Ein Wörterbuch des Lateinischen von Petrarca bis 1700 (http://nlw.renaessancestudier.org/) (letzter Zugriff am 16.9.2023).
Thesaurus linguae Latinae, Leipzig 1900 ff.
Walther, Hans: Proverbia sententiaeque Latinitatis medii ac recentioris aevi. Lateinische Sprichwörter und Sentenzen des Mittelalters und der frühen Neuzeit in alphabetischer Anordnung,. 9 Tle. (Tle. 7–9 hg. von Paul Gerhard Schmidt), Göttingen 1963–1986.

III. Sekundärliteratur

A. Zu Erasmus allgemein

Augustijn, Cornelius: Erasmus. Der Humanist als Theologe und Kirchenreformer, Leiden 1996.
Christ-von Wedel, Christine: Erasmus. Ein Portrait, Basel 2016.
Huizinga, Johan: Erasmus, Basel 1928 (ins Dt. übers. von Werner Kaegi).
MacPhail, Eric M. (Hg.): A companion to Erasmus, Leiden/Boston 2023.
Ribhegge, Wilhelm: Erasmus von Rotterdam, Darmstadt 2010.
Rummel, Erika (Hg.): Erasmus on women, Toronto 1996.
Worstbrock, Franz Josef u. a.: Art. ‚Erasmus von Rotterdam', in: F. J. Worstbrock (Hg.): Deutscher Humanismus 1480–1520. Verfasserlexikon. Humanismus. Bd. 1. A–K, Berlin 2008, 658–804.
Zweig, Stefan: Triumph und Tragik des Erasmus von Rotterdam, Frankfurt am Main [26]2021 (zuerst Wien 1934).

B. Zum *Moriae encomium*

Blusch, Jürgen: Humanistische Lektüre im altsprachlichen Unterricht am Beispiel der *Laus Stultitiae* des Erasmus, in: Anregung 31.5 (1985), 287–311.
Baschnagel, Georg: *Narrenschiff* und *Lob der Torheit*. Zusammenhänge und Beziehungen, Frankfurt a. M. u. a. 1979.
Chambers, Raymond Wilson: Thomas More, Ann Arbor 1935.
Chambers, Raymond Wilson: Thomas More. Ein Staatsmann Heinrichs des Achten, München/Kempten 1946 (übersetzt von Wolfgang Rüttenauer).
Christ-von Wedel, Christine: Torheit und Häresie. Zum *Moriae Encomium* des Erasmus von Rotterdam, in: Bernd W. Springer/Alexander Fidora (Hg.): Religiöse Toleranz im Spiegel der Literatur. Eine Idee und ihre ästhetische Gestaltung, Wien u. a. 2009, 103–115.
Gavin, Joseph Austin/Clarence H. Miller: Erasmus' additions to Listrius' commentary on *The Praise of Folly*, in: Erasmus in English 11 (1981/1982), 19–26.

Gavin, Joseph Austin/Thomas M. Walsh: The *Praise of Folly* in context. The commentary of Girardus Listrius, in: Renaissance Quarterly 24 (1971), 193–209.

Gemeinhardt, Peter: Das lateinische Christentum und die antike pagane Bildung, Tübingen 2007.

Gilmore, Myron P.: Erasmus and Alberto Pio, Prince of Carpi, in: Theodore K. Rabb/Jerrold E. Seigel (Hg.): Action and conviction in early modern Europe. Essays in memory of Elmore Harris Harbison, Princeton 1969, 299–318.

Gilmore, Myron P.: *Apologiae.* Erasmus' defenses of Folly, in: Richard L. DeMolen (Hg.): Essays on the works of Erasmus, New Haven/London 1978, 111–123.

Hamm, Joachim: Sebastian Brants *Narrenschiff.* Anmerkungen zur Genese eines ‚Klassikers', in: Regina Toepfer (Hg.): Klassiker der Frühen Neuzeit, Hildesheim 2022, 201–235.

Hess, Günter: Kommentarstruktur und Leser. Das *Lob der Torheit* des Erasmus von Rotterdam, kommentiert von Gerardus Listrius und Sebastian Franck, in August Buck/Otto Herding (Hg.): *Der Kommentar in der Renaissance,* Bonn 1975, 141–165.

Kaiser, Walter: Praisers of Folly. Erasmus, Rabelais, Shakespeare, Cambridge (MA) 1963.

Kaminski, Nicola: *Stultitia* als Sophistin. Satire ohne Norm im *Lob der Torheit* des Erasmus von Rotterdam, in: Deutsche Vierteljahrsschrift für Literaturwissenschaft und Geistesgeschichte 68 (1994), 22–44.

Kassel, Rudolf: [Rez. zu Miller 1979], in: Romanische Forschungen 93 (1981), 228–238. (auch in: Heinz-Günther Nesselrath (Hg.): R. K.: Kleine Schriften, Berlin/New York 1991, 437–450).

Könneker, Barbara: Wesen und Wandlung der Narrenidee im Zeitalter des Humanismus. Brant – Murner – Erasmus, Wiesbaden 1966.

Könneker, Barbara: Satire im 16. Jahrhundert. Epoche – Werke – Wirkung. München 1991.

Ledo, Jorge: Which *Praise of Folly* did the Spanish censors read? The *Moria de Erasmo Roterodamo* (c. 1532–1535) and the *Libro del muy illustre y doctíssimo Señor Alberto Pio* (1536) on the eve of Erasmus' inclusion in the Spanish *Index,* in: Erasmus Studies 38 (2018), 64–108.

MacPhail, Eric M.: Erasmus the sophist?, in: Erasmus Studies 26 (2006), 71–88.

Martin, Terence J.: Erasmus and the other, in: MacPhail 2023, 181–200.

Michael, Erika: The drawings by Hans Holbein the younger for Erasmus' *Praise of Folly,* New York/London 1986.

Miller, Clarence H.: Styles and mixed genres in Erasmus' *Praise of Folly,* in: Stella Purce Revard u. a. (Hg.): Acta Conventus Neo-Latini Guelpherbytani. Proceedings of the Sixth International Congress of Neo-Latin Studies Wolfenbüttel 1985, Binghamton/New York 1988, 277–287.

Minnich, Nelson H.: Recent works on the controversy between Desiderius Erasmus of Rotterdam and Alberto Pio of Carpi, in: Erasmus Studies 36 (2016), 53–58.

Möllendorff, Peter von: Demokrit, in: Der Neue Pauly. Supplemente 8, Stuttgart 2013, Sp. 337–350.

Monfasani, John: Erasmus and the philosophers, in: Erasmus Studies 32 (2012), 47–68.

Nigg, Walter: Der christliche Narr, Zürich 1956.

Perona, Blandine: Between Erasmus and More. Abraxa(s), an anamorphic name, in: Erasmus Studies 39 (2019), 93–96.

Radice, Betty: Holbein's marginal illustrations to the Praise of Folly, in: Erasmus in English 7 (1975), 8–17.

Reusch, Heinrich: Der Index der verbotenen Bücher. Ein Beitrag zur Kirchen- und Literaturgeschichte. Bd. 1, Bonn 1883.

Reynolds, Ernest Edwin: Thomas More and Erasmus, New York 1965.

Rüegg, August: Des Erasmus *Lob der Torheit* und Thomas Mores *Utopie,* in: Gedenkschrift zum 400. Todestage des Erasmus von Rotterdam, Basel 1936, 69–88.
Rüsch, Ernst Gerhard: Vom Humanismus zur Reformation. Aus den Randbemerkungen von Oswald Myconius zum *Lob der Torheit* des Erasmus von Rotterdam, Basel 1983.
Rütten, Thomas: Demokrit, lachender Philosoph und sanguinischer Melancholiker. Eine pseudohippokratische Geschichte, Leiden 1992.
Saxl, Fritz: Holbein's illustrations to the *Praise of Folly* by Erasmus, in: The Burlington Magazine 83 (1943), 274–279.
Schaffenrath, Florian: Die Alten Sprachen in Österreich – der Siegeszug des Neulatein, in: Angelika Fricke/Manuel Reith (Hg.): Latein und Griechisch im 21. Jahrhundert, Darmstadt 2021, 231–248.
Schmeller, Thomas: Evangelisch-katholischer Kommentar zum Neuen Testament. VIII/2. Der zweite Brief an die Korinther (2 Kor 7,5–13,13), Neukirchen-Vluyn/Ostfildern 2015.
Schmidt-Dengler, Wendelin: Einleitung, in: Welzig 2, 1975, ix–xxxix, zur *Moria* ix–xxx.
Schweppenhäuser, Gerhard: Narrenschelte und Pathos der Vernunft. Zum Narrenmotiv bei Sebastian Brant und Erasmus von Rotterdam, in: Neophilologus 71 (1987), 559–574.
Screech, Michael A.: Ecstasy and *The Praise of Folly,* London 1980.
Smith, Paul J.: The first French translations of the *Praise of Folly,* in: Erasmus Studies 32 (2012), 7–26.
Stenger, Genevieve: *The Praise of Folly* and its *Parerga,* in: *Medievalia et Humanistica* 2 (1971), 97–117.
Stolt, Birgit: Verlorene Narrenfreiheit. Der gescheiterte Rezeptionsprozeß von Erasmus' *Lob der Torheit,* in: Studia Neophilologica 77 (2005), 71–87.
Studer, Eduard: Über Sebastian Brants *Narrenschiff* und das Erasmische *Lob der Torheit,* in: Hugo Huber (Hg.): Der Narr. Beiträge zu einem interdisziplinären Gespräch. Freiburg (Schweiz) 1991, 13–27.
Thomson, Douglas F. S.: The Latinity of Erasmus, in: Thomas Alan Dorey (Hg.): Erasmus, London 1970, 115–137.
Traninger, Anita: Disputation, Deklamation, Dialog. Medien und Gattungen europäischer Wissensverhandlungen zwischen Scholastik und Humanismus, Stuttgart 2012.
Traninger, Anita: Erasmus and the philosophers, in: MacPhail 2023, 45–67.
Vanautgaerden, Alexandre: Robert de Keysere, maître d'école gantois, imprimeur parisien?, in: Christine Bénévent u. a. (Hg.): Passeurs de textes. Imprimeurs et libraires à l'âge de l'humanisme, Paris 2012, 15–41.
Wilke, Christian: Kritik und Anerkennung. Erasmus' von Rotterdam *Lob der Torheit,* in: Chr. W.: Paradoxie und Konsens. Praktiken antikonsensualer Rede in Philosophie und Rhetorik der Antike, Frühen Neuzeit und Moderne, Leiden u. a. 2020, 165–212.

Register

Die Zahlen in Klammern verweisen auf die Kapitel und Paragraphen dieser Ausgabe; auf den Widmungsbrief für Morus wird mit ‚Vorrede' verwiesen; bei Mehrfachnennungen in einem Paragraphen oder Kapitel werden hochgestellte Zahlen verwendet. Die lemmatisierten Namen erscheinen in der von Erasmus verwendeten Form (bspw. *Alcaeus* statt *Alkaios, Homerus, Ulysses* statt *Odysseus*). Eckige Klammern bedeuten, dass der Name nicht explizit genannt wird; so ist in 26,2 eindeutig Lykurg gemeint, sein Name fällt aber nicht. Die Kurzerläuterungen dienen dazu, den Namen einordnen zu können und die entsprechenden Textstellen zu verstehen. Allgemein bekannte Namen wurden i.d.R. nicht näher erläutert. Folgende Personifikationen finden sich im Glossar: Philautia, Kolakia.

B

C